쌀
재난
국가

한국인은 어떻게 불평등해졌는가

쌀, 재난, 국가
한국인은 어떻게 불평등해졌는가

제1판 제1쇄 2021년 1월 25일
제1판 제5쇄 2022년 10월 7일

지은이   이철승
펴낸이   이광호
주간   이근혜
편집   박지현 홍근철
펴낸곳   ㈜문학과지성사
등록번호   제1993-000098호
주소   04034 서울 마포구 잔다리로7길 18(서교동 377-20)
전화   02)338-7224
팩스   02)323-4180(편집) 02)338-7221(영업)
전자우편   moonji@moonji.com
홈페이지   www.moonji.com

ISBN 978-89-320-3800-1 03330

이 저서는 2018년도 대한민국 교육부와 한국중앙연구원(한국학진흥사업단)을 통해
한국학 세계화 랩 사업의 지원을 받아 수행된 연구임(AKS-2018-LAB-1250002)

이철승 지음

쌀
재난
국가

한국인은 어떻게 불평등해졌는가

문학과
지성사

들어가며

1999년 가을 늦은 오후, 나는 미국의 한 시골 주립대학에서 유학, 아니 이민 생활의 첫해를 보내고 있었다. 과 사무실에 들를 일이 있어 바삐 해밀턴 홀 1층으로 들어서는데, 멀리서 토니가 복도를 천천히 걸어오고 있었다. 그는 첫해 내게 배당된 지도교수로서 키가 2미터는 족히 될, 그리스 신전에 새겨진 각종 신들의 포스가 느껴지는 남동유럽(보스니아) 출신 할아버지였다. 나처럼 젊은 시절 미국으로 건너와 교수 생활을 한 지 40년이 된, 슬라보이 지제크처럼 턱수염과 구레나룻이 가득한 사회운동론 분야의 대가인 노학자였다.

나는 멈춰 서서, 기계처럼, 몸을 깊이 구부려 90도로 절을 하며 예를 표했다. 한국과 일본의 조직폭력배들이 하는 바로 그 각도로. '헬로'라는 말과 어울리진 않지만, 그건 내 몸에 각인된 일종의 '본능'에 가까운 것이었다.

"Hello."(안녕하세요.)

토니가 흠칫 멈춰 서며 인사를 받았다. 그는 낮고 굵은 목소리로, 들릴 듯 말 듯 대답하며 지나쳤다.

"How are you?"(어, 안녕. 잘 지내지?)

"How are you?"에 대해 주절주절 이야기하면 안 되는 건 선배들에게 들어서 알고 있었기에 나도 그대로 지나치려 했다. 그때 토니가 내 어깨를 툭 쳤다.

"Wait, Cheol-Sung, let me tell you something."(철승, 하나만 알려줄게.)

토니는 나지막이 속삭였다.

"We have a hierarchy here, too. But, we don't want to show it."(우리도 위계를 갖고 있어. 그런데 우린 그 위계를 그대로 드러내는 걸 별로 좋아하지 않아.)

토니는 약간은 퉁명스러운 두 문장을 내뱉고는 다시 거구를 움직여 복도 끝으로 천천히 사라졌고, 나는 그 자리에 붙박여 망연히 서 있었다. 아주 오래.

그 후 18년 동안 수많은 문화충돌을 경험했지만, 이 충격은 지금도 내 귓가에 생생히 살아 있다. 뭔가 묵직한 쇠뭉치로 목덜미를 강하게 얻어맞은 그런 느낌이었다. 그때는 그것이 뭔지 잘 표현할 수 없었다. 아주 오랜 후에, 나는 그 느낌에 말뭉치를 하나 붙였다.

'평민이 시민을 만났을 때.'

극도로 분업화된 현대자본주의 사회에서 우리의 밥 한 공기가 어떻게 만들어지는지 알 필요는 없다. 화폐로 구매하면 그만이다. 농사 경험이 있는 윗세대 어른들의 "그 밥 한 톨이 얼마나 힘든 노동으로 만들어진 줄 아느냐"라는 핀잔을 기억하는 이들은 그나마 현 중·장년 세대가 마지막일 것이다. 도시에서 태어나 도시에서 자란 시민이 다수가 되고, 그들이 거듭 아이를 낳아 키우게 되면 농촌에 대한 기억은 점차 옅어진다. 1인당 국민소득이 3만 달러를 넘어선 한반도 정주민에게 밥 한 공기는 천 원 정도의 가치밖에 없다. 쌀밥은 너무 흔해서, 너무 값싼 식품이어서 그것만으로는 끼니 구실도 하지 못한다.

장마는 매년 6, 7월, 태풍은 매년 8, 9월이면 한반도에 찾아와 강풍을 동반한 물 폭탄을 뿌리곤 물러간다. 연례행사이기 때문에 우리는 모두 일기예보에 귀를 기울인다. 농부들은 이때가 1년 중 가장 바쁜 시기지만, 농부가 아닌 우리는 비와 바람을 언제, 어디서 피할지만 고민하면 그만이다.

국가는 일상에서 국세청이다. 연말정산 시기에 갑자기 나타나 내 수입과 지출 내역을 다 알고 있으니 이실직고하라고, 덜 냈으면 더 내고 더 냈으면 받아가라는 통지가 온다. 그런데 이때가 아니면 국가는 평범한 일상을 사는 시민에게 동네 경찰서일 뿐이다. 총리나 장관이 등장하는 뉴스에 별 관심이 없는 시민에

쌀, 재난, 국가

게, 국가는 그저 도둑이 들거나 집 앞에서 취객이 고성방가 하면 신고하는 곳에 다름 아니다. 현대자본주의 사회에서 시장 활동을 하며 살아가는 한반도 정주민에게 쌀도, 재난도, 국가도 평시에는 크게 관심을 끄는 키워드들이 아니다. 쌀은 흔하고, 재난은 관리되며, 국가는 멀리 있다(고 느낀다).

이제, 세 키워드의 마지막 단어 '국가'를 이 쌀과 재난 사이에 끼워 넣어보자. 천 원짜리 공깃밥과 휴가를 방해하는 물 폭탄 사이에 '연말정산 국세청'이 들어오는 것이다. 잘 익은 벼가 물결처럼 찰랑거리는 동아시아의 평야를, 고속철을 타고 여행하는 우리에게 이 의미는 쉽게 다가오지 않는다. 하지만 평온한 일상에서 아무 관련도 없던 이 단어들은 쌀과 재난이 동아시아에서, 특정 역사의 시기에, 특정 국면에서 결합할 때, 긴밀하게 서로에게 의미를 부여한다. 밭에서 크는 벼에 비해 물을 채워놓은 논에서 크는 벼는 세 배에서 다섯 배의 생산력을 자랑한다. 높은 생산성에 취한 농군들은 벼(논)농사에 '몰빵'한다. 인구 또한 생산성에 비례해서 늘고, 늘어난 인구를 감당하려고 강변과 바닷가, 산꼭대기까지 개간 전쟁에 돌입한다.

물을 채워놓은 논은 가뭄에 취약하다. 물이 부족하면 (밭에서) 잘 컸을 벼가 말라 죽기 시작하고, 가뭄은 대재앙으로 바뀐다. 초근목피로 연명하던 마을에 키우던 가축이 없어지고, 들짐승을 닥치는 대로 잡아먹으면서 역병(인수공통전염병)이 돌기 시작하는 것은 자연스러운 수순이다. 이 악순환에 국가가 국세청으로만 기능하면 무슨 일이 일어나겠는가. 동아시아를 수천 년 동안 주기적으로 휩쓸어온 반란과 혁명이 등장한다. 국가는, 나라님은 이 악순환을 끊고 백성을 구제하여 평화로운 일상의 김이 모락모락 나는 밥그릇을 돌려주는 주체여야 한다. 재난에 미리 대비하여 홍수와 가뭄과 역병이 마을을 휩쓸지 않도록 하고, 미리 강물이 넘치지 않도록 하고 미리 물을 끌어다놓는 그 역할을 조용히, 효율적으로 수행하는, 마을보다 더 큰 단위의 세력. 이것이 동아시아 재난 대비 국가의 기원이다.

　나는 이 책의 아이디어를 시카고 대학 재직 시절 점심 식사 파트너였던 앤디와의 대화에서 떠올렸다. 앤디는 항상 터키 샌드위치를, 나는 멕시칸 부부가 트럭에서 만들어 파는 부리토를 먹었다. 앤디가 항상 밀을, 나는 쌀을 먹는 것을 보며 이런 이야기를 하곤 했다. "우리의 가장 큰 차이는 너는 밀족, 나는 쌀족이라는 거야. 너희는 먹을 물만 있으면 되지만, 우리는 물길을 통제할 강한 조직이 필요해. 너희는 강한 국가가 필요 없지만, 우리는 강한 국가가 없으면 밥을 제대로 못 먹어." 그렇게 부리토 안의 치즈와 살사 섞인 쌀밥을 씹어 넘기며 고향 생각을 달랬었다. 어느 날 앤디가 지나가는 말로 툭 물었다. "그런데 그게 중국 북부에도 해당되는 이야기인가?"(중국 북부는 밀농사 지대다.)

　나는 앤디의 질문을 곱씹다가, 2015~16년 무렵부터 한반도와 중국, 일본의 벼농사와 밀농사 지대에 대한 데이터를 수소문하기 시작했다(학계의 많은 연구는 이렇게 점심 식사 중의 대화에서 우연한 계기로 만들어진다). 그러던 중 시카고 대학 경영대학의 한 젊은 심리학자가 중국의 벼농사와 밀농사 지대에 대한 집단주의-개인주의 비교 연구 결과를 2014년 『사이언스Science』에 실은 것을 알게 되었다. 토머스 탈헬름Thomas Talhelm과의 협업은 그렇게 시작되었다. 나는 벼농사 지대의 협업-경쟁-비교-질시의 이론을, 그는 집단주의-개인주의 이론을 가져와 몇몇 새로운 작업을 함께했다.

이 책은 탈헬름과의 '쌀 이론rice theory' 수립 작업에 '재난'과 '국가' 이론을 덧붙인 나만의 독자적인 작업이다. 왜 쌀, 재난, 국가의 상호작용을 불평등의 기원으로 삼았는가? 그것은 반복되는 재난에 맞서 먹거리를 유지하는 활동이, 불평등 구조가 진화하는 과정의 맨 앞에 놓인다고 보았기 때문이다. 이 책은 이러한 불평등 구조의 진화 과정을 한반도에서 고대국가가 형성되는 시기부터, 오늘날 코로나 팬데믹까지 훑어 내려온다. 다만 전작과는 달리, 이 불평등 구조의 심원을 드러내는 축은 '심리'와 '제도'다. 나는 동아시아인들이, 한반도 정주민들이 어떻게 불평등에 대해 인식하는지를 분석할 것이다. 그리고 그러한 불평등 구조가 역사적으로 진화해온 과정이 어떤 제도를 통해 현대를 사는 우리 삶에서 발현되는지를 탐구할 것이다. 이 두 가지 축을 중심으로 쌀, 재난, 국가의 상호작용을 들여다봄으로써 협업, 위계,

경쟁이라는 키워드들을 고안해내고, 결국에는 오늘날의 연공제 비판으로 이어질 것이다. '쌀 이론'을 통해 오늘날 한국 사회의 위계와 불평등 구조— 불평등에 대한 인식, 협업과 경쟁의 구조, 교육열 그리고 노동시장의 (비정규직과 여성에 대한) 차별 구조—를 파헤치려는 것이다.

돌이켜보건대, 전작 『불평등의 세대』는 나의 더 큰 학문적 기획인 '동아시아 불평등 체제의 기원과 형성'을 규명하는 작업의 일부분이었다. 이 책 『쌀, 재난, 국가』는 이 프로젝트의 중간 허리를 담당한다. 『불평등의 세대』가 '(민주화에도 불구하고) 왜 우리는 위계와 불평등으로 고통받고 있는가'라는 질문에 대한 동시대적 분석이라면, 이 책은 '이러한 불평등/경쟁/비교의 문화는 어디서 왔고, 어떻게 형성되었는가'라는 질문에 대한 역사적 분석이다. 『불평등의 세대』가 '세대'라는 키워드를 통해 동시대의 불평등 구조에 근접하여 그 구조를 혁파하려고 씨름했다면, 이 책은 '쌀, 재난, 국가'라는 키워드를 통해 불평등의 기원을 밝히고자 한반도의 불평등 구조를 멀리서 개괄한다. 나는 다음 책 『불평등의 극복』(가제)에서 '불평등' 프로젝트 3부작을 마무리 짓고 또 다른 프로젝트를 찾아갈 것이다.

결국, 이 책은 '우리는 누구인가?'라는 질문에 대한 답을 찾는 여정이다. 이 질문에 답을 하는 길은 한 가지가 아니다. 기존의 사회과학에서 즐겨 사용했던 방법은 서구에서, 서구인들이, 서구의 시각으로 '우리는 누구인가?'라는 질문에 답하기 위해 그들의 역사를 질료로 하여 만들었던 설명을 우리에게, 동아시아인들에게, 한국인들에게 대입하는 것이었다. 우리도 그들과 같은 호모사피엔스인 만큼 그 설명이 우리에게도 적용되리라는 희망을 안고. 그런데 그 틀로 우리를 들여다보면 볼수록, 그 틀에서 우리는 '서구인이 아닌 누구' 혹은 '서구인이 가진 것을 결여한 누구'로 정의되었다. (호모사피엔스로서) 서구인들과 비슷한 외양을 가진 것 같지만, (서구인만큼) 살결이 희지 않은, 머리가 금발이 아닌, 키와 코가 크지 않은, 그들처럼 합리적이지 않은, 그들처럼 개인의 자유를 존중하지 않는, 그들처럼 일찍부터 과학적 사고를 발달시키지 않은, '서구가 가진 것을 가지지 못한 그 누구'로 정의된 것이다.

이러한 사고의 결말은 피곤한 것이었다. 윗세대 지식인들은 (메이지 지식인들이 그러했듯이) 부지런히 서구 따라잡기의 시동을 걸었고, 키를 키우고, 코를 세우고, 머리를 염색하고, 합리적인 사고를 하는 인간이 되기 위해 교재를 만들어 시험을 치고, 그들의 대학과 비슷한 양식의 건물을 지어 올리면서 스스로를, 서로를, 아이들(우리들)을 채찍질했다. 21세기 초엽 한국인들은 얼추 서구만큼 살게 되었으나, 그들과 여전히 같지 않은 '누구'로서 표류하는 스스로를 발견한다. '우리는 누구인가'라는 질문은 끊임없이 던져졌지만 '우리는 그들과 같지 않다'라는 당연한 결론에 도달했을 뿐, 원래의 질문에는 아직까지도 답을 못 하고 있는 셈이다.

한 가지 전제를 추가하자. 나는 이 '우리는 누구인가'라는 질문에 답하기 위해 한반도의 고대국가인 삼국시대로부터 이 '쌀/재난 프로젝트'를 소환할 것이다. 따라서 '한반도 정주민'이라는 표현을 매개로 2천 년 전, 천 년 전, 오백 년 전 이 땅에 살았던 이들의 습속과 정치경제 체제를 분석할 것이다. 나는 이 시도를 통해 그 시대에 살았던 한반도 정주민들을 오늘의 우리와 '동일한 민족국가의 일원'이라고 '상상imagined community'(Anderson 1983)하는 것이 아님을 미리 밝힌다.

이 책은 근대 민족국가 프로젝트의 일환이 아니다. 나는 오로지 한반도와 쌀이라는 동일한 '생태적 환경 공간과 먹거리'를 공유했던 선조들의 삶과, 오늘날 우리 삶의 패턴의 저류에 흐르는 공통의 구조—'장기지속'(브로델 1995〔1967〕)이라 부르기도 하는—에 주목하는 것이다. 그들과 우리가 '민족이라는 상상의 틀'로 연결되어 있는 것이 아니라, 인류의 긴 역사 속에서 우연히 동일한 공간과 먹거리를 공유했던 '생태적 삶'으로 연결되어 있다고 보는 것이다. 누군가 이것도 '민족'이라 볼 수 있지 않은가, 하고 물을 것이다. 다른 이는 고대 삼국시대까지 거슬러 올라가면 사회과학이라기보다 역사학의 프로젝트가 아닌가, 하고 물을 것이다. 나는 두 질문 모두에 잠시 고민한 후, 긍정도 부정도 하지 않을 것이다.

이 팬데믹은 언제쯤 우리에게 지나간 역사의 일부로 바뀔까. 우리는 서로를 토닥이며 무사히 이 터널을 지날 수 있을까.

이 책이 재난에 대한 획기적인 해결책과 대안을 제시하지는 않지만, 책을 다 읽고 나면 한 가지는 명확해질 것이다. 한반도 정주민(의 유전자)에게 이 재난 상황은 꽤나 익숙한 것이다. 우리가 처음 겪을 뿐.

2021년 1월
이철승

차례

5장 연공제와 공정성의 위기

6장 벼농사 체제의 극복

프롤로그

이 책의 퍼즐들

    동아시아인의, 한국인의 연결망은 효율적이다. 동아시아의 빠른 발전의 결과가 그 효율성을 실증한다. 예를 하나 들어보자. 미국의 어느 시골 주립대학에 유학 온 다양한 유학생 집단들의 협력과 협업의 문화를 비교해보면, 한국인들의 위계와 연결망이 얼마나 강력한 경제적 효과를 가져오는지 금세 알 수 있다. 이들은 대부분 과나 대학에서 제공하는 조교 장학금으로 근근이 생계를 꾸리고, 값싼 학교 기숙사나 학교 주위의 값싼 아파트에서 생활한다. 돈이 넉넉지 않으니, 이사할 때 'Two Men and a Truck' 같은 500달러짜리 이사 서비스는 꿈도 못 꾼다. 한국 유학생들은 함께 유학 온 각기 다른 출신과 배경의 학생들을 이리저리 연결해서 학생회를 만들고, 같은 기수로 세분화해서 연락망을 구축한다. 이건 공식 연락망이다. 분기별로 전체 모임을 갖고 인원수를 파악한다. 학교와 선후배 관계, 과 단위로 비공식 연락망 또한 공식 연락망의 배후에서 만들어진다. 기업에서 작동하는 학연은 유학생과 이민 사회에서도 빠르게, 긴밀하게 작동한다.

    이 연락망이 힘을 발휘하는 것은 이사 철이다. 주위 아파트의 시세 정보를 공유하며 더 값싸고, 주변 환경이 좋고, (아이가 딸린 집들 위주로) 학군 좋은 신축 아파트에 대한 입소문이 이 네트워크를 통해 돌다가 방학이 되면 이사가 시작된다. 이런 시골 대학에서도 동기를 그러모으고, 선후배를 그러모으면 얼추 15~20명 정도의 장정을 동원하기란 어려운 일이 아니다. 이들은 컨베이어 벨트를 만든다. 이사 전에 모든 물품을 동일 규격의 상자에 포장하는 것(표준화)은 집주인의 일이다. 인간 컨베이어 벨트가 아이가 없는 2인 가족의 이삿짐을 아파트 2층에서 트럭에 싣는 데 드는 시간은 30~40분, 4인 가족 이삿짐은 두 시간이 넘지 않는다. 아침 먹고 시작한 일은 점심 전에 이사 가는 곳에 완벽히 짐을 풀어 넣고 끝난다. 상자를 열고 정리하는 일은 다시 집주인의 몫이다. 집주인이 이들에게 중국집에서 한 끼 식사를 대접하는 것으로 한나절 공동노동은 끝이 난다. 15~20명의 장정은 다음 이사하는 집에서 일주일 후쯤 다시 만날 것이다.

얼추 20대 후반에서 30대 중반에 걸쳐 있는 이 박사 준비생들은 서로 알고 있다. 내가 이 노동을 제공하면, 미래의 어느 순간 이 그룹이 나의 이사를 도우리라는 것을. 꼭 이사가 아니어도 좋다. 뭔가 다른, 혼자서는 너무 힘들고 시간이 걸려 할 수 없는 그런 종류의 일을 도와줄 것임을. 오늘 남을 위해 나의 한나절을 할애하면 공동체가, 연결망이, 내일 나를 구해줄 것임을. 한국인에게 연결망은 보험이자 크레디트 유니언이다.

같은 동네에 사는 다른 나라 유학생들이, 네이티브 미국인 학생들이 입이 떡 벌어진 채로 이 광경을 지켜본다. 자신들의 모국에서는, 미국에서는 아무도 그렇게 이사를 하지 않기 때문이다. 엄마나 아빠, 동생 아니면 아주 친한 친구 한둘과 두셋이 이사를 한다. 하루 종일, 때로는 다음 날까지.

한 친구가 묻는다. "너희 한국 사람들, 다음에 내 이사도 도와줄 수 있어?" 대답이 바로 나오진 못한다. 한국 유학생을 넘어서는 다른 국가나 민족 그룹의 이사까지 도와주기는 힘들기 때문이다. "안 될걸"이라고 대답할 수 없기에 "물론이지" 하며 단서를 단다. "그런데 여름마다 이런 이사를 열 번쯤 할 각오는 해야 해."(공짜는 없어) 경탄은 곧 탄식으로 바뀌고, 대화는 거기서 끝난다. 한국 사람들에게는 일상 속에서 흔한 '품앗이' 문화지만, 다른 문화권 사람들에게 이 '협업의 네트워크'는 그 자체로 경이로운 현상이다. 이런 식으로 가족을 넘어선 중간 규모의 인원을 즉각적으로 동원할 수 있는 인종/민족 집단은 동아시아 유학생 그룹이 거의 유일하다.

동아시아의 급속하고 빠른 경제 발전을 설명하는 많은 요인이 있지만, 그 근저에 이들이 공유하는 '협업의 네트워크'가 있다고 가정해보자. 아마도, 이 '협업의 네트워크'가 잘 작동하는 산업들이 성장을 이끌었을 것이다. 경천동지할 아이디어로 차고에서 혼자 혹은 친구와 단둘이 창업하는 것보다, 다수의 숙련되고 표준화된 노동력이 '협력'을 통해서 단기간에 완수할 수 있는 그런 과업이 동아시아인들의 성정과 문화에 맞는다. 더구나 뒤늦게 산업화에 시동을 건 추격국가가 취할 수 있는 경제 발전의 기본 전략은 '규모의 경제'를 확립하여 표준화된 상품을 싼값에 생산해내 시장을 선점한 후, 야금야금 기술을 습득해 정상에 오르는 방식이다.

동아시아의 초기 경제 발전은 전부 동일한 방식으로 이루어졌다. 관료가 산업을 발견해서 지정하고, 대학을 졸업한 기능 인력이 그 (사양) 산업을 이웃 나라(미국이나 일본, 서유럽)에서 '협업을 통해' 배워와 시스템을 깔고, 공고나 공대를 졸업한 기능 인력이 팀 단위로 '협업을 통해' 신기술을 재빨리 습득하여 적용하고, 그렇게 만들어진 생산품을 외국어를 배운 인문계 대졸 영업사원이 해외에 나가 '함께' 파는 방식이었다.

서구의 학계나 언론은 이를 '집단주의collectivism'라고 명명하며 평가절하하지만, 이 '협업의 네트워크'가 그렇게 단순한 것은 아니다. 이는 집단주의 하면 떠오르는 소비에트나 이스라엘의 협동농장 시스템과는 다른 무엇이다. 도대체 동아시아인들에게서 발견되는 이 극도로 잘 작동하는 협업의 네트워크는 어디서 온 것이고, 어떻게 그렇게 효율적으로 과업을 수행하는가? 이 책이 답할 첫번째 질문이다.

앞서 예로 든 유학생의 이사 품앗이는 이상적인 세계의, 수평적이고 독립된 개인들 간에 이루어지는 순수한 협력이 아니다. 그 사회 안에는 수많은 공식적·비공식적인 위계 구조가 자리하고 있다. 각 학생은 선후배, 동기, 동향, 학과에서의 기수 등으로 나뉜 더 작은 그룹들 안에서 촘촘한 위계 구조에 속하게 된

　　　　　　　　쌀, 재난, 국가

다. 이 위계 구조를 통해 정보와 명령이 위아래로 유통 및 하달되고, 그에 대한 보상과 처벌이 가해진다. 한국인에게 이 위계란 일상 자체다. 한국인만큼 협업을 잘하는 종족도 드물지만, 한국인만큼 위계를 따지는 종족도 드물다. 그 위계의 구조는 엄격할뿐더러 세밀하고 촘촘하다. 인간관계마다, 말 한마디 한마디마다 이 위계의 구조는 깊이 드리워져 있고, 우리의 아이들은 이 위계에 적응하고 순응하는 법부터 배운다.

이 '위계의 구조'는 앞서 말한 '협업 시스템'과 어떤 관계인가? 위계로 인해 협업이 가능한 것인가? 위계가 협업을 더 효율적으로 만드는가? 아니면 협업과 상관없이, 위계는 지배와 착취의 구조인가? 우리는 왜 이 위계 구조를 그토록 오래 강고히 지속시켜왔고, 얼마나 더 오래 이 위계 구조와 함께 살아가야 하는가? 우리는 왜 그토록 '평등과 정의와 형평'을 갈망하면서, 동시에 위계를 목숨처럼 소중히 여기는가? 왜 평등과 정의를 외치는 사람이 뒤로는 학벌과 직업, 연공서열 위계에 집착하는가? '협업'의 기원과 '위계 구조'의 기원은 동일한가? 동일하건 동일하지 않건, 이 둘을 분리하는 것은 가능한가? 질문은 꼬리에 꼬리를 문다. 이 책이 모든 질문에 다 답하지는 못할 것이다. 하지만 건드릴 것이다, 때로는 다소 도발적으로. 이 '위계에 관한 질문들'에 대한 답을 찾는 것이 이 책의 두번째 주제다.

그런데 어떤 위계 구조는 경쟁을 조장한다. 의식적으로 혹은 무의식적으로. 조직이나 그룹 내부에 위계에 따른 자리를 만들고, 높은 자리일수록 더 많은 보상과 권력을 보장하면 우리 인간들은 원숭이 사회로 돌아간다. 그 자리를 차지하기 위해, 한쪽이 패배를 인정하거나 죽을 때까지 치고받고 싸운다. 자연히 이 위계가 보장하는 보상과 권력의 크기가 클수록, 원숭이들은 더 극렬하게, 더 잔인하게 싸울 것이다. 동아시아의 위계 구조는 사다리 타기 경쟁에서 발생하는 보상과 권력의 비대칭성이 다른 어느 사회보다 크다. '갑'의 위치에 설 때 '을'에 있는 자를 ('을'의 이익과 반하더라도) 좌지우지할 수 있는 여지('권력'이라 부르기도 한다. Lukes 2005〔1974〕)가 큰 사회인 것이다. 이는 '갑'과 '을'의 관계가 계약서상에 존재하는 것과는 다른 '위계 구조'에 속해 있고, 그것의 강제력이 다른 사회보다 훨씬 크다(탈출exit 옵션이 별로 없다)는 이야기다.

통상, 전자의 '생존경쟁에서 우위에 서기 위해' 자원을 동원하는 비공식 네트워크 구조를 '연결(연줄)망'이라 부른다. 그런데 후자(관료제 혹은 계약에 의한 수직적 위계)에 대해서는 별다른 명칭이 존재하지 않는다. 잠정적으로 '갑을의 위계 구조' 혹은 '공식 위계 구조'라 부르자. 이 '공식 위계 구조'는 관료제하의 상급자와 하급자의 관계일 수도, 계약서상의 원청과 하청 관계일 수도, 사제지간 즉 도제 관계일 수도 있다.

이제 세번째 퍼즐이 생성된다. 왜 동아시아인들은 그토록 격렬하게 목숨을 걸고 경쟁하는가? 여기서 우리와 서구를 결정적으로 분리시키는 퍼즐이 동시에 떠오른다. 앞서 이야기한 '아름다운 품앗이 협업 네트워크'와 '수단과 방법을 가리지 않는 치열한 사다리 타기 경쟁'이 어떻게 공존할 수 있는가? 어떻게 같은 사람이, 같은 인간관계가 지구상에서 가장 효율적이고 아름다운 협력과 가장 치열한(때론 비열한) 경쟁을 동시에 내포할 수 있는가? 이 질문에 대한 답이 아마 가장 힘든 작업이 될 것이다. 하지만 동시에 그 답이 가장 동아시아인, 한국인의 일상의 '이중성'을 잘 포착할 수도 있다.

이 세 가지 퍼즐은 다음과 같다.

—협업의 네트워크는 어디서 온 것이고, 어떻게 그렇게 효율적으로 과업을 수행하는가?

—권위주의의 망령을 '공식적인 민주주의의 영역'에서 몰아냈음에도 불구하고, 우리는 왜 지금도 '위계의 그물' 속에서 사고하고 행동하는가?

—우리는 왜 그토록 잘 협력하면서, 그토록 격렬하게 목숨을 걸고 경쟁하는가?

나는 이에 대해 나름의 설명을 제시할 것이다. 그러면서 궁극적으로는 마지막 퍼즐에 대답할 것이다.

—우리는 왜 이토록 불평등에 민감하게 반응하는가?

이 퍼즐에 답하기 위해서는 한국 사회 불평등의 기원과 구조를 밝히는 노력과 더불어, 불평등에 대한 우리의 인식 구조를 드러내는 작업이 병행되어야 한다. 이 책의 타이틀이 "쌀, 재난, 국가―한국인은 어떻게 불평등해졌는가"인 이유다.

이 책의 주요 주장들

'쌀'(그리고 '밀')을, 다시 말해서 '밥'에 기반한 문화양식과 '빵'에 기반한 문화양식을, 동양과 서양을 가르는 문화적 차이의 근본 원인으로 상정한 연구는 이 책이 처음이 아니다. 두 곡식, 두 음식을 통해 동양인과 서양인의 차이를 이야기한 학자 중 가장 유명한 사람은 페르낭 브로델이다(1995〔1967〕).

브로델은 서구와 중국 및 동아시아의 삶의 양식에 대한 다면적인 비교 중 쌀과 밀에 많은 지면을 할애했다. 그에 따르면, 쌀이 완전체라면 밀은 불완전체다. 쌀이 거의 모든 영양분을 제공한다면, 밀은 부분적인 영양분만을 제공한다. 쌀은 엄청난 물을 필요로 하지만, 밀은 그렇지 않다. 브로델은 이 차이로부터 동서양의 문화 차이를 설명하려고 시도했다. 서구는 밀로부터 자유로웠지만, 동아시아는 쌀에 '갇혔다'는 것이다. 곡물을 통한 동서양의 거대한 비교로까지 나아가지는 않았지만, 재러드 다이아몬드(2013)는 그의 전 세계적인 베스트셀러 저작에서 곡물의 생산과 진화가 인간 조직(국가) 및 기술의 진화와 맞물려 있음을 주창했다. 그보다 더 일찍, 에스터 보세럽(1965)과 카를 비트포겔(1957) 또한 생태적 환경과 인간 조직의 진화가 서로 얽혀 있음을 설파했다.

나는 이 연구들에 많은 빚을 지고 있다. 이 책의 많은 아이디어와 주장이 이 기존의 연구들에 기반하여 만들어진 것이다. 하지만 이 연구들은 그 뒤를 잇는 우리의 끝없는 물음을 충족시키기에 턱없이 부족하다. 집단주의와 개인주의가 쌀과 밀로부터 비롯되었다면, 그 메커니즘(인과 구조와 설명 틀)은 무엇인가? 왜 쌀을 먹다 보니 집단주의가 탄생했고, 밀을 먹다 보니 개인주의가 탄생했는가? (기존 연구의 추정대로) 물에 대한 거대한 수요가 협업을 필요로 했고 그 과정에서 집단주의가 태동했다면(전장석 1957; Wittfogel 1957), 왜 그 근간이 되는 협업의 네트워크에 불신과 경쟁이 내포되어 있는가? 왜 동아시아인들은 그렇게 잘 뭉치고 협력하면서, (동시에) 그토록 격렬히 경쟁하는가? 왜 동아시아인들은 '행복'하지 못한가? 서구 못지않은 경제 성장과 부를 달성했음에도 왜 여전히 불행해하는가?(서구로 이민 간 동아시아인들은 각 나라 내부의 인종/민족 집단 가운데 가장 불행한 그룹 중 하나다.) 쌀과 밀의 경작에서 비롯된 생산양식의 차이가 동아시아와 서구를 가르는 집단주의와 개인주의를 설명한다면, 동아시아인들 사이에서 강력히 발현되는 '위계주의'와 '평등주의'의 공존은 어떻게 설명할 것인가? 동시대 한국인들의 '평등주의'는 서구의 '평등주의'와 같은 것인가, 다른 것인가? 다르다면 왜, 어떻게 다른가? 왜 동아시아인들은 강력한 위계 구조와 신분제에 여성들을 가두고, 서구인들은 그 정도가 덜한가?

쌀과 밀의 차이가 이 모든 질문에 답을 주지는 못한다. 그럼에도 불구하고 이 책은 쌀과 밀의 차이로부터 이 질문들을 설명할 단초들을 이끌어낼 것이다. 이 책의 주장을 세 가지로 요약해 보자.

첫번째 주장은, 동아시아 국가의 아래로부터의 형성 과정을 설명한다. 동아시아 엘리트들이 서구의 침략과 함께 시작된 근대에 맞서며 발전국가를 건설하기 위해 동원하고 이용한 시민사회의 하부구조는, 다름 아닌 이 벼농사 생산양식과 조응하여 진화한 마을 단위 공동체 조직과 위계 구조다(나는 이것을 '유교'라 부르기를 거부한다). 나는 벼농사 생산양식의 일부로서 형성된 가족 세대 간, 그리고 또래 세대 내부의 협업 시스템이 동아시아(시민) 사회의 기원이며, 이 협업을 통한 농업기술의 표준화 및 평준화 시스템이 동아시아의 마을 기업에서 축적되어온 인적 자본(혹은 협업-관계 자본)의 핵이라 주장한다.

두번째 주장은, 동아시아 국가의 존재 이유가 '재난 대비 및 구휼'에 있다는 것이다. 나는 이 재난 대비 국가 또한 쌀 경작 문화 및 생태적 환경과 상호작용해온 동아시아인들의 '필요'로부터 출현했다고 주장할 것이다. 나는 이 재난에 대처하는 동아시아인들의, 그들이 건설한 국가의 작동 양식의 배경에, 벼농사 생산체제의 산물인 '공동노동 조직'에서 파생된 협업과 상호 감시 그리고 일사불란한 재난 대처의 문화적 디엔에이DNA가 작동하고 있다고 보는 것이다.

세번째 주장은, 쌀, 재난, 국가의 상호작용 속에서 만들어진

벼농사 체제의 유산들——생산 및 구휼을 위한 조직 국가와 공동
노동 조직의 제도적 뼈대들(기술 튜닝과 연공제)——을 현대자본
주의와 민주주의 제도에 걸맞게 재구성하자는 것이다. 장기지속
의 깊은 구조를 어떻게 바꾸냐는 반발이 벌써부터 들린다. 하지
만 연공제 하나만 예를 들어도, 동아시아의 다른 국가들은 모두
연공제를 어떤 형태로든 개혁했고 우리만 더 강화된 형태로 지
금껏 고수하고 있다. 개혁은 의지의 문제이기도 하지만, 절박한
필요의 문제이기도 하다. 나는 이 모든 벼농사 체제의 유산들 또
한 공동체와 그 공동체를 이루는 개인들의 생존을 위한 것이었
다고 본다. 공동체의 생존을 위해서는 새로운 제도를 통해 이 오
래된 구조가 재구조화하도록 유인해야 한다. 따라서 이 책은 벼
농사 체제의 구조 개혁 플랜이라고 할 수 있다.

벼농사 체제의 일곱 가지 유산 *

역사에는 '층위'가 있다. 역사학자 브로델은 이를 변하지 않는 깊은 장기지속longue durée, long term과 급변하는 사건사the evental history의 구조로 구분했다. 물론, 이 중간에 제도사나 국면사, 경제 주기의 순환과 같은 추가적인 층위가 있을 수 있다. 동아시아** 사회에서 장기 지속되는 문화 구조는 한두 가지가 아니다. 유교의 삼강오륜 윤리, 가족주의를 비롯해 혈연·지연·학연에 바탕을 둔 연줄의 원리, 교육과 시험에 대한 투자와 학벌주의, 나이에 기반해 조직 내 위계를 정하고 나아가 노동에 대한 보상까지 결정짓는 연공제는 이제껏 변하지 않은 장기지속의 구조다.

이 책은 벼농사 체제라는, 동아시아 쌀 경작 문화권에서 진화한 제도들이 왜, 어떻게 만들어졌는지, 그리고 그것들이 오늘날 한국 사회의 위계와 불평등 구조를 어떻게 형성했는지를 이야기할 것이다. 나는 이 이야기를 시작하기 전에 벼농사 체제의

---

* 이 장은 원래 결론의 일부로 쓰였지만, 이 책에서 「프롤로그」에 배치한다. 벼농사 체제가 어떻게 만들어졌는지에 관한 역사로 몰입하기 전에, 오늘 우리가 그 체제의 어떤 유산 속에서 살고 있는지를 먼저 이야기하는 것이다.

** '동아시아'는 흔히 아시아의 동북부 지역인 한국, 중국(과 대만), 일본 (그리고 몽골) 정도를 지칭하지만, 이 책의 2, 3장 쌀 문화권과 밀 문화권의 비교에서는 베트남 및 동남아시아까지 포괄한다.

유산은 무엇인지 먼저 묻는다. 벼농사 체제의 어떤 제도와 문화가 오늘날 우리 삶을 규정하는가? 여기서 나는 벼농사 체제의 일곱 가지 유산을 지목할 것이다.

1. 재난 대비 구휼국가

동아시아 벼농사 체제의 첫번째 긍정적 유산은, (인류가 만들고 운영해온 평균적인 여타 국가들에 비해) 재난에 보다 적극적으로 대응하는 국가 체계를 갖게 되었다는 점이다. 벼농사 체제하에서 물에 대한 수요가 늘어나고 이에 비례해 태풍과 장마, 가뭄으로 인한 재난 가능성이 증대되자, 동아시아 정주민들은 자연히 재난에 더 긴밀하고 선제적으로 대응하는 국가 체계를 필요로 했다. 동아시아의 고대와 전근대 국가들을 관통하는 단 한 가지 관심은—전쟁 방비를 제외하면—물의 관리를 통한 농업 생산력의 유지와 확대였다. 동아시아 정주민들과 쌀, 재난 대비 구휼국가는 공진화co-evolve했다. 코로나 팬데믹에 효율적으로, 기민하게 대처하는 국가는, 동아시아인들의 '오래된 미래'인 것이다.

2. 공동노동 조직—'협력과 경쟁의 이중주' 시스템

벼농사 체제의 두번째 긍정적 유산은, 공동생산을 위해 긴밀하고 일사불란하게 작동하는 '협업 조직'이다. 파종부터 수확까지 잘게 쪼개진 과업의 매 단계마다 인간의 노동력을 짧은 시

간 안에 다량으로 투입하여 완수해야 하는 벼농사 체제의 특성
상, 마을 단위 공동노동 조직이 발달할 수밖에 없었으며 이를 통
해 단기간 집중적인 노동 투여의 요구를 충족시켰다. 하지만 동
아시아 소농 사회는 이러한 공동노동이 가미된 생산 시스템과
함께, 개인 및 가구 단위 소유 시스템을 견지했다. 공동노동으로
긴밀하게 엮여 있는 생산 시스템하에서 개별 소유가 작동함에
따라, 동아시아의 소농들은 (제한된 농토에 갇힌 채) 격렬하게 수
확량 경쟁에 돌입했다.

　서로의 논에 손발을 담그고 함께 물길을 내며 서로의 생산
과정을 속속들이 파악하고 있는 데다, 공동작업 속에서 나의 노
동이 그의 논에, 그의 노동이 나의 논에 투여됨으로써 최종 생산
물의 가구별 차이에 극도로 민감할 수밖에 없는 문화가 만들어
진 것이다. 나의 생산량이 남의 것보다 뒤져서는 안 된다는, 긴
밀하게 조율된 네트워크 속의 따라잡기 경쟁의 문화—내가 '네
트워크 경쟁'이라 개념화한—는 바로 이 공동생산–개별 소유
의 양식으로부터 유래했다. 이러한 협력과 경쟁의 이중주는, 동
아시아 벼농사 체제가 훗날 자본주의 체제로 전환하면서 기업
조직에 이식되어 동아시아 발전 모델의 근간이 되었다.

3. 표준화의 힘—'수직-수평 기술 튜닝' 시스템

　벼농사 체제의 세번째 긍정적 유산은, 긴밀한 협업하에서
진행된 '기술 튜닝' 시스템이다. 가구 간 서로 다른 농법과 기술

수준으로 인해 발생하는 인적 자본의 차이를, 동아시아 마을 공동체 조직은 가족 세대 간 기술 이전과 또래 세대 내 기술 공유를 통해 고도의 표준화된 농업기술 공동체를 창출·유지했다. 가구 내에서 부모와 자식 간에 농업기술이 전수되었다면, 가구 간에는 부모 세대의 농군들이 자신들의 논에 와서 일하는 다른 집 자식들을 교육시켰다. 또 다른 표준화 시스템은 또래 세대 네트워크 안에서 이루어진 정보와 자원의 공유였다. 새로운 농법의 실험과 외부로부터 유입된 기술 시스템은 이 세대 네트워크 안에서 시행착오와 검증을 거쳐 확산되었으며, 결국에는 마을 전체의 진전된 표준 농법으로 공인되었다. 두레와 품앗이는 이러한 표준 농법을 최종적으로 시행하는 확인의 자리였다.

동아시아 마을 공동체의 기술 튜닝을 통한 표준화에 대한 집착은 현대자본주의 기업에서도 되풀이되었다. 토요타와 현대자동차 같은 제조업 기업들은 공통의 규준과 실행을 완벽에 가까운 장인(토요타) 혹은 엔지니어링에 기반한 자동화(현대) 시스템(김철식 외 2011) 속에 표준화함으로써, 세계적으로 유례없는 낮은 불량률과 재고율을 자랑하는 '조율된coordinated' 작업 시스템을 구축했으며, 이를 기반으로 세계시장을 장악하게 된다.

4. 서열 문화와 연공급 위주의 노동시장

벼농사 체제의 네번째 유산은, 나이에 따른 서열 문화와 그것이 기업 조직에서 발현된 연공급* 위주의 노동시장이다. 연공

문화는 벼농사 체제가 마을 단위 협업 시스템을 유지, 재생산하기 위해 구축한 위계 구조다. 나이에 따라 위계를 정하고 아랫세대가 윗세대의 명령과 선발의 원칙에 복종하는 문화는, 흔히 '유교 문화'라 불리며 동아시아 마을 생산체제의 핵심 축을 이루었다.

이 연공 문화는 동아시아 기업 조직의 뼈대―연공제―로 재탄생한다. 동아시아 기업들은 입직에서부터 퇴직에 이르는 개인의 생애를, 동일한 임금 상승 테이블을 공유하는 세대들로 쪼개어 위계 구조를 만드는 동시에 세대 단위 협업 시스템을 창출했다. 동아시아 마을 공동체의 수직-수평 기술 튜닝 시스템은 동아시아 기업 조직에서 연공제를 매개로 재탄생하게 된다. '가족 같은 기업' 안에서 부장님은 부모의 역할을, 선배는 이웃 어른들과 같은 역할을 했다. 입사 동기는 동년배 사촌들 및 동네 친구들과 다름없었다. 그들은 동아시아 마을 기업처럼 긴밀하게 엮인 공식·비공식 네트워크 안에서 협력과 경쟁의 쳇바퀴를 탔으며, 동아시아 마을 공동체의 협력 기제인 '표준화'를 생산공정과 관료제 업무에 도입하여 '기민'하고 '긴밀'하게 작동하는 동아시아 기업 조직을 만들어냈다.

---

* 연공급은 나이와 연차(근로 기간)에 따라 자동적으로 임금이 상승하는 임금 제도를 일컫는다. 이에 비해 직무급은 일의 종류와 내용의 난이도(노동자의 숙련도)에 따라 임금이 결정되는 제도이고, 직능급은 개인의 능력과 생산성에 따라 임금을 차등 지급하는 제도이다.

하지만 동아시아 기업의 연공제는 벼농사 체제의 두 요소 중 '공동생산 조직의 협업과 위계'라는 원리만 이식하고, 다른 하나인 '개별 소유'는 버렸다. 벼농사 체제에 내장된 '생산성 향상을 위한 경쟁'의 요소를 채택하지 않은 것이다. 함께 협업하면서도 경쟁을 할 수밖에 없던 동아시아 농민들과 달리, 연공제하의 노동자들은 개별적인 생산성 향상 노력이 아닌, 집합적인 노력을 통해 보상받았다. 그렇다면 입사 후 10년, 20년이 지나서 독보적인 숙련(혹은 정치력*)을 쌓아 조직의 업무 성과를 주도하는 자들은 어떻게 보상받았는가?

동아시아의, 한국의 기업들은 국가의 관료제로부터 보상의 원리를 이식하여 이들에게 '자리'로 보상을 했다. 더 빠른 승진을 통해 더 높은 연봉과 더 큰 권력을 부여한 것이다. 따라서 같은 직급에서 동일한 보상을 받는 연공제는 개별적인 능력에 따른 보상을 위해 직급을 점점 더 잘게 쪼갤 수밖에 없었다. 우리가 보는 수많은 '차장 대우'와 같은 직급들이 이렇게 생겨났다. 그러나 이런 방식의 보상은 한계가 있을 수밖에 없다. 같은 직급의, 다른 수행 능력을 발휘하는 자들에게 어떻게 단기적으로 보상할

---

* 동아시아 기업 조직에서 개인의 숙련과 정치력은 잘 구별되지 않는다. 숙련 평가 시스템을 서로 신뢰하지 않기 때문에 도입을 꺼리고, 이로 인해 숙련 양성은 지체된다. 숙련 평가가 제도화되지 않은 조직의 개인들은 승진 경쟁을 통해 보상을 추구하고, 이 경쟁의 승자는 '정치력'(네트워크 위계의 관리능력)이 뛰어난 자일 가능성이 크다. '네트워크 위계'에 대해서는 전작 『불평등의 세대』를 참조.

것인가? 승진시킬 자리가 더 이상 없으면? 끝없이 '상무이사 대우' '과장 대우'를 만들어낼 것인가?

결국, 연공제는 숙련과 직무를 평가하는 시스템 개발을 게을리한 동아시아 기업 조직에 복수를 하기 시작했다. 가장 뛰어난 인력들은 개인의 능력에 적절히 보상하는 외국 기업으로 이직한다. 그다음으로 뛰어난 자들은 적당한 업무 능력과 정치력으로 수뇌부의 간택을 받아 위로 올라간다. 그만큼 뛰어나지만 굽신거리기 싫어 고개를 빳빳이 세운 이들은 조직 내부에서 보상을 해주지 않자 조직 바깥으로 뛰쳐나간다. 이들은 능력에 따라 보상하는 다른 '자리'를 찾거나 '지대'를 추구할 것이다. 또한 그만큼 뛰어나지만 뻔뻔하지도 고개를 세우지도 않은 (지극히 보통 사람인) 인력들은 보상 기제의 부재에 '해태'로 대응하기 시작한다. 일할 만큼만 한 후, 손을 놓는 것이다. 하건 하지 않건, 더 하건 덜 하건 똑같이 보상받는 상황에서, 조직 외부에서 지대를 추구할 유인을 느끼지 못하는 이들에게 '해태'는 합리적인 선택이다.

이 모든 이탈과 간택과 해태의 끝은 무엇일까? 조직의 (상대적) 비효율이다. 이러한 조직 문화를 가진 기업은 동아시아에서는 통할지언정 세계시장에서는 어느 단계 위로 올라설 수가 없다. 개인이 조직에 기여하는 만큼 보상하는 기제가 턱없이 부족한 탓이다. 개인이 해태하는 것에 대한 징벌 기제 또한 턱없이 부족하다. 따라서 연공제는 위계에 따른 공동노동과 동원력으로 자본주의 발전의 초기에는 조직의 성장에 기여했지만, 생산성이 어느 순간 정점에 이른 후에는 조직의 발목을 잡는다. 한국 경제의 구조적 불황과 생산성 저하 경향의 근저에는 연공제의 비합리성과 비효율성이 자리 잡고 있다.

5. 여성 배제의 사회구조

동아시아 벼농사 체제의 다섯번째 유산은, 여성의 사회적 배제다. 벼농사 체제에서 여성은 핵심적인 인적 자본이었다. 가구 단위에서는 높은 노동력 재생산과 육아를 책임졌고, 일손이 달릴 때는 언제든 농사일에 스스로를 투입했으며, 수많은 두레와 품앗이, 마을 잔치의 음식과 뒷정리를 감당했다. 모두가 배를 두드리며 쉬고 막걸리 잔을 기울이고 잠자리를 준비할 때, 여성들은 마지막 길쌈 두레(삼베 짜기 품앗이)를 돌리느라 별 보기 운동을 하며 집으로 돌아왔다. 여성 없이는 굴러갈 수 없는 생산체제였음에도 불구하고 마을 단위 의사 결정 구조에서 여성을 배제했을뿐더러, 사회적 신분 상승의 통로인 관료제 진입 기회(과거 응시)도 부여하지 않았다. 양반 가문의 여성조차도 집안 살림과 육아로 역할이 제한되었고, 사회적 조직체들에서 자신들의 목소리와 이해를 대변할 아무런 통로도 갖지 못했다. 동아시아 벼농사 체제에서, 여성의 사회적 위치는 솔거노비와 크게 다르지 않았다.*

이렇게 여성을 배제하는 벼농사 체제의 유산은 동아시아 기업 조직에서도 지속되었다. 국가 관료제 및 기업 조직의 최고위 의사결정기구에 여성이 진입하기 힘든 것은 잘 알려진 사실이다. (5장에서 보겠지만) 기업의 하위 관리직에 젊은 여성들의 진출이 점차 늘어나고 있으나, 그 비율은 국제 기준이나 선진국들에 비하면 여전히 미미한 수준이다. 예를 들어, 한국의 교육제도하에서 여성들은 전 세계 최상위 수준의 인적 자본을 축적했지만, 이들이 노동시장과 리더십 구조에 진출하고 보상받는 정도를 계량화한 지표는 세계 100위권이다(153개국 중 108위, WEF 2020). 이처럼 여성은 관료제와 기업의 주요 의사 결정 구조에서 소외되거나, 참여하더라도 들러리 위치에서 벗어나지 못했다. 벼농사 체제하 신분제 구조의 주요한 축은 여성의 역할을 출산과 가정 경영의 '여성성'에 가두는 것이었고, 근대로 진입한 동아시아 사회조직에서도 이 원리는 여전히 사라지지 않고 있다. 경제 발전 수준은 선진국에 이르렀지만, 정치와 사회 발전의 수준은 여전히 전근대 벼농사 체제에 머물러 있는 셈이다.

---

* 여성 배제 사회구조의 기원을 농업 생산 시스템으로부터 찾는 연구로는 Boserup 1970; Alesina et al. 2013을 보라. 이들은 밀이나 쌀과 같은 곡물 재배를 위해 (가축의 힘을 이용하여) 땅을 깊이 갈아엎는 쟁기를 사용한 문화권에서 남성은 논밭일에, 여성은 가정일에 집중하는 성별 분업이 강화되었고, 이러한 차이가 현대의 여성 경제활동 참여의 사회별·국가별 차이를 만들어냈음을 밝혔다. 나는 쌀 재배 지역의 (인구 증가로 인한) 인구 압력이 여성을 집안일에 속박시키는 성별 분업을 더욱 가속화시켰다고 본다.

6. 시험을 통한 선발 및 신분 유지와 숙련의 무시

벼농사 생산체제와 더불어 동아시아인들의 삶에 깊은 영향을 끼친 제도가 있다. 우리 모두가 다 알고 있는 과거제도, 즉 '시험'이다. 우리는 시험을 삶의 당연한 준거이자 목표로 받아들인다. 동아시아, 특히 중국 문화권에서 발달한 시험을 통한 (대학 입학 및 국가 관료·전문직·대기업 신입사원 등) 선발 과정은 자원과 자리의 배분을 결정짓는 가장 중요한 평가 제도다. 시험은 벼농사 체제와 독립적으로 만들어지고 발전했지만, 어느 순간부터 '엮였다.'

동아시아 벼농사 체제는 그 생산 시스템과 별도로, 이미 오래전부터 시험을 통한 관료 선발과 그에 기반한 신분제적 전통을 발전시켜왔다. 지방 호족 세력을 제어하고 왕의 중앙집권 강화를 위해 만들어진 과거제는 벼농사 체제와는 일견 관련이 없어 보이지만, 안정적으로 작동하던 벼농사 체제 내부에 또 다른 차원의 '경쟁 시스템'을 소개하게 된다. 자식 교육을 통한 신분 상승 기회는 현세대 내부의 '닫힌 생산력 경쟁'을 단번에 뛰어넘을 대박 로또였고, 따라서 벼 수확량을 둘러싼 마을 내부의 경쟁에 자식 교육 경쟁이 주된 요소로 삽입된 것이다(<그림2-1> 참조). 마을 단위 벼농사 생산체제 자체에 반드시 필요하지는 않았던 이 시험 경쟁은 국가 수준에서는 왕권을 강화시키는 동시에 신분제에 바탕을 둔 신권 강화책이기도 했다. 왕과 사대부가 함께 지배하는 상층 권력 시스템의 수립은 벼농사 체제에 신분제

권력을 향한 끝없는 '상승 이동 경쟁'을 촉발시켰고, 쌀의 수확량 경쟁에 갇혔던 동아시아 농촌 마을 주민들은 과거시험을 통한 신분 상승 경쟁에 이중으로 갇히게 된다.

이러한 동아시아의 시험을 통한 선발 제도는 국가 관료제뿐 아니라 현대자본주의의 기업 조직으로도 이식되었다. 직무와 숙련에 근거한 선발 제도가 부재한 상황에서 시험은 다수가 동의할 수 있는 공정성 확보 기제였으며, 앞서 분석한 '연공제'와 결합하여 정규직과 비정규직을 가르는 신분제적 기제로 자리매김했다. 시험에 합격한 자는 연공제에 의해 따박따박 월급이 오르는 정규직의 지위를 평생 누리고, 그렇지 못한 자는 비정규직으로 수없이 직장을 바꾸면서 계약을 갱신하고 동일한 저임금을 받으며 임시직으로 살아가야 하는 것이다. 숙련도나 현장 기술에 보상하지 않고 시험 기술에 보상하는 이 전통은 동아시아 기업들, 특히 한국 기업들의 입직 및 보상 체계로 자리 잡았고 여전히 공무원과 공기업의 인재 선발 및 관리의 주요한 축이다. 동아시아 관료제와 기업에서 시험은 합격한 자들이 자리와 보상을 나눠 갖고, 합격하지 못한 자들을 그로부터 배제시키는 강력한 사회적 장벽social closure(Parkin 1979)으로 기능한다.

7. 땅과 자산에 대한 집착, 씨족 계보로의 상속과 사적 복지체제

동아시아 벼농사 체제의 '소농 단위 소유' 시스템(나카무라 2007)과 마을 생산조직의 안정성은 씨족 가문의 (상속을 통한) 장기 보존을 가능케 했다. 토지는 소농의 자식들에게 균분되었으며, 높은 출산율은 서너 번의 상속을 거치고 나면 중농을 소농으로, 소농을 빈농으로 전락시켰다. 인구의 팽창은 산지 개간과 이주를 촉진시킨 한편, 조선 후기 생태적 재앙의 원인이기도 했다. 하지만 동아시아는 20세기 이후 자본주의 세계시장에 뛰어들어 서구와 대등하게 경쟁하는 위치로 등극했다. 벼농사 체제의 후손들은 마을의 제한된 토지를 점유하기 위한 경쟁이 아니라, 후기 금융자본주의 체제하에서 한계 없이 팽창할 수 있는 자산 축적 경쟁에 노출된 것이다.

더구나, 오늘날 동아시아의 인구는 급격히 축소되고 있다. 부모와 양가 조부모를 합쳐 여섯 명의 어른이 아이 하나를 돌보며 집중 투자하는 사회다. 이 아이는 네 명의 조부모와 두 명의 부모로부터 자산을 상속받을 것이다. 인구학적으로 점점 자산 불평등이 증대할 수밖에 없는 구조로 바뀐 것이다. 비슷한 사회경제적 배경을 가진 상류층끼리의 동류혼(호모필리homophily)은 이 경향을 더욱 가속화시킬 것이다. 씨족 계보를 따른 상속에 대한 집착과 자산을 통한 사적 복지에 대한 집착, 게다가 급전직하하는 출생률은 벼농사 체제의 저복지 시스템과 맞물려 자산 불평등을 더욱 악화시킬 것으로 보인다.

이 벼농사 체제의 요소들은 산업자본주의 사회에 이르러서도 공장과 회사로 이식되어 동아시아 자본주의의 세계적 성공을 이끌었다. 이것들은 수백, 수천 년 동안 진화하여 오늘날 현대자본주의하의 '동아시아적' 혹은 '한국적' 제도로서 그 명맥을 유지 혹은 강화하고 있다. 하지만 벼농사 체제의 강고한 지속에도 불구하고, 이들 중 어떤 것들은 위기에 처해 있고 또 어떤 것들은 이미 사라지기 시작했다. 물론, 어떤 것들은 현대자본주의/민주주의와 함께 재생산되며 확장과 강화의 사이클을 돌리고 있다.

이 유산들 가운데 우리는 어떤 것들을 약화시키고 또 어떤 것들을 강화시켜야 할까? 그 작업은 가능할까? 이토록 오랫동안 살아남은 제도와 구조들을 바꿀 수 있을까?

서설이 길었다. '쌀, 재난, 국가'라는 키워드를 통해 한국 사회 불평등의 기원을 이해하는 프로젝트, 이제 시작해보자. 훗날 당신이 김이 모락모락 나는 쌀밥 한 수저를 입에 떠 넣는 어느 순간, 동아시아의 재난 대비 국가와 한국 사회의 협업 및 위계 구조, 그리고 그로부터 만들어진 동시대 노동시장의 불평등 구조를 떠올리게 된다면, 이 책의 목적은 달성되는 셈이다.

1장

동아시아 국가의 기원

— 벼농사 체제의 출현과 재난의 정치

우리는 누구인가—쌀 이론의 수립

우리는 누구인가. 한민족은, 삼면이 바다로 둘러싸여 험준한 산지가 대부분이고 충적토 평야라고는— 다른 곳에 비해— 조금 넓은 들판에 불과한 것들밖에 없는 곳에서(지형),* 장마전선과 태풍이 잊을 만하면 찾아와 물 폭탄을 쏟아붓는 곳에서(기후), 유목 약탈족과 해구들이 식량과 자원을 찾아 급습하는 대륙과 해양 세력의 격전장에서(지정학), 다른 작물도 아닌 벼농사(주 식량)를 고집하며 한반도에 주저앉은 씨족들의 후손이다.

방금 지적한 네 가지 요소는 우리가 바꿀 수 없는 것들이다. 너무도 오랫동안 우리를 형성해온 흙과 물과 식량 그리고 국가 간 세력 관계들이다. 이것들이 싫은 자들은 중국 내륙이나 만주로 돌아가거나, 더 깊이 은신할 수 있는 섬나라로 들어갔을 것이

---

* 한반도 최대 곡창지대라는 전라도 지역과 한강 일대의 평야도 중국의 양쯔강 유역과 일본의 간토평야에 비교하면 조족지혈이다. 가장 큰 호남평야가 3,500제곱킬로미터인데, 간토평야는 1만 7,000제곱킬로미터, 양쯔와 화북평야는 각각 20만 제곱킬로미터와 30만 제곱킬로미터이며 만주의 랴오허강 유역은 40만 제곱킬로미터다. 세계 최대 수량과 최장 길이를 자랑하는 황허강과 양쯔강은 거대하고 비옥한 충적토 평야를 만들었지만, 금강, 한강, 낙동강 하구의 충적토 평야의 크기는 150~200제곱킬로미터에 불과하다. 북한의 평야들도 대체로 500~1,300제곱킬로미터에 그친다(통일연구원 2009; 조선민주주의인민공화국 인민경제빌진통계집 1946~1960; http://www.britannica.com; www.wikipedia.org; 네이버 지식백과).

다. 우리는 '그럼에도 불구하고' 이 땅에 남은 자들이다.

　나는 이 요소들 중, 동아시아인의 주식인 쌀로 '우리는 누구인가'라는 질문의 답을 찾아 나선다. 매일, 매 끼니 쌀로 지은 밥을 먹으며 도대체 나는 하고 많은 곡물 중에서 왜 이걸 먹고 있는 걸까, 라고 묻는다면 옛 어른들로부터 꾸지람을 들었을 것이다. "호강에 겨운 소리 말고 밥이나 남기지 말라"고.

　이제부터 나는 쌀로, 더 정확히는 쌀을 재배하는 문화와 시스템으로 많은 것을 설명할 것이다. 바로 '쌀 이론rice theory'의 수립이다. 그렇지만 쌀 이론을 수립하기 위해 우리가 언제부터 쌀을 먹기 시작했고, 볍씨와 그 경작의 유물이 어디에 남아 있는지를 조사하진 않을 것이다. 그것들은 그 자체로 중요하지만 역사학과 고고학의 영역에 해당된다(이미 그들이 다 연구했다). 나는 쌀 이론을 통해 오늘의 한국 사회의 구조와 그 부산물들을 파헤칠 것이다. 그 목록은 위계 구조와 불평등, 불평등에 대한 인식, 급속한 경제 발전, 협력과 경쟁의 공존, 행복과 질시, 교육열과 사회이동, 노동시장 구조, 성차별, 연공 문화의 존속 그리고 소통의 문화까지 포괄한다.

　이 모든 종속변수에 대해 나는 '벼농사 경작 시스템'이라는 단 하나의 독립변수를 제시할 것이다. 과연 설득력이 있을까—예상컨대, 쌀 환원주의라는 비판이 나올 것이다. 맞다, 나는 우리가, 한반도 정주민들이 행위하고 사고하는 행태의 많은 것들이 쌀과 그 경작 문화로부터 비롯되었다고 주장한다. 우리 정체성의 가장 중요한 축은, 쌀밥에 또 다른 무언가(고깃국과 김치)를 곁들여 먹는 '버릇habitus'(Bourdieu 1984〔1971〕)에 있다. 우리가 누구인가를 알고 싶다면, 우리가 무엇을 먹는지를 먼저 들여다 봐야 하는 것이다.

쌀에 갇힌 동아시아, 벼농사에 집착한 한국인

쌀이 얼마나 동아시아인의 삶에서 중요한 작물인지는 조금만 역사를 거슬러 올라가보면 된다. 17, 18세기 서유럽의 예수회 신부들은 중국을 여행하며 중국인들의 '쌀에 대한 애착'에 깊은 인상을 받았다. 가는 곳마다 쌀밥에 약간의 야채로 끼니를 때우는 모습을 목도한 것이다.

실제로 동아시아인의 식생활을 지배하는 것은 쌀이었으며, 그들은 영양분 섭취의 대부분을 쌀에 의지했다. 1928년 베이징 노동자의 식비 지출의 80퍼센트가 곡물이었고, 1938년 통킹 델타 지역 농민들은 칼로리 섭취량의 98퍼센트를 쌀에 의지했다. 일본 농부들은 쌀 이외의 곡물을 소비할 때 '처량하다'고 여겼으며, 벼가 아닌 다른 작물을 재배하는 것을 '수준 떨어진다'고 생각했다(브로델 1995〔1967〕). 한국 소농의 어린 시절 일기에서도 "밥에다 굴콩을 너서 고봉밥으로 차려놋코 먹는데 엽무릅에는 어린 자식을 끼고 갖이 먹는 것을 보니 배가 저절로 곺으며 나도 아버지 있으면 저와 갖이 먹겟지 햇다"(『창평일기』 1권, 1929년 11월)라는 표현이 눈에 띈다. 쌀밥을 원 없이 먹어보는 게 가난한 농가 아이들의 소원이었던 것이다.

동아시아인들에게 쌀이 아닌 다른 곡물은 하층민이나 동물이 먹는 것으로 취급되었다. 브로델이 보기에 중국인들은 쌀에

'중독'되었으며, 중국은 "자기 자신에게 갇힌 농민의 세상"이 되어버렸다. 어찌 보면 동아시아인들은 쌀에 갇힌 것East Asia caged by rice이다. 왜 이렇게 되었을까?

밥맛에 길들여진 동아시아인들은 그 답을 알고 있다. 무엇보다 맛있기 때문이다. 하지만 빵에 길들여진 서양인들도 같은 이야기를 한다, 우린 빵에 중독되었다고. 그것은 섭취하자마자 침과 섞이며 빠르게 당으로 변모하는 탄수화물의 힘이다. 쌀만 유난히 그 속도가 빠른 것은 아닐 터이다.

동아시아인들이 쌀에 중독된 더 근본적인 이유는, 첫번째 쌀의 생산력 때문이다. 쌀은 단위 면적당 생산량과 인구 부양력이 다른 어떤 곡물보다 높다. 단위 면적의 수확량이 밀이나 보리의 두 배가 넘는다(Fei 2006[1939]). 두번째 이유는 그 영양가 때문이다. 쌀은 영양분에 있어서도 다른 곡물을 압도한다. 비타민과 철분 정도만 보충해주면, 쌀은 사실상 육류 없는 삶을 가능케 해준다. 쌀은 (비타민을 제외하고는) 모든 영양분을 다 갖추고 있는 완전식품에 가깝다. 이 두 이유 때문에 동아시아인들은 필사적으로 쌀 재배량과 재배 면적을 늘리려고 노력해왔다.*

---

* 그런데, 바로 이러한 쌀 재배 면적의 증대는 농촌의 작물 재배 다양성(포트폴리오)을 해치고, 농촌 공동체가 가뭄이라는 재난에 대비할 수 있는 가능성을 스스로 낮춘다. 물을 많이 필요로 하는 작물인 벼에 의존함으로써, 구황작물이나 물을 덜 필요로 하는 여타 작물에 대한 수요를 줄이게 되는 것이다. 가뭄이 닥쳤을 때, 벼는 모두 말라 죽고 의지할 밭은 없는 상황에서 재난의 크기는 벼에 대한

쌀과 밀의 대비

영양 측면에서 '완전체'에 가까운 쌀의 특성은 밀과 대비하면 완연해진다. 밀은 쌀에 비해 여러 측면에서 '불완전한' 곡물이다. 밀을 소비하는 인구는 무엇보다 비타민D 결핍에 시달린다. 단백질의 효율도 쌀에 비하면 훨씬 떨어진다. 밀은 그 자체로만 식단을 구성할 수 없는 것이다. 밀을 소비하는 종족은 육류와 유제품을 함께 섭취해야만 했다. 육류는 단백질을, 유제품은 비타민D를 보충해줬다.

더구나 밀 경작은 토지를 황폐화시켰다. 서구에서 삼포제*가 발달한 것도, 휴경을 하지 않으면 다음 해에 밀이 자라지 않았기 때문이다. 밀의 생산성 문제를 해결한 것은 결국에는 가축의 힘을 빌려서였다. 휴경하는 땅을 목초지로 쓰며 가축의 배설물로 땅의 광물 성분을 보충하여 다음 해 밀의 소출을 늘린 것이다. 소와 말 같은 큰 가축은 육류 공급과 쟁기질을 위해서도 필

의존 때문에 더욱 커진다. 수익성 높은 벼농사에 과잉 투자한 탓에 벼농사가 망하면 마을 전체가 기아에 노출되는 것이다. 재난에 취약한 쌀의 특성은 이 장 뒤에서 다시 논의한다.

* 토지를 봄 농사 구역, 가을 농사 구역, 휴경지(목초지)로 나눠 돌아가며 윤작하는 농법. 토양 비옥도와 독성 조절을 위해 콩과 같은 다양한 작물을 간작間作하기도 했다.

요했지만, 척박한 토양을 다시금 기름지게 만드는 역할을 함으로써 서구의 윤작 시스템에 없어서는 안 되는 존재였다. 축산과 곡물업의 결합은 서구의 농업 생산력에 혁명을 가져왔다.

이러한 밀의 특성은 농작물의 상품화와 농업의 분업화를 촉진시켰다. 쌀과 달리 불완전한 곡물이었기에 한마을 혹은 인근에서 목축업이 함께 발달할 수밖에 없었던 것이다. 예를 들어 알프스 주변에서는 평지와 산지가 곡물 생산과 목축업을 나눠 맡았다. 인구가 증가함에 따라 육류와 유제품에 대한 수요가 증대하면서 휴경지를 이용한 목축업만으로는 그 수요를 감당할 수 없었던 서유럽에, 알프스 산지는 목축을 위한 거대한 목초지를 제공했다. 서유럽인들은 알프스의 곳곳에, 눈이 덮여 있지 않은 한계 지점까지 올라가 소와 양을 키웠다. 기차 앞자리 칸에 앉은 한 스위스 할머니는 내게 말했다. "우리(스위스인)는 산에 매달려 사는 염소와 같아요."

목축업의 전문적 발달은 알프스 산지와 주변 평지 간의 교환경제를 발달시켰고, 곡물과 유제품의 상품화를 촉진시켰다. 유제품을 오래 보관할 수 있는 발효 기술과 더불어 육류 저장 및 가공, 유통 기술 또한 발전했다. 아니나 다를까, 브로델은 밀의 불완전성에서 유래한 이 상품화와 분업화를 즉각 오리엔탈리즘으로 승화시킨다. 곡물의 불완전성에서 (서구) 문명의 독창성을 유추하고, 곡물의 완전성에서 (동아시아) 문명의 정체성을 끌어내는 것이다.

서구 문명의 식물 결정론은 밀 하나만이 아니라 밀과 풀 모두에서 나온 것이다…… 사람의 생활에 고기와 에너지의 축적물인 가축이 뚫고 들어왔다는 것이 서구의 활기찬 독창성이라는 점이다. 이렇게 서구가 필요에 따라, 그리고 성공적으로 가축을 받아들인 데 비해 쌀을 재배하는 중국은 이것을 무시하고 또 거부했다. 그럼으로써 산지에 사람을 거주시키고 그것을 이용하는 것을 포기했다. (브로델 1995 〔1967〕, 159쪽)

브로델은 동아시아인들이 쌀의 완결성으로 인해 쌀에 '갇힌' 반면, 서구인들은 밀과 풀, 곡물과 육류, 유제품을 상호 보완적으로 발전시키고 산지를 인간 삶의 일부로 전유함으로써 자본주의 경제를 더 일찍 가져올 수 있었다고 보는 것이다. 그는 서구의 다양성과 동아시아의 일원성을 음식으로부터 유추하는 '음식 환원주의'를 폈다. 일견 맞는 해석처럼 보이기도 한다. 나는 이 해석을 아직은 비판하지 않을 것이다. 내가 보기에 밀이 느슨하게 분업화된 상품 교환경제를 (먼저) 탄생시켰다면, 쌀의 자기 완결성은 그 나름의 긴밀한 협력의 사회조직을 탄생시켰다.

자본주의 발전의 긴 순환 사이클에서 두 문명 간의 경쟁은 19세기와 20세기에 끝난 것이 아니다. 쌀에 갇힌 동아시아는 그 갇힌 자기 완결적 구조 속에서 고도의 마을 단위 협업 시스템을 발전시킨다. 서구가 마을 밖으로 뛰쳐나가 상품의 교환과 무역을 촉진시키는 '글로벌 자본주의 체제'를 구축하기 시작하던 때, 동아시아는 고도로 조율된 마을 기업을 만들어낸 것이다. 쌀 문화권의 '상호 조율 능력'(2장)은 현재 우리가 확인하듯 코로나 팬데믹에만 유효한 것이 아니다. 쌀 문화권에서 진화한 '집단 속에서 눈치 보는' 인간형(3장)은 서구가 따라 할 수 없는 완벽에 가까운 작업 조직을 탄생시켰다.

한반도 정주민의 쌀 사랑

다시 동아시아 쌀 문화권으로 돌아와보자. 그렇다면 한반도 정주민들의 쌀에 대한 사랑은 어느 정도인가?

한반도는 (뒤에 다시 이야기하겠지만) 쌀을 재배하기에 (중국 양쯔강 유역이나 일본 간토평야에 비해 상대적으로) 척박한 풍토다. 벼농사 정주민의 입장에서 '먹을 것이 별로 없는 곳'이었다. 동남아시아의 몬순기후나 중국 강남 지방, 일본 남부에 비해 강수량이 부족하고 가뭄이 잦다. 충적토 평야의 크기는 호남평야(3,500제곱킬로미터)를 제외하면 200제곱킬로미터를 넘는 곳이 드물다(앞서 이야기했지만, 양쯔강 유역의 크기는 20만 제곱킬로미터, 간토평야는 1만 7,000제곱킬로미터에 이른다). 산악 지형 곳곳에 산재되어 있는 분지들은 물을 가두어 관개에 이용하기가 쉽지 않았고, 중국 송대 남부에서 개발되어 일본에서 일반화된 '수차'를 이용하기에도 지형과 토질이 받쳐주질 않았다(이태진 2002; 문중양 2000). 중국 남부와 동남아, 대만, 오키나와에서 이기작, 삼기작을 할 때, 한반도에서는 한 번이라도 논농사를 지으면 다행이었다. 그럼에도 불구하고 한국인들에게, 적어도 조선 중기 이후로 쌀은 독보적인 주식이었다. 쌀은 오랜 세월 화폐 기능까지 담당했다. 삼국시대부터 조선 후기에 이르도록 세금을 쌀로 냈던 것이다. 한국은 오늘날 헥타르당 쌀 생산량(4.5톤, 일본은 4.4톤으로 2위) 세계 1위를 자랑한다(국사편찬위원회 2009).

한국인들의 쌀에 대한 집착은 이주민들에게서도 드러난다. 이들은 쌀 경작이 사실상 불가능하다고 여겨지던 곳에서 벼농사를 성공시키곤 했다. 전근대 시대 임진강 이북은 벼농사에 부적합한 기후였음에도 불구하고, 한반도 정주민들은 쌀 경작의 북방한계선을 끊임없이 밀어 올렸다. 조선 후기와 일제강점기에 이르면 전라, 경상, 충청 삼남을 비롯한 전국에서 간도 등 만주 일대로 이주 붐이 일어난다. (뒤에 설명할) 인구 증가 압력으로 인한 토지의 부족 때문이었다(Boserup 1965). 국경을 넘은 한인들은 물을 끌어댈 수 있는 곳이면 어디든 벼농사를 시도했고, 콩이나 밀, 조, 수수*밖에는 재배되지 않던 중국의 동북 3성에 벼농사를 급격히 확대시켰다. 오늘날 중국 내륙의 쌀 경작 북방 한계선은 산둥성과 산시성 남부지만, 한반도와 만주 일대에서는 조선 후기와 일제강점기 한민족의 벼농사 시도와 성공 덕분에 쌀 경작의 북방 한계선이 사실상 동북 3성 전체로 확대되었다(<그림2-2> 참조).

---

* 동아시아 쌀 문화권의 범위와 시기를 중국 북부, 한반도 북부, 일본 북부, 그리고 쌀이 주식으로 자리 잡기 이전의 고대까지 더 광범위하게 포괄하기 위해 쌀과 (콩을 제외한) 다른 벼과 작물들(조, 피, 수수, 보리)을 모두 '벼' 문화권의 주요 작물로 간주해야 한다는 논의도 있다. 이렇게 '벼과' 작물로 벼의 범위를 확대할 경우, 동아시아의 밀 생산 지대와 쌀 생산 지대는 상당 부분 겹치게 되어, 동아시아 대부분을 쌀 문화권으로 간주할 수도 있다(박유미 2012; 전호태 2013).

연변조선족자치주의 수전지는 청조 말기인 1906년에 12.5헥타르였는데 불과 5년이 지난 1912년에는 1만 5,975헥타르, 1943년에는 2만 4,622헥타르로 증가하였다. 연변조선족자치주의 수전은 대부분 세전벌·평강벌·구수하벌·훈춘벌·백초구벌·대석도 등 6개 평원에 집중되었고 모두 736제곱킬로미터에 달했다······ 1921년경 북만주 지역에서의 벼 생산량은 2만 8,800여 섬에 달했다.*

조선인들은 중국인들이 밭으로 쓰기에 부적합해서 버려둔 습지를 골라 논으로 만들더니, 기어이 벼농사를 성공시켰다. 한반도의 태백과 소백산맥 산간벽지, 해안가 벼랑에서도 벼농사를 짓고야 마는 끈기 어린 집착이(<그림1-1> 참조) 만주에서까지 살아남은 것이다.

일제 치하 연해주로 이주한 17만여 명의 한국인들은 스탈린에 의해 카자흐스탄으로 강제 이주되어 '카레이스키'(고려인)로 살아가면서도 (밀농사 지대에서) 벼농사를 지었다. 쌀밥을 먹으며 고향 땅에 돌아갈 날을 손꼽아 기다렸을 것이다. 박지원의 『열하일기』에는 병자호란 때 끌려간 조선인들이 벼농사를 짓고 있는 '고려보'라는 마을이 등장한다. 그 주민들은 "산해관 동쪽

---

* 세계한민족문화대전, 「만주 지역의 논농사를 개척한 조선인 농민들」.
http://www.okpedia.kr/Contents/ContentsView?contentsId=GC05308520&local
Code=krcn&menuG=special

경사진 산비탈을 개간해 계단식으로 만든 구례군 산동면 사포마을의 다랭이 논.

층층이 계단식 논으로 이루어진 남해 가천의 다랭이 마을.

자료: 프레시안 & 남해 가천 다랭이 마을 홈페이지 제공.

그림 1-1　산지와 해안가를 개간한 예: 나랭이 논

천여 리에 걸쳐 논이라곤 없"는 곳에서 "홀로 이 땅에서 벼를 심고 있"었으며, 끌려간 지 100여 년이 지난 후에도 떡과 엿 같은 쌀로 만든 음식을 먹고 있더라는 것이다. 몇 대를 내려가면서 고향 말은 잊었겠지만, 오랫동안 몸에 각인된 쌀밥에 대한 기억은 사라지지 않았다.

동아시아인들이, 중국인들이 (브로델의 표현대로) 쌀에 갇혔다면, 한민족은 벼농사에 대한 집착을 생태적 한계를 뛰어넘는 수준까지 밀어붙였다. 벼농사에 대한 집착은 한민족 정체성의 물질적 토대인 것이다. 중국인, 베트남인, 일본인들이 벼농사가 가장 적합한 곳을 찾아 이주해서 정착한 종족이라면, 한국인들은 벼농사가 부적합한 곳에서 벼농사를 고집한 종족이다.* (다

---

* 이 책에서는 다루지 않지만, 한반도 정주민들의 이러한 '선택'과 이후의 '운명'은 부족국가 시기부터 지금까지 건설한 공동체의 두 가지 특성으로 귀결된다. 하나가 '영토적 협소함'이라면, 다른 하나는 '적은 인구'다. 물론 이 '협소함'과 '왜소함'은 (이웃 나라와의 비교에 의한) 상대적인 것이다. 한반도의 인구는 중국의 10분의 1을 넘어본 적이 없으며, 임진왜란 이후에는 일본보다 항상 30~50퍼센트 더 적었던 것으로 추정된다(Mols 1972). 중국은 이미 기원전 전국시대를 통일한 진과 한대에 흉노와의 전쟁에 30만 대군을 동원했던 기록(물론 과장되었겠지만)이 있다. 일본 또한 전국시대를 통일하면서 임진왜란 직전에는 10만 이상의 대군을 동원할 능력을 확보했다. 하지만 한반도 정주민의 국가에서 근대(한국전쟁)에 이르기 전까지 10만 이상의 정규군을 동시에 동원했던 기록은 찾아보기 힘들다. 이이의 10만 양병설은 '설'로 끝났으며, 류성룡의 왜란 후 『징비록』에서의 '한탄'은 미처 왜란이 수습되기도 전에 닥친 두 차례의 호란과 함께 (청의 조공국 지위하에서) 잊히고 말았다. 한마디로, 한반도 정주민들은 주변의 다른 제국들과 경쟁하면서 스스로를 방어할 수 있는 적절한 인구와 영토 확보에──지금까

쌀, 재난, 국가

음 장에서 이야기하겠지만) 심지어는 이앙법이 부적절한 기후와 지형에서—국가의 만류*에도 불구하고—기어코 이앙법을 도입하고야 만 민족이기도 하다(김용섭 2007; 염정섭 2014). 한국인들은 쌀에 깊이 중독된, 고집불통의 민족이다.

지도—실패했던 것이다.

* 『농사직설』은 (벼 모종을 묘판에 따로 기른 후 물이 채워진 논에 옮겨 심는) 이앙법이 조선의 풍토와 기후에 맞지 않는 위험한 농법이라고 경고하며 밭에 바로 파종하는 직파법을 추천했다. 장마전선이 조금이라도 늦게 올라와 모내기 시기를 놓치거나, (관개시설이 미비한 상태에서) 강수량이 부족하면 흉작의 위험이 커지기 때문이었다. 이러한 이유로, 조선 초기 국가는 이앙법을 금지했다(문중양 2000; 염정섭 2014). 또한, 조선 중기 이후 일반화된 이앙법과 그로 인한 쌀 생산량의 증대를 한반도 벼농사 체제 수천 년의 역사에 모두 덮어씌워서는 안 된다. 벼농사는 한반도에서 기원전부터 시작된 것으로 추정되고 쌀은 삼국시대부터 세금 납부와 교환의 수단(화폐)으로 쓰여 국가와 사회의 생산과 수취 활동의 중심에 있었지만, 모든 인구가 쌀을 주식으로 한 것은 아니었다. 조선 중기 이전에는 쌀을 주식으로 채택한 지역과 인구 비율이 30퍼센트 이하였을 것이라 추정된다.

쌀밥과 빵의 정치경제학

'쌀'과 '빵'으로 문화권을 나눈다고 하면, 무얼 먹는지를 기준으로 문화권을 나눈다고 생각하기 쉽다. 쌀을 중심으로 정주민 정착체제가 만들어진 동양과 밀, 수수와 목축업으로 정주민 정착체제가 만들어진 서양의 차이는 생태적 환경과 이 생태계에 적응한 인간 사회조직의 전략 차이에서 비롯된다. 물과 햇빛이 풍부한 대륙 동안의 온대와 몬순기후에 적합한 벼농사는 여타 곡물과는 다른 두 가지 커다란 차이점이 있다.

첫째는 앞서 이야기한 대로, 단위 면적당 생산량이 압도적으로 많다. 둘째는 재배 과정에서 소요되는 물이 압도적으로 많다. 첫째 차이는, 왜 동아시아(적어도 중국의 황허강 이남과 한반도의 임진강 이남) 정주민들이 그 많은 여타 곡물들이 아닌 벼를 주 작물로 택했는지를 설명한다. 벼를 재배하는 부족들이 더 많은 인구를 감당할 수 있었을 테고, 더 적은 인구를 가진(다른 작물을 재배하는) 농경 부족들에 비해 군사력에서 우위에 서며 여타 중소 부족들을 통합했을 것이다. 기후가 허락하는 한, 통합을 주도한 지배 부족은 피지배 부족에게 벼농사를 강권했거나 피지배 부족이 자발적으로 채택했을 것이다. 진화론적으로 이야기하면, 벼를 재배하는 씨족이나 부족이 '선택selection'된 것이다.

둘째 차이, 즉 소요되는 물의 양과 물에 대한 통제력은 벼농

　　　　　　　　　　　쌀, 재난, 국가

사에 종사하는 부족들 간의 경쟁과 선택 과정에 영향을 미친다. 주기적으로 찾아오는 가뭄에 대비하기 위해 물을 가두고 끌어오는 작업이 벼농사의 성패를 좌우하는 가장 중요한 요소가 되었고, 잦은 태풍과 장마기에는 물을 빼내는 배수 시스템의 구비 또한 필수 불가결했다. 양쯔강과 같은 큰 강 유역에서 발달한 거대한 충적토 평야는 가장 비옥한 토질과 근접한 수자원으로 대규모 벼농사를 가능케 했지만, 큰 강은 필연적으로 대홍수를 동반했다. 따라서 홍수기에 큰 강의 범람을 통제하고, 가뭄에 대비하여 그만큼 큰 규모의 저수지를 구비할 수 있는지 여부가 부족(국가)의 생존에 가장 중요한 요소였다. 결국, 여러 경쟁하는 벼농사 부족들 중 수자원을 더 잘 통제하는 부족, 강우량을 더 잘 예측하고 더 선제적으로 대비하는 부족이 가뭄을 견뎌내고, 홍수를 막아내며, 인구를 지탱할 수 있는 생산량을 확보했을 것이다.

부족(국가)의 지도자 계급은 저수지 공사에, 둑을 쌓기 위해 혹은 물길을 끌어오기 위한 수로 공사에 자기 부족을 포함해 인근 다른 부족의 노동력을 대규모로 동원, 투입할 수 있어야 했다. 이 '협업'을 어떻게 조직하고 동원할 수 있는지에 따라 부족의 생존이 달려 있었기 때문이다. 이러한 협력과 경쟁의 과정은 중국의 전국시대 이전부터, 한반도에서는 단군/위만조선 이전부터 수천 년을 지나오며 가장 강력한 부족국가들을 남겼고, 살아남은 국가는 그 이전 시대보다 더 강력한 동원·협업 체계를 가진 이들이었다. 동아시아에서 '치수治水'와 '수리水理'는 군주와 신민의 최우선 관심 사항이었다(문중양 2000). 한자 '치治'가 물에 대한 통제(물을 기쁘게 흐르게 함)를 내포하고 있음을 보면, 동아시아의 통치는 물 관리와 떼어놓고 생각할 수 없는 것이다.

이러한 물에 대한 통제력을 기본 변수로 삼아, 국가의 출현을 이론화한 학자가 카를 비트포겔이다. 그는 1957년 출간된 기념비적 논문에서 '수력사회hydraulic society'의 다섯 가지 요소를 다음과 같이 정리했다(Wittfogel 1957).

(1) 물에 대한 지식
(2) 물에 대한 접근(강수량과 지형)
(3) 대규모 협력
(4) 외적 방어와 내부 질서유지를 위한 조직적 자원(의 통제)
(5) 인민과 구별되는, 전문화된 '행정 관료 계급'의 존재

곧, 물에 대한 통제력을 갖추기 위해서는 이 다섯 가지 요소가 사회의 기반이 되어야 한다는 것이다. 그런데 이러한 '물에 대한 통제력'을 국가 형성 과정의 중심에 놓는 주장은 전쟁 중심론자들의 반격에 노출된다. 비트포겔 자신은 전쟁과 물에 대한 통제력 중 무엇이 '선행'하는지에 대해 명확한 주장을 펴진 않았다. 후대의 학자들이 이 주장에 기반해 수력에 대한 필요가 거대 관료제의 발전을 가져오고, 관료제가 다시 보다 진전된 물에 대한 관리를 가능케 한다는 한층 세련된 인과 고리를 만들었지만, 어

느 것이 가장 먼저 등장해서 다른 요소들을 가능케 했는지는 지금도 논쟁거리다. 막스 베버를 비롯한 국가(중심주의) 이론가들, 혹은 전쟁 중심론자들은 (4)를 인과연쇄 고리의 맨 앞에 놓는다(대표적으로는 Tilly 1990; Gernet 1996). 전쟁 준비를 하고, 전쟁을 수행하고, 이웃 부족을 정복하고 통합하면서 군사력이 증대되고, 이웃 부족을 통합·복속시켜 노예 노동력을 확보하고, 세금을 수취하고, 더 큰 군대를 관리하는 과정에서 거대한 행정 관료제가 출현했다는 것이다. 전쟁을 통해 탄생한 국가는 다시 전쟁 수행의 주체가 되어 국가가 전쟁을 만들기 시작한다. 관개irrigation에 앞서 전쟁 수행 국가가 먼저 있었다는 주장이다.

그런데, 과연 그럴까? '협력과 협업'의 필요성은 전쟁 준비뿐 아니라(Turchin 2016), 일상적인 먹거리를 생산하는 과정에서 더 긴밀하게, 더 효율적으로 만들어지지 않았을까? 수렵 채집 사회에서부터 농경 사회에 이르기까지 호모사피엔스는 '협력'을 통해 생존할 수 있었던 것 아닌가. 전쟁과 먹거리 생산, 둘 다 절체절명의 생존 문제지만, 전자는 간헐적인 위협이고 후자는 매일의 일상을 채우는 위협이다. 따라서 국가 관료제가 주축이 되어 거대 관개시설을 축조하기 이전부터, 소규모 물길과 둑을 만드는 것과 같은 농경 부족의 '협력'은 벼농사 지대의 일상이었을 것이다.* 또한 더 넓은 평야와 더 비옥한 충적토, 물길에 더 가까운

---

* 따라서 『삼국사기』에 남아 있는 기록 이전 시기에 한반도에도 마을 단위를

농토를 만들고 생산기술 및 조직을 효율화하는 노력과 경쟁은 전쟁 준비와는 별도로 진행되었을 것이다.

오늘 인류는 전쟁이 없어도, 시장에서의 경쟁의 압박으로 끊임없이 우리의 생산기술과 조직 구성의 원리를 향상시킨다. 심지어는 기본 생존의 위협이 어느 정도 해결된 오늘날에도 이 경주—자원 생산과 축적의 욕구에서 비롯되는—를 목숨 걸고 하는데, 우리의 선조들이 우리와 달랐을 것이라고 가정할 수 있을까? 적어도 전쟁과 물(에 대한 통제력)은 어느 것이 먼저냐의 문제라기보다, 둘이 서로를 강화시켰다고 보는 편이 적절하다. 전쟁을 통해 만들어진 행정 체계는 물의 통제를 위해 쓰였을 것이고, 물을 다스리기 위해 만들어진 관료제적 동원 조직은 다시 전쟁을 조직화하는 데 이용되었을 것이다.

전쟁을 논외로 하더라도, 중국과 일본의 사례를 기반으로 만들어진 수력국가론을 한반도에 적용하기 위해서는 두 가지 전제가 추가로 필요하다. 첫째는 국가가 '물의 위협'에 적극적으로 대응했어야 한다. 둘째는 '물의 위협'에 대처하여 제방, 저수지, 보를 축조하고 관리하는 주체가 마을이나 부족 단위 협력을 넘어 중앙집권화된 관료제 국가여야 한다. 이 두 가지 전제가 충족되지 않으면 한반도의 전근대 국가들이 '치수'를 국가의 최우선 과제이자 정당성의 근원으로 삼았다는 주장은 토대부터 흔들

넘어서는 관개 수리 시설에 대한 관리 체계가 발달했을 가능성은 남는다.

린다.

첫째 가정에 대한 경쟁 가설은, 한반도의 국가(왕)들이 가뭄의 위협에 대비하는 실질적인 인프라 구축과 구휼책 마련은 등한시하고 기우제를 반복하는 데 그쳤다는 것이다. 나는 이러한 국가(왕)들이 없지는 않았으나 그러한 국가(왕)들의 정당성(지속성)이 그리 오래가지 않았음을 보여주고, 물과 관련된 재난에 적극적인 방비책을 마련하는 것이 한반도 전근대 국가(왕)들의 숙명이었음을 주장할 것이다. 둘째 가정에 대한 경쟁 가설은, 대규모 수리 시설은 상당수가 지역 공동체 자체적으로 축조된 것이라는, 비트포겔에 대한 비판들(Carneiro 1970; Service 1975)과 궤를 같이한다. 국토의 70퍼센트가 산지인 한반도에서도 대규모 관개 수리 시설에 대한 수요는 (중국이나 일본에 비해)* 크지 않았을 것이고, 따라서 대부분의 제방과 보는 마을 단위에서 자체적으로 관리했으리라 가정하는 것이다.

나는 이 두번째 경쟁 가설을 이 책에서 직접 테스트하지는 않을 것이다. 다만, 백제 구수왕 9년(222년) "2월 관리를 시켜 제방을 수리케 하였다"라는 기록(『삼국사기』)이 있다. 신라 일성왕 11년(144년) "영을 내리어 '농사는 정치의 근본이요 식물은 백성의 하늘이니 여러 주·군은 제방을 수리하고 농토를 널리 개척하

---

* 중국에서는 기원전(BC 256)에 축조한 대규모 관개시설(두장옌都江堰, 청두시)이 오늘날까지 사용되고 있다(Li & Xu 2006).

라' 하였다"라는 기록 또한 이 시기 (저수지에 대한 기록은 없어도) 이미 관료제 조직을 통해 대규모 인력을 동원하여 물을 관리하기 시작했음을 보여준다.* 또한 한반도 곳곳에 산재하는 상당수의 제방과 저수지들(예를 들면 전북 김제 벽골제나 경북 영천 청제)은 마을 단위 인력 동원으로는 축조가 불가능한 규모다. 따라서 한반도의 고대국가가 수리 시설의 축조와 관리에 기울인 노력과 관심은 무시할 만한 것이 아니다.

벼(과 식물들), 기후와 지형이라는 주어진 환경, 벼농사 경작의 주체와 제도라는 세 가지 요소는 이렇게 (진화적) 상호작용을 거치며 동아시아의 초기 농경국가 체제를 주조했다. '왜 하필이면 동아시아인들은 쌀을 먹게 되었는가'라는 질문과 '도대체 왜 동아시아의 국가는 다른 지역에서 발견할 수 없는 강력한 관료제(서비스)를 그토록 일찍부터 만들 수밖에 없었는가'라는 질문은 사실상 같은 '연쇄 고리'의 답을 가진, 같은 질문인 것이다. 벼와 동아시아인 그리고 그들의 강한 국가는, 다윈의 표현을 빌리자면 '공진화'한 것이다. 쌀밥과 강하고 효율적인 국가는 서로

---

* 이와 관련한 다른 주장은 강봉원(2003, 2009)을 보라. 강봉원은 관개시설의 발전과 함께 관료제 국가가 건설되었다는 비트포겔식 설명의 시기적 불일치를 문제 삼는다. 한반도에서 거대한 관개 수리 시설의 등장은 중앙집권 국가의 출현보다 더 나중이었으며, 관개 수리 시설은 중앙집권 국가가 출현한 원인이 아니라 결과일 뿐이라는 것이다(중앙집권 국가 출현 시기의 다수설은 백제의 경우 3세기 중엽 고이왕, 신라의 경우 4세기 말 내물왕).

다른 두 차원의 것이지만 상호 친화적이다. 단순화해 이야기하면 우리는 쌀밥을 먹으며 더 크고 강한 국가를 건설했고, 그러한 국가를 만들었기에 쌀밥을 계속 먹을 수 있었다. 이런 면에서 다소 어색하더라도 동아시아 국가는 쌀 국가rice state라고 불릴 만하다. 이것이 앤디가 브라운백 미팅에서 항상 샌드위치(빵)를 먹고, 나는 부리토(밥)를 먹는 배경에 놓인 역사적 메커니즘의 출발점이다.

이제 벼농사와 재해 그리고 국가 간의 관련성에 대한 보다 본격적인 논의를 시작해보자.

고대국가의 재난 정치

왜 서구에 비해 동아시아에서 자연재해는 유난히 문제시되는가?* 바로 동아시아인의 주식이 쌀이기 때문이다. 쌀은 밀이나 여타 곡물에 비해 훨씬 더 많은 양의 물을 필요로 한다. 그리고 물과 일조량만 받쳐준다면, 훨씬 더 많은 인구를 먹여 살릴수 있다. 문제는, 하늘이 농부가 원하는 시기에 원하는 양만큼의물을 보내주지 않는다는 데 있다. 동아시아의 자연재해는 지진

---

* <그림1-2>를 보면 유럽 전체, 근동의 메소포타미아 지역, 마다가스카르를 제외한 아프리카는 태풍의 영향권으로부터 안전한 지역들이다. 뿐만 아니라 이 지역들은 대규모 지진의 영향권으로부터도 상대적으로 벗어나 있다. 이에 비해 환태평양 지역, 특히 동아시아 지역은 지구상에서 장마/태풍과 지진의 영향이 겹쳐 있고 그 강도가 가장 높다(단, 한반도는 지진으로부터는 상대적으로 안전하다). 더구나 동북아시아는 강수량이 특정 시기에 집중되어 가뭄의 위험에도 크게 노출된다. 175개국의 자연재해에 대한 위험도를 요약한 글로벌 자연재해 위험 지표(natural disaster risk, the United Nations University Institute for Environment and Human Security, UNU-EHS 2016)에 따르면, 오세아니아를 제외한 서유럽과 북미의 선진 17개국의 위험도 평균값은 0.032(표준편차 0.015)에 불과한 데 비해 작은 도시국가나 섬 국가들을 제외한 동남아시아 8개국은 0.116(표준편차 0.071), 동북아시아 3개국(한·중·일)은 0.080(표준편차 0.044)이었다. 서유럽과 북미에 비해 동아시아가 유의미하게 높은 재해 위험에 노출되어 있는 것이다. 이 중 한국은 일본(0.129)과 중국(0.064)에 비해 상대적으로 낮은 0.046을 기록했지만, 여전히 서유럽보다는 높다($p\text{-value} < 0.01$). 유럽 문명과 동아시아 문명의 차이에는 이러한 생태적 재해의 유무, 그로 인한 상이한 식생과 재난 대비 시스템의 발전이 깔려 있는 것이다.

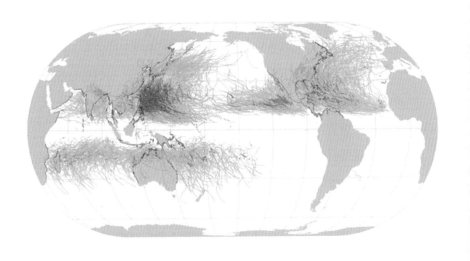

태풍 5
태풍 4
태풍 3
태풍 2
태풍 1
열대 폭풍
열대 저기압

자료: 구글 이미지.

그림 1-2 태풍의 발생과 진로(1945~2006)

을 예외로 한다면, 태풍과 홍수, 가뭄, 병충해 모두 (벼)농사와 직결되는 것들이었다. 물이 너무 많거나 너무 적어서 농작물이 피해를 입었을 때, 자연현상은 '거대 재난/재해'로 바뀐다.

앞 절에서 이야기한 '국가의 능력'이란, 이러한 자연현상이 재난/재해로 바뀌는 것을 방지하거나, 막지 못할 경우 그 여파를 줄이고 피해를 복구하는 능력에 다름 아니었다. 비트포겔과 관련된 논쟁에서 빠진 것은 바로 이 자연재해를 극복해야만 하는 국가의 역할이다. 관개시설 구축을 통한 물에 대한 통제력은 재해에 대한 통제력을 확보하는 것과 다름없었다. 자연재해는 집권 엘리트 입장에서 전쟁 못지않은 정권의 정당성에 대한 도전이었으며, 이를 극복하지 못할 경우 정권의 연속성이 위협받았다. 그 위협은 얼마나 심각한 것이었을까?

『조선왕조실록』에 실린, 자연재해에 대응하는 왕의 전형적인 반응은 자책과 부끄러움이었다. 수해가 발생하면 면장갑을 끼고 삽을 든 채로 피해 현장으로 뛰어가는 정치인들의 모습은 동아시아에서 아주 오래된 풍경인 것이다.

> 황충과 가뭄이 재앙으로 되고, 요얼妖孽이 거듭 이르니, 진실로 과인〔寡昧〕의 부덕한 소치로 말미암은 것이므로, 무서워하고 두려워하여 하늘과 사람에게 부끄러움이 있다.*

---

* 『조선왕조실록』,「정종실록」6권, 정종 2년 11월 11일의 신미 1번째 기사.

쌀, 재난, 국가

이러한 왕의 '부덕함의 인정'은 어디서 유래하는가? 나는 동아시아 군주의 자연재해, 특히 농사와 관련된 재해에 대한 무한한 책임 의식이, 동아시아 국가와 사회의 '협약'에서 기원한다고 본다. 그 협약의 내용은 무엇인가? 바로 동아시아 쌀 경작 지역, 특히 홍수와 가뭄이 번갈아 급습하는 동북아시아 지역에서 씨족 단위 협력과 연대 시스템을 초월하는 더 상위의 연대스왑기구를 만들 때의 '재난 보험 협약'이다. 국가는 재난 시기 피해 국민과 지역을 구휼하고 농업 생산 시스템을 보존해야 하며, 이다음 재난이 오기 전에 방비책을 마련해야 한다는.

그렇다면 동아시아는 물/재해의 통제가 얼마나 중요한 지역이었는가? 태풍과 홍수부터 시작해보자. 선조들이 남긴 역사 기록에는—다행히도—자연재해에 대한 기록들이 촘촘하게 남아 있다.

먼저 고대국가 자료를 보자. 고대국가는 과거제나 수취 제도를 통한 중앙집권화가 완비되기 이전이었기 때문에 그 이후에 비해 왕권이 상대적으로 허약했다. 병권과 수취권을 보유한 강력한 지방 호족 세력들의 존재가 왕권의 정당성을 수시로 위협했으므로, 왕은 행정 능력을 통해 집권의 정당성을 입증해야만 했다. 따라서 재난의 발생 및 그에 대한 대처 능력과 왕권의 부침을 분석하기에 (고려나 조선 왕조에 비해) 더 좋은 사례다.*

<그림1-3>은 『삼국사기』에 기록된 신라 왕조 전체 기간

(BC 57~AD 935)에 걸친 왕별 재해 발생비율이다. 언뜻 보기에는 신라 후대, 즉 통일 왕조기로 갈수록 각종 재해가 빈발한 것으로 보인다. 과연 그랬을까? 실제 많은 동시대의 역사서가 이렇게 해석한다.** 천 년에 가까운 왕조의 후반기, 즉 8세기 후반에서 10세기 초반에 가뭄과 지진, 병충해가 집중되었을까? 신라의 기틀을 닦은 내물왕기와 진흥왕기에는 이러한 재해가 '하느님이 보우하셔서' 덜 일어났을까? 그랬을 수도 있지만, 나는 이 자료를 다르게 읽으려 한다.

첫번째 가능성은 삼국시대에는 '전쟁'에 국가 역량의 대부분이 집중되어, 이러한 자연재해는 '어쩔 수 없는 것'으로 취급했을 경우다. 통일 이후 평화기에 중앙집권의 강화와 함께 국가 역량이 자연재해에 대한 극복으로 맞춰지며, 이 시기 국가 기능이 자연재해에 대한 방비와 극복으로 변화했으리라 보는 것이다. 이럴 경우, 무열왕/문무왕 시기까지 자연재해가 상대적으로 적

---

* 신라는 천 년 가까이 지속되며 56명의 왕을 배출하여, 동일 국가 내부의 변이를 분석하기에 충분한 수의 케이스를 제공한다. 고구려나 백제 또한 유사한 패턴을 보이지만, 이 장의 목적이 삼국의 비교 분석은 아니므로 논의를 신라로 한정한다.

** 생태적 환경의 변화 및 인간의 인위적 환경 변화(개간과 벌목 등 식생 파괴)가 고대국가(통일신라)의 위기/멸망을 실제로 초래했다고 보는 연구로는 다음을 참조하라. Diamond 2005; 윤순옥·황상일 2013. (통일)신라를 비롯한 고대국가의 재난 기록에 대해 『삼국사기』를 중심으로 체계적으로 정리한 선행 연구들은 전덕재 2013; 이희진 2017; 윤순옥·황상일 2013 참조.

재해 발생 빈도(연도당)

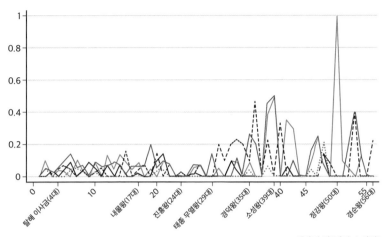

신라의 왕(재위 순서별)

——— 홍수		——— 가뭄
·············· 역병		--------- 지진
——— 병충해, 폭풍, 서리, 우박 등		

각 재해 발생 빈도를 각 왕별 재위 기간으로 나눈 것이다. 최소 재위 기간은 1년으로 상정했다(예를 들어 신무왕은 재위 기간이 181일이지만 1년으로 간주).

그림 1-3 『삼국사기』에 기록된 각종 재해의 시계열 추이(BC 57~AD 935)

게 발생한 것은 실제 발생비율이 아니라, 재해에 대한 국가의 관심이 낮았던 것의 결과로 해석된다. 전쟁에 모든 국가의 역량을 투여함으로써 재해(에 대한 기록)는 2차적인 것으로 제쳐놓았을 가능성이 큰 것이다. 재해의 잦은 발생 기록은 재해에 대한 관심의 반영이지, 재해가 실제로 더 자주 발생했다고 보지 않는 것이다.

두번째 가능성은 앞의 설명에서 전쟁이라는 요소를 논외로 하고, 각종 재해에 대한 국가의 방비와 극복 능력이 이 발생비율 자체를 낮추는 경우다. 즉 국가가 방비를 잘해서 홍수와 가뭄의 피해를 사전에 예방하고 역병을 잘 막았기에, 역사에는 이러한 재해들이 '재해'로 기록되지 않았을 수 있다. 재해는 비슷하게 일어났지만, 그에 대한 방비 체계의 차이로 인해 재해가 재난으로 기록될 수도, 되지 않을 수도 있는 것이다. 이 경우, 재해의 기록은 통치 능력과 반비례하게 된다. 앞의 시나리오와는 또 다른 가설이다.

이 두번째 시나리오가 작동한다면, 우리는 또 하나의 연관된 가설을 수립할 수 있다. 홍수나 가뭄과 같이 먹거리 생산에 직결된 재해를 잘 방비한 왕은 왕권을 강화시키며 장기 집권할 수 있었을 것이고, 반대로 재해 방비에 실패한 왕은 당시의 엘리트 지배 세력이었던 진골 귀족 혹은 성골 방계 세력에 의해 '교체'되었거나 교체의 압력에 직면했을 것이다. 과연 삼국시대 신라의 기틀을 닦은 17대 내물왕과 신라의 영토를 한강 유역으로 확장시키며 통일의 기틀을 마련한 24대 진흥왕 대에 재해 기록은 가장 낮았으며, 이 왕들의 재위 기간은 각각 46년과 36년으로 시조 혁거세 거서간을 제외하고는 재위 기간이 가장 긴 왕 다섯 명에 포함된다(<그림1-4>).

<그림1-5>는 두번째 가설을 강력하게 지지한다. '퍼지셋 fuzzy set'(Ragin 2000)이라 불리는 이 분포가 이야기하는 것은, 자연재해 발생비율이 재위 기간 중 높을수록, 곧 (내 해석에 따라 자연재해 발생비율을 그 통제력에 반비례하는 것으로 볼 경우) 자연재해에 대해 방비를 잘한 왕들은 그래프의 왼편에 위치하고, 잘못한 왕들은 오른편에 위치한다. 그래프의 오른편에 제시된 결과는 예외 없이 왕들의 재위 기간이 극도로 짧다는 것이다. 특히, 삼국 통일 이후 8세기 후반과 통일신라 멸망 직전의 10세기 초반에는 각종 자연재해가 빈발했고(혹은 그렇게 기록되었고), 이 시기 왕들의 재위 기간은 10년을 넘긴 경우가 드물었다.

물론 병사하거나 왕위 승계가 너무 늦어 재위하자마자 사망한 경우 등이 섞여 있지만, 자세히 뜯어보면 병사도 내란과 연계된 경우들이 존재한다. 바로 가뭄이 지속되고 역병이 창궐하면서 중앙정부의 치세에 불만을 품은 지방 호족 세력이 반란을 일으키고, 이들을 진압하는 와중 혹은 이후에 왕이 병사하는 경우다(50대 정강왕). 이러한 지방 세력의 반란을 진압하지 못하고 오히려 피살되는 경우도 그 시작은 자연재해에 대한 통제 능력의 부재였을 수 있다. 반면에 왼편에는 재위 기간이 극도로 짧은 왕

신라 왕의 재위 기간(년)

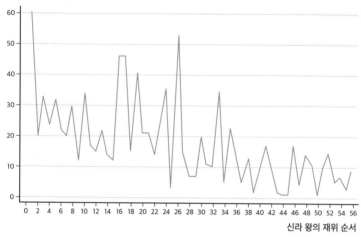

그림 1-4 신라 왕의 재위 기간(BC 57 ~ AD 935)

신라 왕의 재위 기간(년)

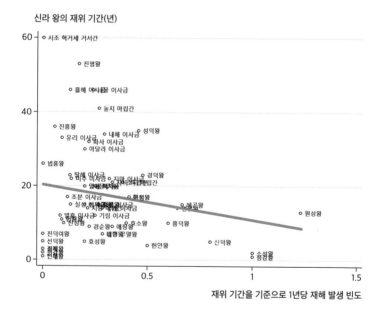

그림 1-5 신라 왕의 재위 기간 동안 발생한 재해 빈도와 재위 기간

들부터 40~50년에 이르는 왕들까지 섞여 있다. 내물왕(46년)과 진흥왕(36년)같이 자연재해를 적절히 통제하면서 장기 집권에 성공했던 경우들이 존재하는가 하면, 자연재해가 없었는데도 단명한 왕들 또한 있다. 자연재해와 상관없이 병사하거나 피살당한 경우들이다.

이 그림이 알려주는 중요한 사실은, 자연재해가 빈발하면서(그리고 그 재해를 제대로 통제하지 못하면서) 장기 집권에 성공한 경우는 신라 왕조 992년에 걸쳐 56명의 왕 중 단 한 명도 없었다는 것이다(그래프의 오른편 상단은 텅 비어 있다). 고대국가에서 중세로 넘어오는 신라 왕조 천 년사는 동아시아에서 자연재해를 다스리는 것이 얼마나 중요한 국가의 기능인지를 알려준다. 모든 국가가 그렇지만, 동아시아의 국가는 자연재해를 다스리고 방비하는 능력이 국가 정당성의 필수 요소—적어도 필요조건—였던 것이다.

홍수, 물벼락의 정치

태풍은 각 해양의 서안, 대륙의 동안을 따라 북상한다. 대서양의 서쪽, 북미 대륙의 동쪽을 따라 해마다 여섯 개에서 열 개의 허리케인이 맥시코만과 카리브해, 북대서양에서 형성되어 서인도제도와 플로리다 곳곳을 타격하고 미국 남부 해안가를 타고 북상한다. 그중 몇 개는 뉴잉글랜드까지 올라가 열대에서 만들어진 폭풍우의 에너지를 북미 대륙 동안 곳곳에 흩뿌린다.

앞의 <그림1-2>에서 보듯, 동아시아의 태풍은 북태평양 서안에서 만들어져 일부는 필리핀제도와 동남아시아를, 그중 다수는 중국 동안과 대만, 오키나와와 일본으로 진로를 돌린다. 태풍은 고기압의 가장자리를 따라 북상하기 때문에 북태평양 고기압이 너무 확장하면 중국 대륙으로 밀려 올라가고, 이 고기압이 세력을 잃으면 일본 제도로 방향을 튼다. 태풍은 동아시아 지역의 벼농사 체제에 장마전선 못지않은 영향을 끼쳤다. 장마전선이 모내기를 가능케 하는 조건을 제공했다면, 태풍은 벼의 후반기 생장을 책임지는 물을 공급했다. 이 태풍이 너무 강해서 모든 것을 떠내려가게만 하지 않는다면, 즉 인간의 재해 방비 시스템이 이 시험을 감당할 수 있을 정도로 발달되어 있다면, 태풍은 해갈의 신이었다.

하지만 동아시아의 북쪽 끝에 자리하고 있는 한반도 정주민들에게 태풍은 믿을 만한 물 공급 시스템은 아니었다. 전체 태풍 서른 개 중 많아야 다섯 개가 일본 제도와 양쯔강 하구 사이의 좁은 통로를 지나 한반도까지 북상했기 때문이다. 그나마 한반도까지 북상한 태풍도 전라와 경상 및 충청 일부 지역에만 영향을 끼치고는 동해로 빠져나가버리기 일쑤였다. 따라서 여름비를 가둬 저장해놓을 저수지와 관개 기술이 발전하지 못한 경우, 산골짜기 중턱에 위치해 관개시설 없이 빗물에만 의지하는 천수답들이 즐비한 한반도는 (앞서 이야기했듯이 대만 및 중국 양쯔강 유역과 일본 중·남부에 비해) 여전히 벼농사를 짓기에 척박한 지형과 기후였다(Kim 2015).

상황이 이러하기에 한반도에서 벼농사의 성패는 짧은 시간 하늘에서 쏟아지는 집중호우를 어디엔가 가둬두는 인간의 능력에 달려 있었다. 결국 집중호우는 한반도 농군들에게 통제에 성공하면 축복이요 실패하면 재앙인, 같은 자연현상이 인간의 대처 능력에 따라 180도 의미가 뒤바뀌는 것이었다. 먹구름과 함께 장대비가 몰려오면 농촌 마을은 비상체제로 전환된다. 강풍이 동반되면 태풍이기 십상인데, 농군들은 태풍으로부터 대피할수가 없다. 벼를 돌봐야 하기 때문이다. 물길을 내서 벼가 떠내려가지 않도록 하는 동시에 물을 충분히 가두어야 한다. 제방이 터지면 농토와 집이 물에 잠기니 제방이 멀쩡한지 계속 감시해야 한다. 상류에서 몰려 내려오는 토사는 삽시간에 농토를 황폐화시킨다. 물 빼기를 소홀히 하면 하늘의 축복은 즉각적인 재앙으로 돌변하고, 물 가두기를 소홀히 하면 비바람이 물러간 후 언제 다시 올지 모를 비구름을 기다리며 하릴없이 기우제만 올려야 할 것이다.

쌀, 재난, 국가

가뭄, 물 확보의 정치

그렇다면, 각종 재난 중 어느 것이 가장 큰 피해를 입혔을까? 어렵지 않은 질문이다. 다른 어떤 재난들보다 가뭄이 가장 깊고 치명적인 피해를 입혔다.* 홍수는 며칠 동안의 넘치는 물만 극복하고 나면 살아남은 (대다수의) 인구와 농작물에는 해갈의 축복으로 뒤바뀐다. 역병 또한 짧은 유행기를 지나고 나면 살아남은 자들에게는 더 강한 면역력을 남겨준다. 하지만 몇 달 동안 계속되는, 심지어 해를 넘겨 장기화된 가뭄 속에서 농작물이 말라 죽기 시작하면, 미리 비축해놓은 식량이 충분하지 못할 경우 속절없이 기아에 시달려야 했다.

가뭄은 벼농사 체제에 태풍/홍수와는 다른 종류의 도전을 야기한다. 태풍과 홍수가 짧은 시간 공동체를 타격하는 원 타임 쇼크라면, 가뭄은 장기전이다. 태풍과 홍수는 단 며칠을 지속하며 이재민을 속출시키고 작물이 눕거나 뽑혀 나가는 피해를 양산한다면, 가뭄은 아주 천천히 작물과 농심을 누렇게 말라 죽인다. 전근대 사회에서 태풍과 홍수는 피해자에 대한 즉각적인 구휼 시스템, 즉 이재민에 대한 긴급재난구호와 같은, 레이저로 타기팅하는 것과 같은 선별복지를 필요로 했다면, 가뭄은 모든 농

---

* 신라의 가뭄과 정부 대책을 연구한 전덕재(2013) 또한 동일한 결론을 내린다.

민에게 장기적으로 물을 공급해주고 식량이 떨어졌을 때는 환곡을 준비해야 하는, 보다 보편적인 재난 대비 및 복지 시스템을 필요로 했다. 태풍과 홍수가 고용/실업보험을 필요로 했다면, 가뭄은 재난기본소득과 같은 보다 보편적인 소득보장정책을 필요로 했다. 태풍과 홍수가 즉각적으로 피해자를 구하고 살리는, 긴급히 행동하는 국가를 길러냈다면, 가뭄은 서서히 밀려오며 악화되는 장기적 재난에서 전체 국민의 활로를 장기적으로 모색하는 인내형 국가를 요구했던 것이다.

그러나 한반도 정주민들은, 적어도 상류층은 이미 쌀밥의 맛에 길들여져 있었다. 이들은 여타 동아시아 지역에 비해 쌀을 재배하기에 불리한 환경이었음에도 어떻게든 벼농사를 고집했다. 벼농사에 대한 한민족의 고집은 벼의 생장과 발육을 성공시키기 위해 자연과 맞서 싸우는, 고난의 연속일 수밖에 없었다. 물이 없는 환경에서 물을 찾아 끌어와야 했으며, 따라서 일상적인 가뭄과 싸워야만 했다. 『삼국사기』의 가뭄에 대한 기록은 홍수, 역병, 지진, 병충해와 같은 여타 재난들을 압도한다. 992년 동안 홍수가 27회, 역병이 15회, 지진이 55회 기록된 반면, 가뭄은 62회나 기록되었다(<그림1-3> 참조).* 『조선왕조실록』의 가뭄에 대한 기록 또한 다른 종류의 재난들을 압도했으며, 각종 재난에

---

* 윤순옥·황상일(2009)의 연구에 비해 가뭄 횟수는 3회 더 기록되었고, 지진은 동일하며 홍수와 역질(천연두)은 4회와 2회 덜 기록되었다.

대한 왕의 관심과 대처 지시에서도 압도적 수위를 기록했다(가뭄은 국역 기준 약 3,540회, 홍수는 약 2,270회, 전염병은 약 1,000회).

문제는, 쌀에 대한 집착에서 비롯된 벼농사의 확대가 가뭄으로 인한 재난의 크기를 그에 비례해서 키웠다는 것이다. 가뭄에도 잘 자라는 밭작물의 재배 면적을 줄이고 성공과 실패 사이의 간극이 큰 쌀에 '올인'하면서, 가뭄이 들었을 때 포트폴리오를 통한 리스크 관리에 문제가 생기기 시작한 것이다. 가뭄 시 벼농사는, 특히 이앙법에 바탕을 둔 수전 농사는 망할 수밖에 없다. 그만큼 줄어든 식량을 다른 밭작물로서 보충해줘야 하는데, 줄어든 밭 면적으로 인해 가뭄이 기근으로 이어지는 것이다. 가뭄이 들어 모내기 시기를 실기하면 그 역시 기근으로 이어졌다.

조선 중·후기 이앙법과 결부된 논농사의 확대는 벼와 보리의 이모작을 가능케 해 농업생산력을 증대시켰지만, 다른 한편으로 가뭄에 취약한 벼의 특성상 재난에 대한 개별 가구와 마을 공동체의 리스크 관리 능력을 전반적으로 저하시켰다. '폭망'의 가능성이 증가한 것이다. 더구나 쌀의 높은 인구 부양력은 급격한 인구 증가를 동반해, 가뭄으로 인한 생산력 저하 시 기근이 가져오는 고통의 깊이를 배가시켰다. 따라서 재난의 크기는 벼농사의 확대와 비례해 더욱 커졌고 그 횟수와 강도 또한 늘어났다. 조선 후기 (관개시설이 충분히 갖추어지지 않은 상태에서) 이앙법의 확대는 농촌 경제의 '위험'을 더욱 증대시켰던 것이다(송찬섭 1985; 정형시 1997).

고대 및 전근대 국가 최악의 재난—가뭄

다시 고대국가로 돌아가 가뭄이 얼마나 자주 발생했고, 얼마나 극심했는지를 살펴보자. <그림1-6>을 보면, 가뭄이 자주 일어나는 시기는 삼국 통일 이후에 집중되는 경향을 보인다.

앞의 <그림1-3>과 <그림1-5>에서 보듯, 왕별 재위 기간 중 연도당 가뭄 발생비율이 0.2를 넘는 여섯 명의 왕(원성왕, 소성왕, 헌덕왕, 흥덕왕, 헌안왕, 정강왕, 모두 삼국 통일 이후) 가운데 아무도 재위 기간 20년을 넘기지 못했다.* 가뭄이라는 장기 재난을 기회로, 서로 경쟁하는 성골과 진골 정치 세력들이 반란을 물밑에서 혹은 대놓고 조직했을 가능성이 크다.

데이터에 따르면, 성골과 진골 정치 분파들 간의 왕위 쟁탈전이 시작된 때는 주류 역사학계에서 통일신라의 (마지막) 전성기로 분류하는 경덕왕 사후로 보인다(이 시기 황룡사 9층 목탑과 불국사가 완공되었다). 36대 혜공왕을 시작으로 56대 경순왕까지 스물한 명에 이르는 왕들의 평균 재위 기간은 8.1년에 불과하며,

---

* 물론, 가뭄과 상관없이 재위 기간이 극도로 짧은 왕들도 <그림1-5>의 왼쪽 아래에 몰려 있다. 이들은 가뭄과 상관없는 다른 요인(다른 재난이나 무능, 병사 등)으로 왕위에 오래 머물지 못한 경우들이다. 쿠데타가 성공하는 배경에는 재난으로 인한 정당성 위기 외에도 과도한 수취, 왕의 개인적 일탈과 무능, 외부 세력의 개입 등 다양한 요인이 있다.

쌀, 재난, 국가

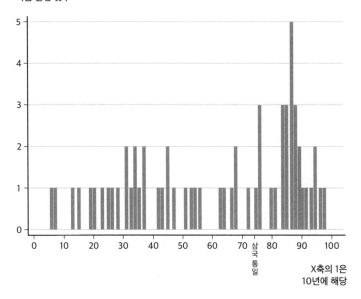

가뭄 발생 횟수

X축의 1은
10년에 해당

혁거세의 집권을 0으로 놓았기 때문에 0은 기원전 57년에 해당된다. 따라서 통일신라가 출현한 672년은 이 그래프 X축에서는 건국 후 729(672+57)년에 해당된다.

그림 1-6 『삼국사기』에 기록된 신라 천 년간 가뭄 발생 횟수(매 10년낭)

이들 중 어느 누구도 17년을 넘기지 못했다. 35대 경덕왕까지 평균 재위 기간이 23.5년이었던 것과 비교하면, 통일신라 후반기 권력 쟁투는 왕의 재위 기간과 수명을 극적으로 단축시켰다.

바로 이 신라 후반기 권력 쟁투기가 시작되는 시기는 <그림 1-6>의 가뭄 빈도 증가 시기와 정확하게 일치한다. 38대 원성왕 재위 2년째(786년, 그림에서는 843년)부터 시작된 가뭄은 4년과 6년에 거듭 발생하더니, 11년과 12년에는 두 해 연속 가뭄이 닥친다. 원성왕 12년에는 역병이 겹치고 13년에는 홍수가 일어난다. 이 와중에 원성왕 7년(791년) 반란이 일어나 진압되었으며, 그의 세 아들은 태자로 책봉되는 족족 사망한다. 원성왕 자신도 알 수 없는 이유로 재위 13년 만에 사망한다. 사망한 첫아들의 자식으로, 가뭄을 겪는 와중에 즉위한 소성왕도 2년 만에 사망한다.

단종처럼 10대 초반에 즉위한 40대 애장왕을 곁에서 섭정하던 김언승과 김경휘 형제는 조카를 죽이고 스스로 왕이 된다. 헌덕왕과 홍덕왕으로, 이후 신라를 각각 17년과 10년 동안 통치한다. 헌덕왕 치하의 17년 동안, 신라는 여섯 번의 가뭄에 시달렸다. 헌덕왕은 홍수와 가뭄이 집중되었던 재위 6년에서 10년 사이 두 번의 복지정책을 시행하여 민심을 다독이려 노력했다. 헌덕왕 말기에는 두 번의 난(김헌창의 난과 그의 아들 김범문의 난)이 발생한다. 신라는 이후 즉위한 홍덕왕 10년 동안에도 두 번의 가뭄을 겪고 마지막 가뭄은 역병과 함께 찾아온다. 이 832년과 833년의 복합재난으로 인해 많은 백성이 죽었다고『삼국사기』는 기록한다. 흥덕왕은 이에 834년 과부, 고아, 노인을 구휼하기 위한 복지정책을 추진한다. 신라 천 년에 걸쳐 이러한 복지정책을 추구했던 왕들은 다른 왕들에 비해 재위 기간이 더 길었다(<그림1-7>의 '구휼' 변수 참조).

흥덕왕 사후는 원성왕 사후 못지않은 권력 쟁탈기였다. 이어 즉위한 43대 희강왕은 2년이 채 못 되어 반란 세력의 압력으로 자살하고, 희강왕을 자살로 내몬 장본인인 민애왕 또한 즉위 후 1년도 못 돼 반란군에 의해 살해되었다. 민애왕을 살해한 신무왕 김우징도 재위 181일 만에 병사했다. 836년 흥덕왕 사망 이후부터 839년 문성왕이 즉위할 때까지 불과 3년 만에 네 명의 왕이 왕좌에 앉았던 것이다. 9세기 통일신라는 어쩌면 통일 이전, 백제·고구려와의 끊임없는 전쟁 와중이던 시기 못지않은 격심한 내부 권력 다툼에 시달리고 있었다.

좀더 복잡한 통계분석(다중회귀분석) 결과,『삼국사기』에 기록된 여러 대형 재난 중 오직 가뭄만이 왕의 재위 기간을 단축시키는 데 유의미한 결과를 보였다. <그림1-7>은 왕의 재위 기간을 설명하는 다양한 변수를 회귀분석으로 테스트한 결과다. 홍수, 가뭄, 역병을 동시에 한 모델에서 테스트했을 때, 세 가지 주요 재난 중 가뭄만이 통계적으로 의미 있는 설명력을 가졌음을 보여준다. 홍수, 역병, 지진, 병충해 등은 (다른 재해, 특히 가뭄과 동시에 발생하지 않는 한) 대부분 일시적이거나 특정 지역에 한정

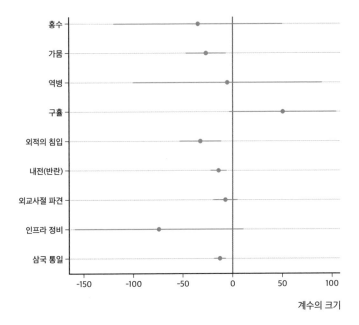

원형 점은 회귀계수 추정치(기울기의 예측치)이고 점의 양쪽 실선은 이 예측 치가 포함될 것으로 기대되는 범위(신뢰 구간)를 의미한다. 이 범위를 나타내 는 실선이 회색 0선과 교차하면 계수는 통계적으로 무의미해진다. 이 구간 이 좁을수록(선이 짧을수록) 그 변수가 우연이 아닐 정도로 의미가 있음(통 계적 유의도가 높음)을 의미한다. 따라서 그림에서 왕의 재위 기간을 설명하 는 데 통계적으로 의미가 있는 변수는 가뭄, 외적의 침입, 내전, 삼국 통일이 다(alpha = 0.05). 구휼 시도는 통계적 판단 기준을 조금 완화(alpha = 0.1)시 킬 경우, 역시 유의미했다. 구휼 시도를 제외하고는 모두 왕의 재위 기간을 낮 추는, 부(-)의 값을 갖는다.

회귀분석 모델은 Prais-Winston Regression Model.

그림 1-7 신라 왕별(56명) 홍수, 가뭄, 역병 발생비율이 재위 기간을
설명하는지에 관한 회귀분석 결과

된 충격이었기 때문에 집권 세력의 정당성을 근본부터 뒤흔들지는 못했던 것이다. 특히 국가의 복지정책은 장기 가뭄으로 인해 농업 생산 기반이 흔들릴 때 보다 적극적으로 시행되었다. 장기 가뭄은 국가의 존립 기반과 정당성을 위협했기 때문이다.

조선왕조의 가뭄 대비책

왕권이 (고대국가에 비해) 더 잘 확립된 조선왕조 시기에도, 가뭄이 장기화되면 왕의 자리는 가시방석으로 바뀌었다. 전근대 국가의 왕들은 장기화된 가뭄을 극복하기 위해 기우제를 지내며, 이 모든 것이 자신의 부덕의 소치임을 백성들과 신하 앞에서 공표해야 했다. 국가의 구휼미를 풀어 아사 상태의 백성들을 구제해야 했으며 죄수를 방면해야 했다.

하늘은 현저한 도道가 있어 느낌이 있으면 반드시 응하는 것이니, 재해가 일어나는 것이 어찌 원인이 없겠는가. 내가 즉위한 이래로 소의한식宵衣旰食하여 공경하고 두려워하여 오직 위아래에 죄를 얻을까 두려워하였으나, 덕이 착하지 않아서 견고譴告가 거듭 이른다. 지금 농사철을 당하여 한발이 혹심하여 모맥이 말라 손실되고 벼 싹이 타서 상하니, 무슨 여러 죄과를 쌓아서 이런 손패損敗를 가져오는가? 재앙이 마침 내 몸에 당한 것을 아프게 여기어 측신수행側身修行하기를 생각하나 마땅히 할 바를 모르겠다.*

---

* 『조선왕조실록』, 「중종실록」 11권, 중종 5년 5월 11일의 을축 5번째 기사.

뿐만 아니라 중종은 호조(재정경제부)로 하여금 지출을 줄이도록 하였으며(1529년), 성종과 현종은 백성들의 진휼을 위해 고위 관료의 녹봉을 감하도록 명하였다(1485년, 1667년). 선조는 가뭄이니 연회를 금하고 술병을 들고 돌아다니지 못하게 해달라는 신하의 간언을 받아들여 시행토록 하였고(1582년), 광해군과 현종은 공사를 빙자하여 백성들을 각종 노역에 동원하는 지방 향리들을 엄벌토록 하였다(1614년, 1663년). 숙종은 경신 대기근 이후 세금을 감면토록 하였고(1677년), 인종은 사치와 당과의 무역을 금해달라는 신하들의 청을 받아들였다(1545년).

<그림1-8>에서 <그림1-10>은*은 조선의 국가가 가뭄이라는 대재난에 어떻게 대처했는지를 시계열 자료로 요약한 것으로, 조선왕조 500여 년 역사 동안 3,300개가량에 이르는 왕과 신하들 간의 가뭄 관련 정책 논의를 기록으로 정리했다(『수정실록』 제외). 조선의 국가는 크게 7~8가지 정책으로 가뭄에 대처했다. <그림1-8>의 두 정책은 재정이 소요되지는 않지만, 백성들과 사대부들에게 왕과 국가가 무언가를 하고 있음을 보여주기 위한 '상징정치'에 가까운 것들이다. 두 시계열 패턴 중 첫째 붉은 선은 기우제를 통한 상징정치다. 왕이 제사장과 분리되지 않은 조선이라는 국가의 특징을 보여준다.

---

* 수백(『삼국사기』), 수천(『조선왕조실록』) 개에 달하는 재난 관련 기록을 분석 가능한 파일로 정리해준 서강대 학부생 및 대학원생들(고태경, 서다훈, 왕정하, 안성준, 임섬쥬, 입현지, 정허니, 조해언)에게 고마움을 표한다.

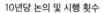

10년당 논의 및 시행 횟수

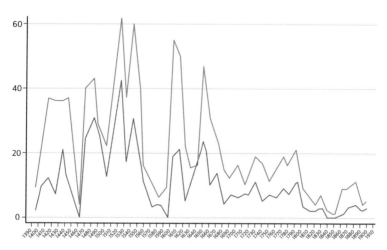

연도(1392~1909)

———— 기우제 시행   ———— 책임자 문책 혹은 교체

그림 1-8 조선왕조의 가뭄 대비책(상징정치) 시계열 추이 1: 기우제와 인사 정책

둘째 회색 선은 책임자 문책 및 교체 등 행정부의 재구성을 통한 상징정치다. 왕은 기존 관료의 책임을 묻거나 재신임함으로써 혹은 관료를 교체하거나 새로운 기관을 설립함으로써, 백성들과 사대부들로부터 가뭄에 대한 국가정책의 신뢰를 다지고 회복하고자 시도했다. <그림1-8>에서 보이듯, 이러한 활동과 정책은 건국 초기를 벗어나 중기로 접어들던 중종에서 명종기(1510년대에서 1550년대)에 절정을 보였고, 17세기 인조에서 숙종에 이르는 연이은 대기근의 시기(1610년대에서 1670년대)에 두번째 절정을 보였다. 이후 이러한 상징정치는 영·정조기(1700년대 후반)에 약간의 스파이크를 보인 후 사그라든다.

상징정치 못지않게 조선의 국가가 의지했던 가뭄 정책은 수동적인, 국가 재정의 축소책이었다. 백성으로부터 걷는 세금을 줄이고, 관료에게 지급하는 녹봉을 줄이며, 죄수를 방면하여 노동력을 늘리는 동시에 죄수에게 들어가는 식비를 줄이는 등 국가 재정을 축소시키는 방식으로 가뭄에 대처했다. <그림1-9>를 보면 이러한 '작은 정부' 정책은 세조와 성종기(1469~1495년)에 피크를 찍었고, 그 후 가뭄의 세기인 17세기에 다음 피크를, 영·정조기에 마지막 피크를 보인 후 사그라든다.

세번째 부류의 대처 방안은 적극적 재정 집행이었다. <그림1-10>은 구휼미를 지급하고 농업 인프라를 정비함으로써 공격적으로 가뭄과 싸우는 정책의 시계열 패턴을 보여준다. 이러한 정책들은 앞의 두 정책에 비해 횟수에서는 미미했지만, 대기근

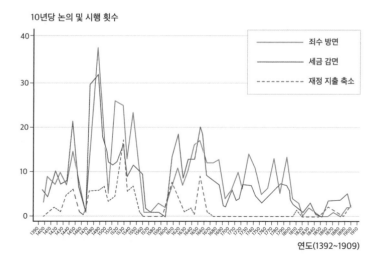

그림 1-9 조선왕조의 가뭄 대비책(작은 정부) 시계열 추이 2: 죄수 방면, 세금 감면, 지출 축소

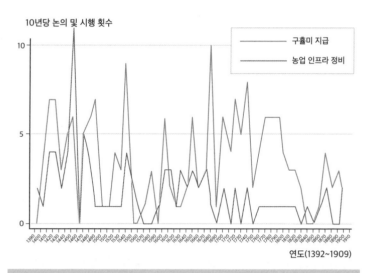

그림 1-10 조선왕조의 가뭄 대비책(복지 정치) 시계열 추이 3: 구휼미 지급과 인프라 정비

의 시기인 17세기 후반에 정점을 찍고 조선 후기인 18~19세기에 자주 집행되었다. 조선 전기에 인사와 재정 조정 같은 국가구조의 개편을 통한 소극적 정책이 주를 이루었다면, 조선 후기로 갈수록 구휼을 통해 적극적으로 가뭄과 싸우는 정책이 집행되었음을 알 수 있다.

<그림1-11>은 왕별로 이러한 적극적 구휼 및 인프라 정책이 논의되거나 시행된 빈도를 왕의 재위 기간으로 표준화한 '연도별 빈도'의 추이를 보여준다. 조선 초기 문종, 단종기에 이러한 적극적 개입책이 논의되는 빈도가 높았고, 현종, 숙종의 소빙기 위기를 거치며 영·정조기까지 구휼의 빈도가 눈에 띄게 높아진다. 이 시기 거듭된 가뭄으로 인해 국가는 왕실의 경비를 줄였을뿐더러 전세와 군포 의무를 경감하고, 환곡을 광범위하게 시행하며, 지방관아가 세금을 바로 진휼에 사용토록 했다(김덕진 2008).

가뭄은 다른 어떤 재난보다 그 영향이 지역적으로 광범위했고, 장기화될 경우 국가의 재정적 기반을 밑바닥부터 뒤흔들었다. 상공업이 발달하지 않은 농업사회에서 작물이 말라 죽기 시작하면, 비축된 식량으로 온 나라가 버틸 수밖에 없었다. 따라서 국가는 세금을 감면하고 관료의 녹봉을 삭감하면서까지 구휼 재정 마련에 진력했던 것이다. 가뭄은 전근대 농업사회가 겪을 수 있는 최대의 위기였으며, 국가와 정권의 존망을 뒤흔드는 대형 재난이었다. 이렇게 충격이 깊고 구조적이며 장기적인 재난에

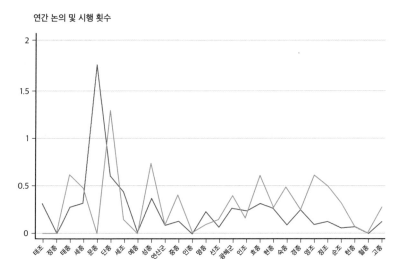

연간 논의 및 시행 횟수

범례:
──── 구휼 연간 논의 및 시행 횟수
──── 농업 인프라 정비 연간 논의 및 시행 횟수

그림 1-11 조선왕조 재위 기간 구휼 및 농업 인프라 정비 논의 및 시행 횟수(연도별)

조선의 정부는 국가(관료들)가 사회로부터 수취하는 몫은 줄이고, 사회를 지원하는 몫은 늘렸다. 사회를 구제하지 않으면, 결국은 국가도 터할 곳이 없음을 조선의 왕과 관료들은 알고 있었던 것이다.

특정 생산체제의 구조화는 특정 재난으로 인한 충격이 가져오는 균열의 크기를 키운다. 수출 주도 산업화를 통한 개방 경제체제가 (내수 위주 체제에 비해) 글로벌 경제 위기에 더 취약한 것과 같은 이치다. 물론, (현명한) 시스템은 자기 치유 능력을 마련하여 그러한 취약성에 대비하는 능력을 배양한다. 유럽의 중소규모 개방 경제체제들(베네룩스 3국과 북유럽 3국)이 강력한 보편적 복지제도를 구비함으로써 경제 위기 시 중·하층 노동계급에 가져오는 충격을 완화시켜온 것이 한 예다(Katzenstein 1985). 조선 후기 구휼 시스템의 발전 또한 이앙법의 확산, 급속한 인구 증가, 기후변화로 인해 늘어난 생태적 재난에 대처하는 조선왕조의 체제 회복 노력의 일환이었다.

그런데 조선의 왕들 중 가뭄과 홍수에도 불구하고, 신하들의 간언에도 불구하고 궁궐 축조를 계속 진행하고 연회를 포기하지 않은 왕이 있었다.

"금년은 흉작이 이미 심했고, 재변災變이 여러 번 일어났으니 화기和氣를 손상시켜서 재앙을 부르게 된 것은 반드시 토목공사에서 연유되었는데도, 지금 <궁궐> 수리하는 일은 영구히 그만두고자 한 것이 아니요 마땅히 역사를 일으킬 수 있는 때를 기다려 이를 해야 한다는 것입니다. 술은 금지하지 않을 수 없는데, 회례연會禮宴은 또한 어찌 부득이한 일이겠습니까? 하늘의 경계에 조심하는 도리가 아닙니다."

신하들의 거듭된 간언에 왕은 짜증 어린 말투로 답한다.

"그러나 일식日蝕·월식月蝕이나 수재水災·한재旱災로 흉년이 된 재변이 40, 50년에 한 번 나타나면 마땅히 놀라서 두려워해야 하겠지마는, 이와 같은 재변은 해마다 있는데 군주가 만약 하늘의 경계를 조심한다고 일을 폐지한다면 길이 팔짱만 끼고 하는 일이 없어야 할 것이다."

그는 쿠데타로 왕좌를 잃은 조선왕조의 두 왕 중 하나인 연산군이었다.*

---

* 『조선왕조실록』, 「연산군일기」 46권, 연산 8년 9월 6일의 올해 1번째 기사.

쌀, 재난, 국가

복합재난—정치 변동의 촉매제

역병은 단기간에 수그러들지 않고 나라 전체로 창궐할 때 국가의 생산 시스템을 붕괴시키는 재난이었다. 공동노동이 생명인 벼농사 지대에서, 역병은 마을 단위 협업과 이웃과의 왕래를 통해 퍼졌다. 한마을을 이루고 살던 씨족 공동체는 역병이 닥칠 경우, 씨족 전체의 절멸을 걱정해야 했다. 부모들은 어린 자식들을 역병이 돌지 않는, 멀리 떨어진 안전한 친척 집으로 보내곤 했다(김덕진 2008). 떼죽음 당할 경우에 대비하여 씨를 보존하기 위한 자구책이었던 것이다.

국가 단위에서 역병의 창궐은 홍수나 가뭄과 마찬가지로 생산 시스템이 붕괴된 창궐 지역에 대한 구휼의 의무를 증대시켰을 것이다. 다만 홍수나 가뭄이 역병과 겹쳐 발생하는 복합재난의 경우, 정권에 대한 부담을 한층 가중시켰을 가능성이 높다. 어느 한 재난이 아니라 가뭄과 역병, 홍수와 역병 혹은 이 모든 재난이 다 함께 일어날 때, 고대국가의 백성들과 귀족들은 하늘의 뜻이 왕으로부터 떠났다고 받아들였고, 정권 교체에 대한 열망은 복합재난의 강도와 함께 더욱 높아졌다.

다양한 자연재해 중 가뭄과 역병이 동시에 창궐할 경우가 전근대 국가들에 발생할 수 있는 최악의 상황이다. 앞서 이야기한 가뭄이 장기화될 경우, 농작물은 말라 죽고 비축 식량이 바닥

나면서 민초들은 아사 상태에 직면하게 된다. 국가에 낼 것이 없으니, 가뭄의 장기화는 국가 재정과 구휼 체계 또한 무너뜨린다. 국토가 광대한 국가는 가뭄의 피해가 적은 지역에서 식량을 확보할 수 있으나, 고구려를 제외한 한반도 남부의 두 나라 신라와 백제는 (가뭄이 닥치면) 전 국토가 동시에 재난에 노출되었다. 문제는 아사 상태에 돌입한 민초들이다. 지도층은 국가의 비축미를 통해 장기간 버틸 수 있지만, 민초들은 한 해 살이 농사 시스템이 무너지면 친지와 이웃이 모두 아사의 위험에 노출된다. 이럴 경우, 민초들은 먹을 수 있는 모든 것을 먹는다. 초근목피부터 들짐승까지. 들짐승의 포획은—오늘날 사스, 메르스, 코로나 사태로부터 우리가 확인하듯이—인수공통전염병을 창궐시켰을 것이다. 전근대 사회에서 전염병은 가뭄으로 인한 식량 부족 사태가 장기화되면서 발생할 확률이 높아진다.

삼국 통일 이후 가뭄과 역병이 동시에 발생하여 그 부담을 감당해야 했던 정권은 경덕왕, 경문왕, 원성왕, 흥덕왕 모두 넷이었다. 원성왕 말기와 흥덕왕 말기의 가뭄-역병 복합재난은 정권의 취약한 정당성을 정확히 타격했고, 반란 세력은 이 위기를 적극적으로 활용했다. 집권 세력은 가뭄-역병으로 인한 복합재난에 국가의 비축 식량으로 민심을 달래려 했겠지만, 결국에는 지방 호족, 특히 경기, 충청, 호남의 비옥한 평야 지대를 장악하고 있던 세력들에게 손을 벌렸을 것이다. 바로 이 증세의 노력은 수도에 터한 집권 세력의 자원이 바닥났음을 알리는 신호

쌀, 재난, 국가

탄이었고, 호시탐탐 왕위를 노리고 있던 경쟁 세력에게 복합재난만큼 더 좋은 반란의 기회는 없었던 것이다.

복합재난이 귀족 세력의 반란과 가장 빈번히 결합한 시기는 신라 48대 경문왕(861~875년) 재위기였다. 경문왕 7년에 홍수와 역병이 함께 일어났으며, 10년에는 홍수, 역병, 지진이, 11년에는 지진과 병충해가 같은 해 발생했다. 경문왕 13년에는 복합재난 중 가장 고통의 기간이 길고 그 파장이 큰, 가뭄과 역병이 동시에 발생했다. 아니나 다를까 경문왕 8년, 14년에 이찬이었던 김예, 근종이 각각 반란을 일으켜 이들 중 근종은 궁궐까지 난입했다. 경문왕과 집권 세력은 이들 반란을 모두 진압하고 왕권을 수호했지만, 통일신라 말기 '중앙집권력의 후퇴와 지방 세력의 발호'(노태돈 2014)라는 구조적 경향을 뒤집을 수는 없었다.

이후 — 우리가 잘 알고 있듯이 — 정강왕, 진성여왕을 거치며 통일신라의 국가 기반은 허물어지고, 지방 반란 세력 간의 쟁투기로 접어들게 된다. 신라 천 년 왕조 전체의 내란 발생 통계를 보면, 건국부터 30대 문무왕까지 연도당 0.004회였음에 비해, 삼국 통일 이후 50대 정강왕까지는 연도당 0.12회였다. 하지만 51대 진성여왕 이후 56대 경순왕까지 내란 발생 횟수는 연도당 0.49회였다. 진성여왕부터 2년에 한 번꼴로 내란이 일어난 셈이다. 통일신라는 경문왕 재위 당시 여러 차례의 복합재난이 도화선이 되어 귀족 세력 간의 특유의 연합과 협의, 공존의 시기가 끝나고, 국가권력을 징익하기 위한 암투와 내전이 빈발하는 왕조 해체기로 진입한 것이다.

헌법에 바탕을 두고 권력의 교체를 제도화한 현대 민주주의의 정치제도를 갖추지 못한 고대국가에서, '재난의 정치화'는 보다 노골적이고 직접적이었다. 재난이 남긴 흔적과 영향은 당대에 끝나지 않았고, 이후에도 정치적 변동의 촉매제 역할을 하며 후대 수십 년에 걸쳐 길게 드리워졌다. 시계를 더 이전으로 돌릴 경우, 고대국가 중 부여에는 가뭄이나 홍수 같은 자연재해로 곡식이 영글지 않으면 왕을 교체하거나 살해하는 전통이 있었다고 『삼국지』 위서 동이전에 기록되어 있다(전덕재 2013). 왕의 신격화와 중앙집권화가 진전되면서 이러한 전통은 사라진 것으로 보이지만, 한편으로 수행성(위기 극복 능력)을 증명하지 못한 지도자에 대한 교체 압력은 동아시아에서 면면히 이어졌다고 보는 편이 더 정확하다(Zhao 2015).

동아시아 국가의 엘리트들이 새겨야 할 점은, 민중이라는 거대한 물은 그리고 그들 위에 신분제와 결합된 사회경제적 지배층으로 할거하는 지방 권력들 및 그들과 연결된 중앙의 귀족들은, 집권 세력이 복합재난 상황에서 '수행성'을 증명해내지 못할 때, 언제든 배를 뒤집을 수 있는 존재들이라는 것이다. 벼농사 문화권에서 자연재해는 국가의 집권 세력과 그 경쟁 세력들, 그들을 지지하는 민중들 간의 정당성 쟁투 과정의 시작점이었다. 동아시아 민중은 재난의 시기에 위기 극복 능력을 입증하지 못한 지도자를 반대 세력이 합법 혹은 비합법적 수단을 통해 교

쌀, 재난, 국가

체하려고 시도할 때, (다른 사회들에 비해 보다) 냉혹하게 자신들의 지지를 철회한다. 그것은 동아시아에서 자연재해가 어쩌다 한 번 오는 것이 아닌, 일상적인 것이었다는 점에서 그 이유를 찾을 수 있다. 또한 국토의 크기가 광대하여 재난에 대한 구제를 재난에 처하지 않은 다른 지역의 여유 자원으로 극복할 수 있었던 중국에 비해, 국토의 크기가 협소하고 국가의 재정 규모가 제한적이었던 한반도의 고대·전근대 왕조들에서 이러한 재난으로 인한 정당성 위기는 더욱 잦은 연례행사였다.

벼농사 문화권의, 한반도의 정치권력은 잦은 재해의 주기에 따라 농업 생산 시스템과 재난 대비 및 구휼 시스템을 부지런히 관리하지 않으면, 언제든 바닥에 내쳐질 수 있는, 불안한 통치 세력이었던 것이다.

나가며―쌀, 재난, 동아시아의 국가

　나는 지금껏 벼농사 체제의 국가가 예측할 수 없는 재난에 시달려온 벼농사 공동체의 보험 및 재난 대비 시스템에서 기원함을 주장했다. 쌀 경작 시스템과 재해가 끊이지 않는 생태 환경 간의 상호작용을 보다 안정적으로 관리하기 위한 매개채로서 국가의 역할을 자리매김한 것이다.

　국가라는 시스템은 평시의 기능도 중요하지만, 재난에 대비하여 작동하는 기능은 더욱 중요하다. 재난은 개인 수준에서의 대비가 사실상 불가능하기 때문이다. 국가는 재난 시기에 대규모의 인적·물적 자원의 배치를 효율화하고 집중화함으로써 개인이 대비하거나 극복할 수 없는 '방비 및 방제' 기능을 수행하고, 피해자를 돌보는 구휼의 기능 또한 담당한다. 재난의 시기, 국가는 국민의 생명과 안전을 보장하는 유일무이한 주체로 그 지위가 격상된다.

　2020년 2월과 3월 대구와 경북 지역에서 코로나 팬데믹으로 인해 확진자와 사망자가 속출하던 시기, 총리가 현지에서 숙식하고 방역 책임자가 쪽잠을 자며 모든 국가 역량을 총집결하여 사태 수습에 매진하던 순간을 돌이켜보라. 시민은, 시민사회는 이러한 국가의 역할을 요구하고 승인하며 협력한다. 그들이 국가를 호출했기 때문에 국가와 사회의 계약에서 협력의 제공은 당연한 것이 된다. 평시에 국민은 국가에 세금을 납부할뿐더러, 각종 요역과 군역을 제공함으로써 국가가 물리력을 보유하고 행사하도록 허락한다. 바로 재난의 시기에 의지할 '보험 기구'로서 국가를 건설하고 유지시킨 것이다. 하지만 국가는 이러한 국민의 차용증서만큼 서비스를 제공하고 대차대조표를 0으로 만드는 것에 만족하지 않는다. 재난은 시민에게는 위기지만 국가에는, 국가를 운영하는 엘리트에게는 (시민사회로부터 정치적 정당성을 확보하는) 절호의 기회다.

재난은 양날의 칼이다. 국가는 손쉽게 시민사회의 동의와 정당성을 획득할 수 있지만, 재난 대처에 실패하면 사회의 동의는 급속히 철회되고 정당성은 빠르게 침식된다. 사회의 대안 세력들은 재난 시기 무능한 국가와 그 리더들의 능력에 회의를 품는 정도를 넘어 반역을 도모한다(현대 민주주의 국가에서는 선거를 통한 정권 교체를 시도할 것이다). 재난에 피폐해진 시민들은 새로운 메시아를 꿈꾸게 되고, 대안 세력에게는 국가를 접수할 기회의 공간이 열리게 된다.

한국 현대사에서 재난은 특정 정치 세력에게는 권토중래의 기회였고, 또 다른 세력에게는 정권 교체의 쓰나미였다. 절차적 민주주의를 통해 지도자를 합법적으로 교체하는 권한이 민초들의 손에 쥐어진 동아시아 국가들(한국, 일본, 대만)에서 이러한 지도자 교체 및 책임 추궁의 전통은 오히려 다시 부활했다고 볼 수 있다.

재난은 그 위기를 극복하는 세력에게 (정치적 정당성뿐 아니라) 이제껏 갖지 못했던 '집권 능력의 검증 기회'를 포함해, 추가적인 집권 기회 또한 제공한다. 이러한 기회는 1987년 민주화 이후 세 번 있었다. 1997년 아시아의 금융위기는 40년 권위주의 정권을 붕괴시키고 평화적인 정권 교체를 가능케 한 근본적인 동력이었다. 산업화 세력은 금융위기의 장본인이라는 오명을 뒤집어쓰고 컨트롤 타워에서 쫓겨났지만, 김대중의 민주화 세력은 금융위기를 극복한 '유능한 경제통'이라는 월계관을 수여받는다. 김대중 정권은 2년여 만에 마이너스로 떨어졌던 경제성장률을 원점으로 돌려놓았을뿐더러 모범적으로 IMF 관리를 졸업했으며, IT 경제의 초석을 놓고 건강보험 통합과 국민연금 개혁을 통해 보편적 복지체제의 기틀까지 다졌다는 평가를 받는다. 이들이 노무현의 당선으로 정권 재창출에 성공했음은 우리가 익히 아는 바다. 김대중 정권의 과감한 구조 개혁과 복지국가의 기틀 확립은 집권 연장의 초석이 되었던 것이다.

민주화 시대 두번째 재난은 2008년 미국발 금융위기였다. 이명박 정권은——논란에도 불구하고——미국발 금융위기를 (다른 나라에 비해) 꽤 성공적으로 돌파했다. 사실상 선진 경제권에서는 한국이 가장 먼저, 가장 우수한 성적으로 금융위기에서 빠져나왔으며 위기의 성공적 극복은 보수 정권의 연속 집권으로 이어졌다.

세번째 재난은 2020년 코로나19 바이러스의 창궐로 인한 전 세계적인 장기 불황이다. 팬데믹 초기 문재인 정권은 다른 나라에 비해 바이러스의 확산을 비교적 성공적으로 통제했고, 재난 방비의 모범국가로 부상했다. 덕분에 집권 여당은 역병 통제에 성공했다는 정치적 정당성을 획득하게 된다. 여당의 역사적인 총선의 대승에는 여러 요인이 있지만, 재난 극복의 이미지 창출이 가장 결정적이었다. 물론 코로나 팬데믹은 이 시점(2021년 1월)에도 끝나지 않았고, 서유럽과 북미의 선진국들을 포함해 상대적으로 모범국으로 평가받던 한국 또한 재확산의 위기에 처해 있다. 이들 국가의 향후 정권의 향배는 팬데믹으로 인한 사회경제적 위기를 어떻게 돌파하고 수습하는가에 달려 있을 것이다.

동아시아에서 국가가 재난에 어떻게 대비하는가는, 집권 세력의 명운을 갈랐다. 동아시아의 엘리트(를 꿈꾸는 자)들은 재난을 수습할 자신이 없으면 국가권력 근처에는 얼씬도 하지 말아야 한다. 재난으로부터 살아남은 자들이, 재난 구제에 실패한 엘리트들을 처참한 재난의 현장으로 끌어내려 그 죗값(구제 실패)을 돌려받게 할 것이기 때문이다.

2장

벼농사 생산체제와
협업-관계 자본의 탄생

이제 벼농사 체제 이야기로 돌아와보자. 벼농사 체제는 궁극적으로 동아시아의 경제적 생산을 위한 협력이 어떻게 구성되었는지를 설명하는 이론 틀이다. 따라서 그 협력과 협업이 어떻게 구성되고 작동하는지—메커니즘—를 이야기해야, 오늘의 동아시아와 한국 경제의 '생산 시스템'을 제대로 이해할 수 있다. 앞에서 쌀, 재난, 국가의 세 축 가운데 재난과 국가에 대해 이야기했다면, 이 장에서는 쌀 경작 시스템이 어떻게 구성되어 작동하는지를 살펴본다.

벼농사 체제의 기본 틀은 씨족들이 모여 사는 마을 공동체다. 벼농사 체제의 마을 공동체는 오늘날 우리가 건설한 경제체제의 모태다. 1960~70년대의 산업화를 주도한 우리 조부모와 부모들은 1930~40년대를 농촌 마을 공동체에서 보낸 세대들이다. 우리는 흔히 역사를 단절과 격변으로 점철된, 역사적 국면마다 구체제가 청산되고 새로운 체제가 들어서는 것으로 이해한다. 역사책이 그렇게 '사건'을 중심으로 장이 나뉘어 서술되기 때문이다. 일제강점기–해방–한국전쟁–4.19혁명–5.16쿠데타와 경제 발전, 이런 식이다.

그런데 역사의 주체인 민초의 입장에서 보면 역사는 격절이 아니다. 앞의 다섯 번의 격변을 통과한 산업화 세대는 동일한 주체들이다. 87년 민주화, 97~98년 1차 금융위기와 2008년 2차 금융위기, 2016년 촛불 시위와 2020년 코로나 팬데믹을 겪은 오늘의 베이비부머들이 동일한 주체들인 것과 마찬가지다. 따라서 일제강점기와 해방, 한국전쟁과 4.19혁명을 농촌 마을 공동체에서 보낸 이들이 농민공이 되어 경제 발전에 참여하게 되는 과정은, 다른 성격의 주체에 의해 수행된 것이 아니다. 그렇다면 이들이 농촌에서의 경험과 교육, 훈련, 자신들의 습속을 도시로, 공장과 사무실로 이전시켰을 것이라는 가정은 자연스럽다.

한국의 경제 발전이 조직 건설과 운영에 관한 서구식 매뉴얼과 (단기간에 이식 불가능한) 서구식 습속을 착실하게 교육시키며 진행되었을 리는 만무하다. 개발경제의 엘리트들은 자본을 빌려와 부지를 확정하고 사람을 모은 후, 무엇을 해보자는 아이디어를 던졌을 뿐이다. 이 아이디어를 '어떻게' 수행할지는 막 상경한 농민공들의 몫이었다. 따라서 개발경제기에 회사를 채우고 공장을 돌린 농민공들은 자신들이 도시로 이주하기 직전의 문화를 그대로 가져왔을 것이다. 일본도를 찬 선생들에게 교육받고, 학교가 끝나면 모내기와 김매기를 배우며 자라, 씨족들 간에 서로 총구를 겨누는 것을 몰래 숨어 목격했던 농민의 자식들이 만든 자본주의는 그 틀을 수입해온 원산지보다는 동아시아 마을 공동체의 틀을 더 닮았을 것이다.

믿을 수 없다면, 아직 살아 계신다면, 부모님이나 조부모님에게 물어보라. 어떻게 이 복잡한 자본주의 시장경제에서 회사와 공장을 세워 조직하고 운영했냐고. 어떻게 그 조직에서 목표를 설정하고, 자원을 동원하고, 사람을 훈련시켜 일이 돌아가게 만들었냐고. 그들은 답할 것이다, 전에 하던 대로 했다고.

벼농사와 평등한 협업 시스템의 출현

연령과 씨족 내 서열에 따른 상명하복의 위계 구조만이 벼 농사 체제의 요소는 아니다. 앞서 이야기했듯이 벼농사 체제는 협력을 조직화하기 위해 '촘촘한 사회적 연결망'을 필요로 한다 (Bray 1986). 국가에 의한 '가두기caging'*가 아무리 강하게, 빅맨 (마을이나 부족의 수장)에 의해 장악된 거대 군사 기구와 국가 이 데올로기화한 유교를 통해 '동원 시스템'을 조직해도, 그 수준에 는 한계가 있기 마련이다. 북한을 비롯한 구사회주의 경제 시스 템은 강력한 (사회주의) 국가 이데올로기로 생산 단위를 협력화 하고 촘촘한 상호 감시체제를 만들었음에도, '자발성'과 '소유권 의 제도화'(Acemoglu & Robinson 2012)에 기초하지 않은 동원은 높은 수준의 생산성으로 연결되지 않는다는 것을 반복해서 보여 준다. 관료제에 의한, 위로부터의 동원에 의한 생산 및 전쟁 시 스템은 마을 단위 협업 체계가 만들어진 연후에, 그에 기반해서, 적어도 벼농사 체제와 더불어 성장했다고 봐야 한다.

초기 씨족 공동체에서 부족국가가 출현하던 시기, 벼농사 체제에는 협력과 경쟁이 공존하고 있었다고 가정해보자. 다시

---

* 국가 관료제의 위계, 규칙, 기술적 통제 기제에 의해 개인들이 자신들의 개인 성과 자율성을 잃고 합리화된 지배의 객체로 전락하는 현상을 일컫는다(Weber 1992(1930)).

말해서 국가에 의한 '가두기'와 '전쟁을 위한 동원' 이전에, (청동기나 철 기구를 이용한) 벼의 집단적 재배와 같은 생산성 혁명이 이미 마을 단위에서 일어나고 있었다고 가정하는 것이다. 이러한 가정은 터무니없지 않다. 벼농사의 증거들은 고대국가에 관한 여러 문헌에서 발견되었고, 벼농사에 필요한 공동노동이나 품앗이는 이미 씨족 공동체 시기에 마을 단위로, 씨족이나 부족 단위에서 광범위하게 이루어지고 있었다고 본다(신용하 1984).*

협력과 협업의 기본 원리는 무엇인가? 위계 구조가 없다

---

* 북한 학계와 신용하는 공동노동 조직으로서 두레의 기원을 고대국가까지 올려 잡지만, 정승모(1991), 주강현(2006), 조경만(1987) 등은 벼농사(특히 이앙법)와 연계된 '두레 공동체'의 기원을 조선 후기 이전으로 보지 않는다. 이태진(1989)은 고려 시대부터 존재했던 '향도香徒'라는 지역 공동체 조직이 조선 전기 이후 다양한 형태와 규모의 지역 공동노동 조직(소를 이용한 공동노동 조직인 '소거리'와 밭벼의 제초 작업 조직인 '황두'와 같은)으로 변모한 후, 조선 후기 이앙법의 도입과 함께 두레로 전환된 것이라 본다. 유사한 논의로 두레와 연관된 향촌 조직인 향도와 계의 기원과 기능에 대한 연구로는 김필동 1986, 1992; 이해준 1991 등을 참조하라. 김필동에 따르면, 계는 두레의 집단성 및 강제성과 달리 개체성, 합리성, 평등성을 띤, 구성원 간 동일 부담과 혜택을 원칙으로 하는 조직이다. 나는 두레와 품앗이의 공동체성 저변에도 계의 '교환'과 '신용'의 원칙이 함께 녹아들어 있었다고 본다. 계가 금전의 교환과 축적을 위한 신용 조직이라면, 두레와 품앗이는 노동의 교환과 동시 투여를 위한 신용 조직이라 볼 수 있다. 지역별 두레에 존재했던 (마을 단위 잔치 및 놀이, 소고기의 분배와 같은) 계층 간 '형평성'과 '보상'의 원리에 대해서는 조경만(1987)을 참조하라. 단, 두레는 중소 규모의 비공식 네트워크를 중심으로 선택적으로 구성되었던 계와 품앗이에 비해, 노동 교환의 긴급성, 공평성, 효율성을 극대화할 목적으로 '위계에 의한 수직적 관리와 강제성'을 강화한 마을 단위 준관료제 조직이라 볼 수 있다.

쌀, 재난, 국가

면, 평등한 인간 사이에서 이루어지는 협력의 기본 원리는 '신뢰 trust'를 바탕으로 한 '신용credit'이다. 내가 나의 노동을 이웃 논의 김매기를 위해 오늘 제공했다면, 바로 내일은 아니더라도 동일한 수준의 협력을 미래 어느 순간에 기대할 것이다. 오륜 중 부자, 군신, 부부 간의 예禮가 아닌 두 요소, 그중 가장 마지막에 등장하는 붕우유신朋友有信은(다른 하나는 장유유서長幼有序) 놀 때나 싸움질할 때의 '믿음'이 아닐 것이다. 오늘날에도 인구에 회자되는 (조폭들 간의) '의리'는 더더욱 아닐 것이다. 나는 이 '믿음'〔信〕은 인간 생존에서 가장 중요한 생산의 윤리, 생산과정에서의 협력과 협업의 윤리를 규정한 것이라 본다.

그렇다면 벼농사와 유교의 친화성은 강제성을 동반한 '위계 구조'에만 있는 것이 아니다. 벼농사에 기반한 동아시아인의 삶과 앎의 양식은 '위계'를 경유하지 않은, 평등한 '협력'과 '협업'의 윤리 또한 내포하고 있었다고 봐야 한다. 한반도의 '두레'나 '품앗이'(북한 지역의 '황두')는 동아시아의 벼농사 경작 지역에서 광범위하게 관찰되는 '수평적 노동의 교환 및 협력'의 제도들(특히 품앗이)이며, 유교의 '위계 구조'와 함께 발생하고 진화했으나 독립적인 차원을 갖는다.

초기에는 씨족 공동체 내부에서 친족 네트워크kinship network를 통해 이러한 노동 교환과 협력이 이루어졌을 것이다. 그러나 마을 공동체가 씨족을 넘어 확대되고 모내기와 수확뿐 아니라 물길 트기, 제방 및 저수지 공사와 같은 보다 대규모의 마을 단위 협업 사업이 필요해짐에 따라 수평적 노동 교환 및 협력은 씨족 공동체를 넘어 이루어졌을 테고, 생애 과정을 통해 축적되는 '또래(세대) 집단' 간의 연대의 경험과 동질감이 협력의 윤리를 한층 강화했을 것이다.

벼농사의 공동노동 시스템

수백 년 전 동아시아 어딘가에 존재한 가상의 벼농사 공동체 마을을 상정해 '평수리'라 이름 붙여보자.[*] 평수리는 김씨, 조씨, 박씨, 이씨, 최씨 씨족이 모여 사는 씨족들의 연합 공동체다. 거대한 산맥에서 흘러나오는 냇물들이 모여 강을 이루며 너른 평지가 시작되는, 산자락 끝에 걸려 있는 한반도의 조용한 남녘 마을이다. 오랫동안 벼농사를 지어왔으니, 물길이 잘 닿지 않는 산등성이에서는 다양한 채소와 과일을 기르는 밭이, 너른 평지에서는 물이 가득 찬 논이 끝없이 이어지는 풍경이다.

이곳 평수리에는 과거에 급제하여 왕으로부터 토지와 노비를 하사받아 수천 마지기 논밭을 가진 최 참판댁 같은 양반 지주 집안(과 그에 딸린 노비들)도 있지만, 대다수는 논밭 몇 마지기를 갖고 자기 직계가족 건사하기에 바쁜 자영 소농들이다.

이 평화로운 평수리 마을 공동체에서 가장 큰일은 물 대기와 물 빼기다. 무엇보다 벼농사는 엄청난 양의 물과 끝없는 노동력의 투여를 필요로 한다. 예를 들어 평수리 마을에 장마나 태풍이 오면 물이 넘치고, 배수로가 허물어지면 당연히 농군들의 일은 더 많아진다. 장마나 태풍이 물 폭탄을 쏟아붓는 바로 그 시

---

[*] 이 평수리 이야기는 벼농사 마을의 범형으로 내가 구상한 가상의 마을이다.

간에, 농군들은 위험을 무릅쓰고 수로와 둑을 관리하러 논과 밭으로 나간다. 발을 헛디뎌 수로로 떠내려간 농민들 이야기가 뉴스에 종종 나오는 까닭이다.

한 추정치에 따르면, 1헥타르 논의 수로를 유지하려면 네 명의 농부가 평균 75시간을 투여해야 한다고 한다(Vermeer 1977). 특히 밀농사와 비교할 때, 농수로 관리를 위해 드는 노동량은 (논에 바로 파종하는) 직파법의 경우 3.7배, (묘판에 모를 길러 옮겨 심는) 이앙법의 경우 5.8배를 더 필요로 한다(Huan-Ping et al. 2013). 다른 모든 종류의 노동비용을 다 따져도 벼는 밀에 비해 헥타르당 평균 두 배의 노동력을 요구한다. 그런데 왜 평수리 농부들은 벼를 재배할까. 그 이유는 단순하다. 벼는 밀이나 여타 곡물에 비해 두 배에서 세 배의 수확량을 자랑한다(Fei 2006〔1939〕). 더 많이 일한 보람을 선사하는 것이다. 쌀은 더 많은 가족을 먹여 살릴 수 있고, 벼농사로 인해 늘어만 가는 인구를 부양하기 위해서는 더욱더 쌀을 재배해야만 했다.

평수리에서 벼농사가 대세가 된 또 다른 이유는 1장에서 이야기한 가뭄이라는 재난 때문이다. 17세기 조선뿐 아니라 전 지구를 덮친 소빙기의 이상기후는 가뭄의 충격과 깊이를 '장기화'했다. 조선 초기부터 지역적으로 실험에 돌입했던 이앙법은 17세기 기후변동과 함께 결정적으로 확산되었다는 주장이 있다(김재호 2010). 이앙법은 묘판에서 모를 기르는 동안 논이 비어 있기에 직파법에 비해 벼가 땅을 차지하는 시간이 줄어든다. 따라서 도맥(벼와 보리)의 이모작이 가능해져 봄 가뭄을 버텨낼 식량이 확보된다. 덧붙여, 제초에 드는 노동력이 절반 이하로 절감되어 다른 농작물을 돌볼 시간이 늘어난다. 이 때문에 평수리 농부들은 조선 후기로 갈수록, 밭에 비해 논의 면적을 점점 더 늘렸다. 이 앙법의 도입은 쌀 생산량뿐 아니라 쌀에 대한 의존도 또한 높였다. 앞서 이야기했듯이, 평수리 마을 주민들도 쌀에 중독indulged 되었고, 쌀에 갇힌caged 것이다.

일견 평수리는 이러한 공동노동과 잘 정비된 공동체적 질서로 인해 평화롭고 조화로운 마을 공동체를 이루고 있는 것처럼 보인다. 하지만 벼농사 마을에서 펼쳐지는 노동의 일상이 그리 평온한 것만은 아니었다. 바로 개인이, 가족이 감당할 수 없는 집합적인 공동노동을 조직해야만 하는 것이다. 이 공동노동 조직을 구성하고 관리하는 데는 사회과학자들이 공유지의 딜레마the commons dilemma or tragedy of the commons(Hardin 1968; Ostrom 1990)라고 부르는, 개인의 무임승차free-riding(Olson 1965) 문제가 발생한다. 공동노동을 해야 하는 자리에 얼굴을 들이밀지 않고 자꾸 빠지는 박씨를 어떻게 해야 할까? 가장 간단한 해결책은 조직에서 그를 축출하는 것이다. 하지만 이런 식으로 하나둘씩 사람을 내보내다 보면 조직은 와해되고, 물 대기와 물 빼기, 모내기와 김매기 작업은 적시에 이루어지지 않게 되며, 결국 마을 전체의 수확량이 감소하게 된다.

따라서 평수리 두레 조직은 개인의 무임승차가 발생하지 않도록 여러 가지 기제(제도)를 마련한다. 공동노동에 빠지거나 일을 게을리할 경우 노동 현장 혹은 연말 마을 회의와 같이 사람들이 보는 앞에서 망신과 훈계를 준다거나(주강현 1996), 그 위반의 정도가 심할 경우 '덕석 말이'를 하기도 했다. 충남 서산의 한 두레 조직에는 '곤장쇠'가 따로 있어, 좌상(영좌, 두레의 우두머리)이 "아무개 몇 대 때려라" 하고 지시를 내렸다(국립민속박물관 1994). 호남 지방에서는 병농일치제하에서 상명하복과 위계를 강조하는 군사 문화가 두레 공동체로 유입되어, 공동노동에서 이탈하거나 해태하는 자들에게 엄한 규제와 벌이 가해진 정황이 발견되었다(배영동 2018). 중국의 인류학자 페이(1983)는 중국 농촌에도 유사한 규율이 존재함을 보고한다. 일본 마을 공동체에서도 공동체의 규약을 어기는 자들에 대해 따돌림을 포함한 도덕적 벌칙이 가해졌다(권혁태 2016; Smith 1961). 이처럼 평수리 마을의 공동노동은 '해도 그만, 안 해도 그만'인 것이 아니었다. 빠지거나 게을리하면, 그에 상응하는 평가와 벌칙, 불이익과 같은 엄격한 규율이 깔려 있는 조직 체계였다.

평수리 사람들이 구축한 공동노동 시스템은 자연의 주기에 맞춰 일시에, 일사불란하게 움직이는 숙련된 노동력을 요구한다. 장맛비가 쏟아지기 시작하면 일시에 모를 이앙해야 한다. 모의 이앙은 두레보다 노동력을 적게 동원하는 품앗이를 통해 했다(주강현 2006). 두레라는 공동노동 시스템의 가장 강력하고 강렬한 형태는 제초 작업에 동원되었다. 김매기 날이면, 평수리 두

쌀, 재난, 국가

레의 수장들은(좌상, 총각대방) 바쁘게 마을 장정들을 소집한다. 어느 집부터 시작해서 어느 집에서 끝낼지를 좌상이 결정하면, 총각대방(두레의 사무처장이자 조직부장)은 필요한 일을 배정한다. 장정들이 김매기를 끝내면 농악과 음식, 술이 제공된다. 공동노동은 공동 놀이판으로 바뀌고, 마을 공동체의 연대감은 고양된다. 조선 후기 민화인 <그림2-1>에는 이러한 노동 문화가 고스란히 담겨 있다. 되풀이되는 공동노동과 나누어 먹는 음식 속에서 평수리 사람들은 서로에게 깊이 의지하게 된다. 같이 일하며 땀 흘리다가 밥과 술을 함께 먹으면 자연스레 집안 이야기, 아이들 키우는 이야기가 나온다. 사회적 관계는 더 깊고 단단해지며, 몇몇 가문의 혈연으로 엮인 마을 공동체는 '이웃사촌'으로 진화한다. 여기까진 우리가 익히 아는 이야기다.

벼농사 문화의 개인들은 '집단 속 주체들'이다(Talhelm et al. 2014). 잘 직조된 사회적 관계 속에 놓인 주체들이라는 의미다. 마을 공동체의 공동노동으로부터 진화한 이 사회적 관계의 밀도는 대단히 높다(Thomson et al. 2018). 가족과 혈연 및 공동노동으로 엮인 이웃사촌들과의 관계 속에서 개인의 '사적·독립적 공간'은 사실상 존재하지 않았다. 벼농사 문화의 개인들은 집단 속에서 어떻게 처신하고 자신의 역할을 완수할지를 어려서부터 학습했다. 이들의 일상은, 부모–자식 간의 도리, 형제간의 도리, 친척 간의 도리, 이웃 간의 도리들로 촘촘하게 짜인 '관계들' 속 의무 사항들로 가득 메워졌다.

「경직도병」
우진호, 비단에 채색, 146x60cm,
독일 게르트루트 클라센 소장.

「전가낙사」
종이에 채색, 75.0x36.5cm,
서울 개인 소장.

자료: 『한국의 미—풍속화』『한국의 미—민화』, 중앙일보사, 1985.

그림 2-1   조선 후기 모내기와 수확한 벼의 탈곡 장면

문제는, 이러한 촘촘한 '관계의 속박'으로부터 탈출의 선택지가 있었느냐이다. 오늘날처럼 도시의 상공업이 대안적인 삶의 유형과 기회를 허락하지 않았던 전근대 시대, 과거에 급제할 정도로 빼어난 수재가 아니었다면 평수리 마을의 젊은이들에게 이 관계의 속박에 적응하는 것 외에 다른 출구는 없었다.

협력과 경쟁의 이중주

기존의 연구에서 밝혀지지 않은 벼농사 문화의 특징은 공동노동 내부에 존재하는 강력한 '경쟁과 비교의 문화'다(Lee & Talhelm 2019). 긴밀한 협력과 그로 인해 발달한 촘촘한 사회적 관계망들 속에서 평수리 주민들은 끝없는 경쟁에 돌입한다. 그 메커니즘은 이러하다.

동아시아 소농들은 '각자' 소유하고 있는 논을 '함께' 경작한다. 이 공동노동을 통해 평수리 주민들은 서로의 논에 손발을 담그고 물길을 내며, 서로의 논에 대해 속속들이 파악한다. 나의 노동이 그의 논에 투여되었고 그의 노동이 나의 논에 투여되었으니, 그의 산물에 나의 피땀이 어려 있다. 남이 수확하는 모습을 보며 '네가 그만큼 일했으니 그만큼 수확하는 건 당연하지'라고 수긍할 수가 없다. '네가 그만큼 수확하는 건 다 내 덕이야'라고 생각하게 된다.

평수리 벼농사 생산 시스템의 문제 또한 내 논에서 나온 쌀의 양이 남 논에서 나온 쌀의 양보다 적을 때 발생한다. '왜 조씨네 논에서는 스무 말이 나왔는데, 내 논에서는 열 말밖에 안 나왔지?'라는 박씨의 의문은 겨울 내내 머릿속을 맴돌다가, 종국에는 극심한 질시로 바뀔 것이다. 조씨도 내 논에 와서 일을 도왔고 박씨도 조씨 논에서 일을 도왔기 때문에, 수확량의 차이가 커질수록 여러 가지 문제가 발생한다. 다른 이웃이 한마디 거들 것이다. "열 말밖에 안 나왔어? 조씨네는 스무 말이나 나왔다는데. 자주 좀 들여다보지……" 박씨도 벼는 주인 발걸음 소리 듣고 자란다는 말을 어려서부터 들어서 잘 안다. 이제 박씨에게 조씨는 살가운 이웃만은 아니다. 조씨는 따라잡아야 할 경쟁 상대다. 그날부터 박씨는 조씨와 더 친하게 지내려 노력한다. 스무 말 수확의 비법을 알아내야 하기 때문이다. 박씨가 사는 술자리에서 취기가 적당히 오른 조씨는 비법을 털어놓을 것이다. "당숙 댁에서 볏짚을 외양간 바닥에 깔아 소똥이랑 섞이게 한 다음, 부엌 아궁이에서 나온 재를 섞어 퇴비로 쓰더라고. 나도 똥 삭힌 볏짚은 써봤지만 재를 섞어본 적은 없어서 이번에 써봤는데 그것 때문일 수도 있어. 올해 병충해가 거의 없었거든."*

벼농사 마을 소농들 사이의 수확량 경쟁은 끝이 없었다. 이러한 경쟁은 조씨와 박씨 사이에서만 일어나는 일이 아니었다. 이들은 얼마 안 되는 몇 마지기 논에 낮밤을 가리지 않고 끝없이 노동력을 투하했고, 서로의 논과 농법을 눈여겨보며 더 좋은 농법을 거듭 시도하는가 하면, 새로운 종자로 실험해보기를 멈추지 않았다. 벼는 이러한 농군들의 노동 투하와 실험에 더 높은 수확량으로 정직하게 보답했고, 벼의 생산성은 농군들끼리의 경

---

* 조선 후기 이앙법과 관련된 시비법과 제초법의 발달은 염정섭(2014)의 『18~19세기 농정책의 시행과 농업개혁론』 2편 1장을 참조하라.

쟁을 더욱 부추겼다. 벼농사 체제하의 평수리는 겉으로는 밥 짓는 연기가 모락모락 피어오르는 평화로운 동아시아 농촌이지만, 안으로는 소농들끼리의 끝없는 수확량 경쟁이 펼쳐지는 출구 없는 경주 트랙이었다.

이 끝없는 경쟁의 쳇바퀴는 긴밀하게 짜인 공동노동 문화에서 비롯되었다. 애초에 박씨가 조씨의 논에 자기 손발을 담그지 않았더라면, 그 논과 가족에 대해 잘 알지 못했더라면, 그와 그토록 가까운 사이가 되지 않았더라면, 이 모든 경쟁과 질시는 그토록 격화되지 않았을 것이다. 평수리의 '노동 공유'라는 아름다운 마을 단위 공동생산 조직에서 서로에 대한 '비교와 질시의 문화'가 싹텄고, 평수리 농부들은 서로를 쳐다보며 더 많은 수확량을 거두기 위해 끊임없이 자신을 질책하고 다그치기 시작한 것이다. 그 자신에는 물론 다음 세대 아이들까지 포함되어 있었다.

벼농사 문화의 지속

벼농사 문화의 공동노동 조직은 현대까지 살아남았다. 중국의 벼농사와 밀농사 문화권의 차이를 연구하는 행동심리학자들은 벼농사 지대의 중국인들이 보다 상호 의존적이며 전체론적인 사고를 하는 반면, 밀농사 지대의 중국인들은 독립적이며 개인주의적 사고를 함을 밝혀냈다.

탈헬름과 그의 동료들(2018)은 중국 전역에 깔려 있는 '스타벅스'에서 이 집단주의 대 개인주의 문화 차이를 밝히는 실험을 주도했다. 그들은 밀농사 지대의 소비자들이 커피숍에 혼자 앉아 있을 확률이 더 크며, 의자가 통로에 놓여 있을 경우 치우고 나갈 확률이 더 높음을 발견했다. 이에 비해 벼농사 지대의 소비자들은 그룹을 지어 앉아 있을 확률이 더 크며, 통로에 놓인 의자를 그대로 두고 좁은 틈사이로 빠져나갈 확률이 더 높았다. 집단주의 문화에 길들여진 벼농사 지대의 개인은 촘촘한 사회관계와 구조에 오랫동안 적응한 결과, 주어진 상황을 바꾸기보다 그 상황에 적응하는 방향으로 예측하지 못한 도전을 타개한다. 반면, 개인주의 문화 속에서 성장한 밀농사 지대의 개인들은 주어진 상황을 자신이 원하는 방향으로 재배치한다. 자신이 세계의 중심인 것이다. 집단주의와 개인주의 문화가 만들어내는, 다른 개인들이다.

탈헬름은 중국의 밀 문화권에서 특허권이 더 많이 출연되며 이혼율도 더 높음을 발견했다(Talhelm et al. 2014). 개인주의자들이 창의적인 사고를 더 많이 하지만, 결혼 제도 내의 파트너, 그 제도가 뿌리내린 더 넓은 사회적 관계망에 '적응'하기보다는 '수틀릴 경우' 제 갈 길을 가는 경우가 더 많다는 것이다. 쌀 문화권의 낮은 이혼율은 스타벅스 실험과 그 메커니즘이 흡사하다. 쌀 문화권의 개인들은 주어진 관계와 구조라는 상황에 자신들을 적응시킨다. 결혼 제도의 파트너와 제도 자체에 스스로를 끼워 맞추는 것이다. 결과는 구조와 제도의 존속이며, 개인성의 표출은 자제되거나 억압된다.

벼농사 마을의 비교, 질시, 행복

    그렇다면, 과연 내가 가정한 벼농사 마을의 협력, 경쟁, 질시의 문화는 실재하는 것일까? 이 가설을 테스트하기 위해서는 조금 다른 세팅이 필요하다. 바로 벼농사를 주곡으로 짓고 있는 마을과 다른 작물(밀이나 조, 수수)을 주곡으로 짓고 있는 마을이다. (통계적 분석을 위해서는) 한두 마을만 필요한 게 아니라 상당히 많이 필요하다. 밀농사를 짓는 유럽의 마을들과 동아시아 마을들을 비교하면 되지 않느냐고 생각할 수도 있다. 물론 단순 비교는 가능하다. 하지만 정확한 비교를 위해서는 다른 가능한 변인들의 수준을 비슷하게 맞추어야 한다. 그렇지 않을 경우, "그건 프로테스탄티즘이 있고 없고의 문제야" 혹은 "그건 상업과 자본주의를 오래 경영했는지의 차이야"라고 바로 이견이 나올 수 있기 때문이다.

    문제는, 먹거리 외에도—날씨부터 종교까지—유럽과 동아시아의 문화적 차이를 설명하는 다른 요소가 너무 많다는 것이다. 가장 좋은 비교는, 동일한 문화권과 정치체제하에서 쌀과 밀을 경작함으로써 발생하는 결과(행복도나 남 눈치 보는 정도)의 차이를 확인하는 것이다. 한반도에 쌀을 주곡으로 하는 마을들과 밀을 주곡으로 하는 마을들이 동시에 존재하면, 비교를 위해서 가장 좋은 세팅이다. 역사적으로 동질적인 문화와 정치체제를 공유했으므로 '결정적으로 중요한' 다른 변인이 저절로 통제되는 것이다. 불행히도 한반도 정주민들은, 앞서 이야기했듯이 쌀에 중독된 지 오래다. 반도의 최북단(예를 들면 함경북도 회령)에 쌀 대신 밀, 조, 감자, 수수에 의지하는 사람들이 살고 있지만, 북한 정권에 자료를 요청할 수는 없는 일이다.

다행히도, 가까운 곳에 해결책이 있다. 광대한 중국 대륙은 '상대적으로 동질적인' 조건을 제공한다. <그림2-2>는 중국 대륙에서 지방 성省별로 전체 곡물 경작 면적 중 '논'이 차지하는 비중을 색깔로 구분해 보여준다. 붉은색에 가까울수록 쌀을 많이 경작하는 지역이고, 회색에 가까울수록 쌀 이외의 밀, 조, 수수와 같은 밭작물을 많이 경작하는 지역이다. 얼추 한반도의 남한과 북한을 가르는 휴전선 부근을 따라가면, 중국의 벼농사 경작의 북방 한계가 잡힌다. 양쯔강과 황허강 유역 중간쯤으로, 임진강 건너 산둥반도만 가도 밀농사 지역이다(우리가 사랑하는 짜장면의 원산지다). 그런데 한반도 북부를 보라. 만주 지역의 색깔이 산둥반도보다 붉은색에 가깝다. 앞서 1장에서 이야기한 쌀에 중독된 한국인이 19세기 말엽부터 이주하여, 습지를 중심으로 쌀을 경작한 덕분이다.

내 다른 연구(Lee & Talhelm 2019)에서 벼농사 지역과 여타 곡물 경작 지역(이하 밀농사 지역이라 통칭)별로 소득과 직업에 따른 개인들의 행복의 정도를 통계 모델을 통해 비교해본 결과, 고소득자, 높은 직업 지위를 가진 자들의 행복의 정도는 크게 차

쌀, 재난, 국가

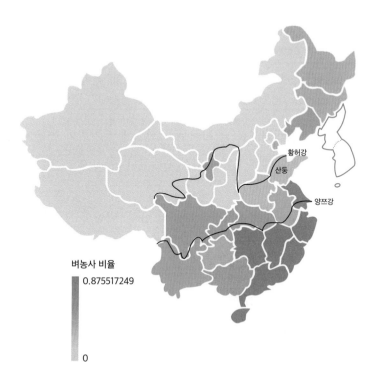

벼농사 비율

0.875517249

0

붉은색에 가까울수록 쌀을 주로 재배. 회색에 가까울수록
밀, 조, 수수를 주로 재배하거나 유목 지역.

그림 2-2 중국의 벼농사와 밀농사 분포

이가 없다는 것을 발견했다. 그런데 저소득자 및 낮은 직업 지위를 가진 자들의 행복의 정도를 비교할 경우, 벼농사 지역의 주민들은 소득이 낮을수록, 낮은 직업 지위를 가질수록 행복도가 급속히 저하되어 밀농사 지역의 동일 집단에 비해 훨씬 더 불행하다고 느꼈다. 다른 모든 조건이 유사했을 때 밀농사 지역의 주민들은 덜 불행해하거나, 심지어는 사회경제적 지위의 높낮이에 따라 자신들의 행복도를 결정짓지 않았다. 이 차이는 어디서 올까?

바로 이웃과의 비교와 질시로부터 온다. 벼농사 지역은 공동노동 조직을 통해 서로 긴밀하게 엮여 있지만 소유는 따로 하는 공동생산-개별 소유 시스템이다. 벼농사 지역의 두레 조직이여타 공유 경제 시스템(예를 들면 어촌의 공동생산-공동분배 시스템인 '갱번')과 결정적으로 대비되는 점이다(송기태 2018). 목초지나 어장 같은 공유 경제 시스템(Ostrom 1990)의 '생산물'은 자연이 선사한 것이지만(따라서 포획량의 제한과 분배의 규칙만 정하면 되지만), 벼농사의 공동생산 시스템은 협업에 의해 최초 생산 단계에서부터 공동의 노력이 투하된다. 타인의 생산물에 '내 피땀'이 어리는 것이다. 그럼에도 불구하고 수확물은 개별 가구에 의해 전유된다. 모내기나 제초 작업과 같은 몇 차례의 중요한 공동노동에도 불구하고, 거름과 물의 공급은 개인의 책임이고 무엇보다 땅의 소유권이 수확물의 귀속을 결정하는 구조다. 이러한 생산과 소유의 이중 구조는 '공정성'에 대한 논란을 만들어

쌀, 재난, 국가

낼 수밖에 없다.

또한 이 시스템 안에서 개인들은 서로의 수확량을, 서로의 성적을, 서로의 소득을, 서로의 직업적 성공을 수시로, 1년 열두 달, 인생 전체에 걸쳐 비교하고 평가한다. 질시는 바로 이러한 비교에서 싹튼다. 이 비교의 쳇바퀴 속에서 패배자는 불행해진다. 인생의 행복의 준거가 자기 내면에 있지 않고, 이웃과의(그들은 당신의 씨족을 포함한다) 관계, 그 관계 속의 비교에 있기 때문이다. (전작 『불평등의 세대』에서도 이야기했듯이) 사촌이 논을 사면 배가 아픈 이유가 바로 여기에 있다.

나는 다른 연구(Lee & Talhelm 2020)에서 이러한 동아시아인들의 비교 문화를 좀더 세밀하게 누구와, 어떤 삶의 요소들을 비교하는지 분석해보았다. 그 결과, 쌀 재배 지역 주민들은 밀 재배 지역 주민들에 비해 물질적 소비(경제적 지위)와 육체적인 외양(생김새)에서 자신들의 처지를 타인과 심하게 비교하고 있었다. 그들이 비교하는 대상은 일반적 타자가 아닌, 바로 주변 친구들과 일터의 동료들, 심지어는 가족들이었다.

결론적으로, 벼농사 지역 정주민의 행복은 관계로부터 온다. 나와 내 자식이, 내 가족의 수확량과 소득과 지위가 이웃보다 더 많고, 더 높고, 우월해야 한다. 내 행복의 근원은, 나라는 독립된 개인의 내면의 충만감이 아니다. 내가 남보다 더 잘났다는 것을 남의 눈으로 남의 입으로 확인받을 때, 동아시아 벼농사 지역의 정주민은 더욱 행복해(뿌듯해)한다. 심리학자들은 이를 '관계적 행복' 혹은 '관계적 불행relational (un)happiness'(Holmes & McKenzie 2019)이라 명명한다. 행복의 근거가 타인과의 비교 우위에 터해 있는 것이다(구재선·김의철 2006; 구재선·서은국 2015).

벼농사와 밀농사 지역에 대한 이러한 비교 분석은 우리에게 무엇을 가르쳐주는가? 바로, 벼농사 체제에서는 협업에 대한 필요 때문에 가까워진 가족, 친구, 이웃과의 관계 속에서 애정이 '애증'으로 전화하며, '공동체의 유대감'이 '비교와 질시의 문화'와 함께 싹튼다는 것이다. 우리는 논일을 하고 쌀밥을 함께 먹으며, 그렇게 사랑하고 질시하게 된 것이다. 당신의 행복과 불행의 뿌리는 당신의 '관계'에 있으며, '관계적 행복' 혹은 '관계적 불행'의 뿌리는 벼농사 체제로 거슬러 올라간다.

불행에 찌들어 심리상담사나 정신과 의사를 찾은 동아시아 정주민에게 어떤 처방이 내려질까. 그들은 이야기할 것이다. "관계로부터 탈출하라. 행복은 당신의 내면에 있다"라고. 밀농사 지역(서구)의 심리학 교과서에 나오는 이야기다. 불행히도, 동아시아 벼농사 정주민의 내면은 서구의 것과는 다른 무엇이다. 그 내면은 관계에 의해서 규정되기 때문이다. 우리는 서로의 일상과 내면을 훤히 투사함으로써 서로를 관계에 속박시키는, 그래서 행복해지고 불행해지는 그런 종족이다. 불행에 찌들어 있는 동아시아 정주민에게 필요한 처방은, 관계로부터의 탈출이 아니라(불가능하다) 관계의 대체 혹은 재구축이다.

협업과 불신이 공존하는
벼농사 마을의 신뢰 구조

이러한 벼농사 마을의 긴밀하게 짜여 있는 '관계의 그물망' 속에서는 어떤 신뢰의 구조가 만들어질까? 이렇게 긴밀한 관계망 속에 놓인 개인들은 (보다 상호 독립적인 관계망의 개인들에 비해) 내부의 소속 멤버들을 더 신뢰하고 외부자들은 배척하지 않을까? 일반적인 내부자-외부자 이론에서는 그렇다. 39개의 서로 다른 문화권의 국가들을 대상으로 한 연구에 따르면, 긴밀하게 짜인 낮은 이동성을 가진 사회에서 낯선 사람에 대한 불신의 정도가 더 높았다(Thomson et al. 2018).

그런데 벼농사 마을의 경우, 신뢰의 구조가 그리 단순하지만은 않다. 앞서 이야기했듯이 벼농사 체제의 협업 시스템은 서로에 대한 경쟁을 가속화하며 비교와 질시의 문화를 심화시킨다. 하지만 비교와 질시, 공정성에 대한 시비가 만들어내는 갈등은 밖으로 드러나기보다 내재화된다. 한판 크게 싸우고 서로 안 보면 그만인 관계가 아니기 때문이다. 모내기와 김매기철이 돌아오면 서로 협력해야 하는 관계에서 큰 싸움과 갈등은 가급적 덮고 넘어가기 마련이다. 실제로, 중국인들은 미국인들에 비해 "나는 동료들과 나(나의 생각)의 차이를 드러내는 솔직한 대화를 피한다"라고 진술하는 경향이 훨씬 높았다(Liu et al. 2019).

그렇다면 벼농사 마을의 이웃들은 (밀농사 마을 사람들에 비해) 서로를 신뢰할까? 놀랍게도, 이토록 긴밀한 협업 시스템을 발전시킨 벼농사 문화권의 정주민들은 오히려 서로를 믿지 못한다. 내 다른 연구(Lee & Talhelm 2019)에 따르면 "당신은 이웃을 신뢰합니까?"라는 질문에, (중국의) 벼농사 지역 정주민일수록 신뢰하지 않는다고 응답할 확률이 더 높았다. 이웃들이 자신들의 잇속을 위해 나를 이용할 가능성이 높다고 응답한 것이다. 뿐만 아니라 "당신이 어려움에 처했을 때 타인들이 당신을 도울 것이라고 생각합니까?"라는 질문에는 벼농사 문화권의 정주민들이 더 낮은 응답률을 기록했다. 일상적으로, 반강제적으로 서로를 돕는 문화권에 사는 정주민들이 독립적으로 살며 협업에 덜 의지하는 문화권의 사람들보다 이웃에 대한 신뢰가 더 낮은 것이다. 이러한 직관에 반하는 분석 결과는 다른 연구들에서도 발견된다. 중국인들은 미국인들에 비해 동료들이 자신보다 앞서 나가려고 은밀하고 비윤리적인 술책을 써서 자신을 곤경에 빠뜨릴 것이라는 생각을 더 많이 갖고 있었다(Liu et al. 2019).

이러한 역설은 어디서 비롯되는 것일까? 나는 벼농사 지대의 상대적으로 높은 불신은, 출구가 없는 닫힌 네트워크 안에서 공동생산-개별 소유라는 이중 구조가 만들어내는 끝없는 경쟁과 질시의 메커니즘으로부터 비롯된다고 본다. 경쟁과 비교, 질시의 문화는 행복의 정도뿐만 아니라 이웃 및 동료와의 신뢰 구조 또한 결정짓는 것이다. 닫힌 네트워크와 위계 구조하에서 반

쌀, 재난, 국가

강제적으로 부과되는 관계의 그물망은, 독립된 자발적 개인들 간의 잠정적 연대와는 다를 수밖에 없다. 그 관계의 그물망은 탈출하거나 무임승차하는 자가 적기 때문에 (독립된 개인들 간의 연대에 비해) 효율적이고 기민하게 작동하며 높은 생산성을 자랑한다. 또한 더 많은, 더 깊은 시간과 자원을 공유하기에 상대방의 '노동의 질'에 대해 안심(신뢰)한다. 하지만 그 닫힌, 긴밀하게 직조된 끈끈함으로 인해 구성원들 사이의 열린 소통을 저해하고, 겉과 속이 일치하는 진정성 있는 신뢰 관계를 구축하기는 오히려 어려울 수 있다. 또한 구조적으로 강제된 협업 네트워크 안에서 경쟁과 질시의 문화가 격화되면서, 신뢰 밑에 불신의 층이 한 겹 더 깔릴 수도 있다.

벼농사 지대의 협업은 솔직 담백한 자유주의의 개인주의와는 거리가 먼, 복잡한 이중의 심리 구조를 만들어낸다. 신뢰가 없다고 해서 협업이 불가능한 것은 아니지만, 불신이 내재된 협업은 간섭과 상호 감시, 의심이 일상화되는 피곤한 것일 가능성이 크다. 사적 소유가 허용된 집단주의 사회의 인간은, 노동의 투여를 공유하는 생산관계 때문에 서로를 더 믿을 수 없게 되는 복잡한 존재인 것이다. 그렇다면 우리에게 출구는 있는가? 출구가 없다면 어떻게 관계를 재구축해야 할까? 관계의 그물망에 걸려 있는 벼농사 체제의 후예들이 한번쯤 멈춰 서서 물어야 할 질문이다.

표준화와 평준화
—벼농사 마을의 보이지 않는 손

모내기는 한 해 공동노동의 시작이다. 묘판에서 자라던 어린 벼를 물이 가득 찬 논에 옮겨 심는다. 이미 키워놓은 벼이니 잡초들이 따라잡기 쉽지 않다. 따라서 잡초 제거가 용이해진다(염정섭 2014). 이앙법은 평수리 농부들의 일손을 반의반으로 줄여주었다. 새로운 시도를 즐겨 하는 조씨네 집을 시작으로, 이앙법은 삽시간에 마을 전체로 퍼졌다. 그런데 이앙법으로 벼 수확량이 늘기 시작하자 평수리 농부들은 슬슬 욕심이 생겼다. 벼가 더 남는 장사였기 때문이다. 늘어난 소출량으로 나라에 세금을 내고도 쌀이 넉넉히 남아서, 남는 쌀을 장에 내다 팔 수도 있었다. 평수리 농부들은 산 경사면의 물이 닿지 않는 곳에 있던 밭으로 냇물을 끌어댔다. 밭을 논으로 바꾸기 시작한 것이다. 평수리의 산등성이와 냇가 주변 밭들은 이렇게 논으로 바뀌어갔다.

평수리의 김매기 시즌은 좌상(영좌) 어른 이씨 할아버지의 택일로 시작한다. 이씨는 바람의 방향과 습도, 구름 모양 등을 보며 장마 기간이 시작되는 날과 태풍이 오고 있음을 감지한다. 철든 후 평수리에서만 50년 넘게 살며 농사를 지어왔고, 농사일에 도가 튼 달인으로 불린다. 한학에도 조예가 깊어 중국의 농서까지 두루 구해 읽으며 중국 강남 지방의 농법 중 쓸 만한 것을

쌀, 재난, 국가

평수리에 소개해왔다.* 그는 평수리 구석구석 어디에 수맥이 있고, 어느 산 밑 논밭의 토질이 쓸 만한지, 어디에 무엇을 심으면 잘 자라는지 샅샅이 꿰고 있다. 이씨가 발 담그지 않은 논이 없고 누구네 밭에 이런저런 작물을 심어봤다 실패하고 성공했었는지, 지난 50년의 기록이 그의 머릿속에 켜켜이 쌓여 있다. 이씨는 평수리 농사의 산증인이자 빅 데이터인 것이다.

이씨 할아버지가 김매기 날을 정하고 나면 총각대방 김씨가 마을의 장정들을 소집하여 순서를 정한다. 일주일의 김매기 대장정이 시작된 것이다. 이때 최씨네 막 장가간 둘째 아들이 김매기 기술이 서툴다고 가정해보자. 무슨 일이 일어날까. 최씨네 둘째가 피가 아닌 벼를 뽑고 있을 때, 대방 김씨는 이를 발견하고 그를 나무랄 것이다. 그러면 다음 줄에서 김을 매고 있던 주인 박씨의 눈꼬리가 올라간다. 박씨는 자기 논의 어느 부분에 누가 모를 심었는지부터 누가 어디에서 김매기 하고 있는지까지 전부 파악하고 있다. '스무 살이 되도록 벼와 피 구별하는 것도 제대로 안 가르치고 뭘 했나. 자식 교육 좀 똑바로 시키지.' 박씨는 입가에서 맴도는 말을 꿀꺽 삼키며 일을 계속한다. 김매기가 끝나는 술판, 아니면 가을 수확이 끝나고 벌이는 술판에서 언젠가는 이야기할 것이다.

---

* 중국 강남 지방 농법이 한반도에 직접적인 영향을 끼쳤는지에 대해서는 학계에서 논의가 분분하다. 이태진(2002)과 이호철(2002) 참조.

평수리 두레 시스템의 딜레마는 집집마다, 농군마다 농사의 '기술 수준과 농법'이 각기 다르다는 것이었다. 따라서 집집마다 전수되는 서로 다른 농법들 가운데 적절한 것을 골라, 적절한 수준에서 '표준화standardizing'와 '평준화leveling'*를 시켜야만 했다. 그렇지 않으면, 공동노동과 개별 소유의 룰 사이에서 분란이 생길 수밖에 없었다. 내 논에 남의 손과 발이 담기고 노동이 투여되기 때문에 남이 내 논에 와서 제대로 일을 하는지 여부는 가장 민감한 문제였다. 거꾸로, 내 식솔들이 남의 논에 가서 제대로 일을 하는지 여부 또한 똑같이 중요한 문제였다.**

두레 조직의 중요한 기능 중 하나는 바로 기술의 표준화와 평준화에 대한 비공식적 교육과 검증이었다. 좌상 이씨와 총각 대방 김씨의 여러 일 중 기술의 표준화는 가장 중요하면서, 가장

---

* 평준화 혹은 평탄화가 서로의 기술 '수준'을 얼추 비슷하게 맞춘다는 개념이라면, 표준화는 서로 다른 농법의 내용을 같은 것(기준)으로 맞춘다는 개념이다. 모내기나 김매기의 시간당 생산성을 서로 같게 하는 것이 평준화라면, 거름을 만드는 구성물들을 같은 재료로 통일하고 크기와 종류가 같은 농기구를 쓰고 밭과 논을 갈아엎는 방법을 동일한 기준으로 통일하는 것이 표준화이다.

** 이 책에서는 자세히 다루지 않지만, 두레와 관련된 또 다른 딜레마는 마을 단위 공동노동 조직의 수혜를 '누가' 더 많이 받느냐는 '수혜의 불균등성' 문제였다. 대지주가 중소 지주나 영세농에 비해 두레의 수혜를 더 받을 수밖에 없는 구조였기에 두레는 대지주의 이익에 주로 봉사하는 것이었다는 '불평등 강화론'과, 척박한 '자갈논'을 경작하는 영세농, 과부, 독거노인, 소년 가장에게도 큰 혜택이 돌아갔으며 땅을 소유하지 못한 머슴과 날품팔이 노동자에게도 음식과 놀이 형태로 대가가 돌아갔다는 '평등화론'이 공존한다(조경만 1987).

쌀, 재난, 국가

골치 아픈 문제였다. 공동노동의 공정성과 정당성을 확보하기 위해서는, 오늘 박씨네 집 논에 투여된 노동의 질과 내일 이씨네, 모레 조씨네 논에 투여될 노동의 질이 동일해야 했다.* 따라서 두레꾼의 기본 조건은 "어떤 노동에서든지 다른 농부와 대등하게 일을 처리"(배영동 2004)할 수 있는, 남들에게 처지지 않는 농사 기술의 습득이었다. 각 논의 주인들은 새참과 저녁 술자리를 준비하면서도 자기네 논에서 장정들이 제대로 일하는지를 '티나지는 않지만, 은근하게' 모니터링했다. 좌상과 대방은 과업과 노동의 배치를 진두지휘했을 뿐만 아니라 해태하는 자가 없는지, 잘못 실행하는 자가 없는지를 엄격히 감독했다(주강현 2006;

---

* 공동노동 조직 내에서 이러한 '노동의 질,' 즉 '숙련 수준'의 표준화가 이루어졌는지에 관한 증거는 농촌 지역 아낙들의 품앗이 조직이었던 '길쌈 두레'를 통해 확인할 수 있다. 안동 지역의 삼베 길쌈 조직들은 다음과 같은 삼두레 참가 기준을 갖고 있었다(이남식 1983). 첫째, 밥을 하러 자리를 뜨지 않아야 한다. 둘째, 돌볼 어린아이가 있으면 안 된다. 셋째, (피치 못할 사정으로 자리를 비우더라도 바로 돌아올 수 있는) 가까운 이웃이어야 한다. 넷째, 다른 이들과 동등한 수준의 길쌈 능력을 갖춰야 한다. 다섯째, 못돼먹지 않고 성실해야 한다. 이 중 넷째가 숙련 수준에 대한 자체 통제 기준이다. 안동, 남해, 전남 지방의 길쌈 두레 연구에서 삼베 짜기 기술은 어머니로부터 딸에게 전수되며, 15~16세쯤 길쌈 두레에 참가할 만한 기술을 습득했다고 한다(도선자 2019). 조선 후기에 도입되어 일제강점기를 거치며 소멸된 두레에 비해 품앗이가 더 오래 생존한 배경에는 이러한 숙련 수준의 표준화와 평준화의 달성이 마을 단위에서 용이하지 않아서였을 수도 있다. 서로 다른 숙련 수준을 평탄화하기 쉽지 않은 데다 논의 위치와 토질에 따라 작업 내용과 시기가 달라지는 모내기는 품앗이를 통해 해결하고, 보다 단순한 대규모 노동 투여가 가능한(필요한) 김매기는 두레로써 해결하는 관행이 자리 잡았을 가능성이 있다. 이에 관한 논의는 조경만 1987; 송기태 2018을 참조하라.

송기태 2018).

　기술의 표준화와 평준화, 내가 '기술 튜닝skill tuning'이라 부르는 이 두 과정은 평수리의 농사일을 지탱하는 핵심 축이자 구조다. 이 조화가 이루어져야 평수리의 공동노동 조직은 무리 없이 굴러간다. 그 구조의 축은 둘이다. 첫째는 수직적인 축이다. 각 농가마다, 아버지와 어머니가 아이들에게 농사일과 길쌈(베짜기)일을 가르친다. 농사 기술의 가족 내 세대 간 전수 시스템이다. 둘째는 수평적인 축으로 두 가지 차원으로 나뉜다. 하나는 가구 간에 이루어지는, 다른 집 청년들에 대한 농사일 교육이다. 다른 하나는 앞서 박씨와 조씨의 술자리에서 이루어지는, 마을 동년배들끼리의 '농법에 관한 지식/노하우'의 확산 시스템이다.

　이 수직 축과 수평 축은 상호 보완적이다. 박씨가 또래 세대인 조씨로부터 배운 신농법과 개량의 요소는 박씨 자신의 '암묵지implicit knowledge'와 시행착오를 거쳐 '숙련'의 일부로 흡수될 것이고, 궁극적으로 박씨 집안의 농사 기술을 향상시킬 것이다. 박씨는 자신이 원래 쓰던 볏짚과 소똥 거름에 조씨가 가르쳐준 아궁이 재를 더하고 아이들 오줌까지 보탤지 모른다. 그렇게 두엄 만드는 걸 보며 자란 박씨 집안 아이들은 자연스럽게 조씨와 박씨 사이에서 '조율된' 거름 제조법을 배우게 된다. 또래 세대 내 농법의 공유가 가족 세대 간에 전수되는 순간이다.

　집안에서 아버지와 어머니에게 조금씩 농사일을 배우던 소년 소녀는 마을 두레 노동 주변에서 심부름을 하며 공동노동의 윤리를 습득한다.* 이들이 청년이 되면, 공동노동 현장에서 윗세대가 공유하고 있는 '당대의 표준화된 농법과 기술'을 배우게 된다. 이들은 박씨 논에 가서 일할 때는 박씨로부터, 조씨 논에 가서 일할 때는 조씨로부터 훈계와 격려를 들으며(배영동 2018) '마을 표준 농법과 숙련'에 도달하기 위해 경주한다.**

이들 중 몇몇은 적극적으로 다양한 농법과 작물, 토질에 관한 지식을 깨칠 것이고, 윗세대의 '표준'을 더 빨리, 더 열성적으로 습득할 것이다. 리더로 떠오른 몇몇은 이웃 마을에서 새로운 농법을 배워와 실험하고, 자신들의 부모가 가르쳐준 것보다 더 많은 수확량을 만들어내는 '비법'을 체득할 것이다. 동네에서는 '박씨네 첫째 아들의 쟁기질 솜씨'가 회자되고, 그는 빠르게 어른들의 신임을 얻으며 다음 세대의 두레 리더로 등극하게 된다. 물

---

* 주강현(2006)은 이러한 두레 노동의 전수 과정이 전적으로 남성들 사이에서만 일어났다고 본다. 여성들의 역할은 공동으로 노동하는 남성들에게 음식을 제공하고 아이들을 챙기며 주변 잡일을 거드는 것으로 제한되었다는 것이다. 하지만 조선 후기 공동노동을 그린 <그림 2-1>은 모내기 대열에 동네 아낙들이 동등하게 참여하고 있는 것이 확인된다. 이효재(1985)는 "가족 경영에 있어 여성의 농업노동은 남성 노동력과 동일하게 평가된 입장에서 필요에 따라 모든 부문에 다 참여한 듯하다"라고 평가하고 있으며, 이순구(1993) 또한 (「태종실록」에 근거) 남성들이 부역에 징발될 경우 여성들이 농사일을 전담했음을 강조한다.

** 뿐만 아니라 공동노동 현장에서 농군들은 남이 하는 것을 보고 "저래 하니 더 수월쿠나" 하며 남들과 "노동의 보조를 맞추기 위해" 스스로 깨치고 부단히 노력했다. "일꾼 잘못 만나면 소도 애먹고 사람도 애먹고, 시간 들고, 능률도 안 올라가지"(배영동 2004)라는 말을 들어서는 안 되었기 때문이다.

론, 그 세대 내부의 협업과 경쟁 네트워크, 즉 세대 네트워크를 통해 첫째 아들의 쟁기질 솜씨는 다른 집 자식들에게 퍼질 것이다. 이들은 10년, 20년 후 평수리 마을의 한층 더 향상된, 새로운 '마을 표준 기술'을 만들어낼 것이다.

이것이 평수리에서 '기술 튜닝'이 일어나는 경로들이다. 가구 내에서 부모와 자식 간에 전수되는 세대 간 시스템이 한 경로라면, 가구 간에는 부모 세대가 자기 논에 와서 일하는 다른 집 자식들을 교육시키고 또래 세대 네트워크 내부에서는 협력과 경쟁을 통해 농사 기술과 정보를 공유하는 시스템이 다른 경로였다. 평수리의 공동노동 조직은 이 두 축을 따라 마을 표준 기술을 확립하고, 참여자들 간의 기술 간극을 좁히며, 마을 전체의 기술 수준을 조금씩 향상시켰다.

이 모든 과정은 오케스트라처럼 전체를 관리하는 자는 없지만, 마을 내부에 확립된 보이지 않는 규준과 규율을 통해 톱니바퀴처럼 맞물려 돌아가면서 가을 들녘의 풍작을 이끌어내고, 크고 작은 재해를 관리하며, 마을의 생산 시스템을 유지시킨다. 서구의 마을 간, 도시-농촌 간 교환경제에 생산과 소비의 균형을 조절하는 보이지 않는 손invisible hand이 있었다면, 동아시아의 농촌 마을에는 생산기술의 표준화를 조율하는 보이지 않는 손이 있었다. 이 동아시아 농촌 공동체는, 인류가 만들어낸 수많은 '조직'과 '시스템' 중에서도 가장 오래, 가장 효율적으로 작동해온 '마을 기업'인 것이다.

벼농사 체제의 마을 기업 모델은 농촌에서 도시로 이주한 산업화 세대와 함께 산업자본주의 체제로 이식되기 시작됐다. 마을 들녘을 뛰어다니며 자라 부모와 동네 어른, 또래 친구로부터 농사일을 배우고 '사회적 조율social tuning'을 몸과 정신에 새긴 농민공들은 도시의 공장과 사무실을 메웠고, "한국의 기업에서는 어떻게 물건을 만들고, 팔고, 계약서를 쓰고, 대차대조표를 작성할지를 '마치 이미 알고 있었던 듯이' 수행"(이철승 2019b)했다.

이들은 필요하면 미국과 일본, 유럽의 기업으로 연수를 가서 몇 달을 함께 숙식하며 선진자본주의 기업들의 조립 과정과 설계도를 어깨너머로 배워왔고, 그들의 자동차와 전자 부품을 분해하고 해부하여 자신들의 것으로 만들었다(이홍 2007). 이들은 끊임없이 공정 과정을 재설계하여 생산성을 높이는 방법들을 고안해냈으며, 실수와 불량률을 줄이는 방법과 검수 체계를 만들어냈다. 이들의 이러한 '협업의 기술'이 어디서 비롯되었겠는가? 이들은 가족과 세대를 가로지르는 공동노동 조직으로 단련된, 바로 그 평수리의 아이들과 청장년들이었다.*

---

* 아이러니하게도 농촌의 공동노동 조직은 농민공들에 의해 도시의 작업장으로 이전되었지만, 농촌에서는 일제강점기부터 1950년대를 전후로 사라지기 시작해 1970년대에 이르면 거의 찾아보기 힘들어졌다(주강현 2006; 이정덕 외 2012; 송기태 2018). 여러 가지 요인이 있겠지만, 조선 말기부터 가속화된 농업노동의 임노동화, 씨족과 반상을 갈라놓은 한국전쟁의 충격, 1960년대 이후 농업노동력의 도시 이주로 인한 노동력 부족, 노동력 부족이 야기한 노동 가격의 상승, 그로 인한 기계화의 급속한 진전(및 이와 함께 진행된 농촌의 노령화)이 연쇄적으로 일

벼농사 체제의 현대로의 이식
—연공에 따른 숙련 상승 가설과 표준화 가설

전작에서 나는 산업화 세대가 바로 이 집단주의적 위계 구조를 농촌에서 도시로 이식시켰다고 분석했다(이철승 2019b). 도대체 이 '집단주의적 위계 구조'가 어떤 역할을 했기에, 산업화 세대는 '산업화'를 성공시킬 수 있었는가? 또한 나는 박정희 개발국가로 산업화의 공을 다 돌리기 전에 이 세대가 갖고 있는 특정한 삶의 양식과 기술—협업의 기술—에 주목하자고 이야기했다. 그렇다면 그 협업의 기술의 구체적 내용은 무엇인가? 벼농사 체제의 협업의 기술이 어떻게 공장과 사무실에서 재탄생했는가?

어났기 때문으로 보인다. 다카하시 노보루의 기록에도(2014[1998]) 모내기와 김매기 등의 공동노동 수요가 임금노동으로 대체되고 있었음이 드러난다. 일제강점기부터 해방 직후 시기, 경기도 인근에서 수십 명의 공동노동을 필요로 했던 '줄모 심기' 풍습이 소수의 인원(가족이나 고용 노동)으로 가능한 '잣모 심기'로 대체되어가는 과정을 기술한 인류학적 구술사 연구로 안승택(2009)의 5장(「식민지 근대농법의 소농적 전유」)을 참조하라. 강력한 두레 노동 공동체의 습속은 이제 거의 사라지고, 이 공동체들의 흔적은 의무 노동, 무상 노동의 부담이 덜한 각종 계 모임 혹은 (부업으로서의) '관광사업 두레' 형태로 지속되고 있다. 다만, 여성들의 품앗이 조직인 '길쌈 두레'는 지금까지 남아 있는 곳이 있다. 또한 두레나 품앗이의 상위에 있는 향촌 자치 조직/규약이라 볼 수 있는 '동계'는 19세기까지 번성했으며, 20세기에도 그 흔적이 남아 있는 곳들이 있다(이용기 2017). 개발연대 이후 기계화와 함께 농촌의 공동노동 조직이 어떻게 변화해왔는지는 윤수종 1993, 2011을 참조하라.

농업사회에서 형성된 벼농사 체제가 현대 산업사회와 정보사회에까지 그 '구조'와 '제도'를 드리우고 있다는 근거는 무엇인가?

산업화 세대의 기업 리더들이 조직을 건설하며 부딪힌 여러 가지 문제 중 하나는 보상 체계였다. 없는 기술은 밖에 나가 배워오면 되고, 없는 자본은 정부에 줄을 대서 빌려오면 되었다. 하지만 잔뜩 뽑아서 채워놓은 공장과 사무실의 인력들에게 어떻게 보상을 할지는 아무런 기준이 없었다. 1960~70년대 한국의 공장과 사무실에는 '숙련'이라는 개념 자체가 없었기 때문이다 (지금까지도 없는 경우가 많다). 직무평가 시스템을 마련하고 숙련 수준에 맞춰 보상을 하기에는 시간도, 인력도, 노하우도 없었다. 이 완벽한 '부재'의 공간을 채워준 것이 동아시아 마을 공동체의 '연공 시스템'이었다.

동아시아 기업의 연공제는, 두 가지 가정을 농촌 공동체로부터 이식했다. 하나는, 나이가 들수록 숙련의 수준이 높아질 것이라는 가정이다. 입사 과정의 스크리닝을 통과한 모든 직원이 동일한 성장곡선을 가지리라는 가정이다. 다른 하나는, 개인 간의 (최초의 혹은 입사 이후의) 숙련 차이는 세대 내부의 협업과 조율에 의해 무시할 만한 수준으로 좁혀질 것이라는 가정이다. 즉, 평준화의 가정이다.

이 두 가정은 현장에서 실제로 실현되는지 여부와 관계없이, 개인에 대한 직무평가를 건너뛰는 것을 가능케 했다. 개인 간의 숙련도가 평준화될 것이라는 가정과 개인들의 숙련도가 동일한 속도로 성장할 것이라는 가정이 결합하면, 같은 연차의 인력에게 동일한 보상을 주는 것이 가능해진다(정당화된다). 함께 일하며 조직의 목표를 함께 이루었으니 연차 그룹에 따라 보상을—불평등하게—나눈 후, 같은 연차 내에서는—평등하게—n분의 1 하는 것이다(고로 밥과 술은 연차 높은 사람이 산다). 따라서 연공제는 연차를 공유하는 노동자들 간에 연대 의식을 고양시켰고, 생산성이 집합적으로 향상되는 데 디딤돌이 되었다. '왜 같이 일 해놓고 나이 많다고 더 가져가'라는 불만은, '너도 기다리면 나처럼 보상받아'라는 미래에 대한 약속으로 덮였다. 이렇게 '지연된 보상'은 나이 많은 '충분히 기다린 세대'로부터 '아직 기다릴 날이 20년, 30년 남은 세대'에게 강제되었다. 연공제는 어찌 보면 기다리고자 하는 자, 혹은 기다릴 수 있는 자들(정규직)끼리의 '공모'다.

저성과자와 평균 성과자 사이의 차이를 평준화의 압력으로 줄이는 데 성공한다면, 같은 연차 내 고성과자만 문제가 된다. 평준화는 평균값을 향한 간격 줄이기다. 이것으로 고성과자를 억지로 주저앉힐 수는 없다. 잘하는 사람에게 일하지 말라고 할 수는 없지 않은가. 여기서 연공제 임금 체계는 동아시아 관료제의 승급 체계를 결합시켜 고성과자 관리의 딜레마를 해결한다. 소수의 고성과자는 승진을 시켜 관리/지휘 업무로 배치함으로써 동일 연차 내부의 상이한 생산성을 관리하는 것이다. 동아시아 전통 관료제와 연공제의 결합은 생산성 향상을 위한 경쟁을 부서와 팀 내부에서 조용히 촉진시켰다. 승진이 주는 금전적 보상과 권력의 확대를 위해, ─모두는 아니어도─ 상당수의 큰 포부를 가진 자들은 바쁘게 물장구를 쳤다.

동아시아 벼농사 체제의 두 원리는 이로써 동아시아의 현대자본주의 기업에 성공적으로 이식되었다. 농촌에서부터 나이 많은 동네 어른을 우대하며 그들에게서 농사 기술을 전수받았던 농민공들은 연차가 올라갈수록 더 높은 급여를 받는 연공제의 원리를 쉽게 받아들였다. 또한, 같은 작업장과 사무실에서 한솥밥 먹으며 기계와 펜대를 돌린 동료들 사이에서 발생하는 생산성 차이에 대해서는 적당히 눈을 감았다. 고도 성장기에 기업은 연공제 임금 테이블을 타고 올라오는 고연차의 중·장년층 노동자들에게 지속적인 임금 상승으로 '집합적 숙련'에 대한 보상을 할 만한 여유가 있었고, 중·장년층 노동자들 또한 동일한 연차 내의 생산성 차이는 눈감아줄 만큼 충분한 보상이 이루어졌기에 연공제는 큰 잡음과 갈등을 일으키지 않았다.

'내가 김 대리보다 못한 게 뭐야, 연차도 같은데'라는 한국인의 (근거 없는) 평등 의식과 능력주의에 대한 뿌리 깊은 반감은 연공제를 통해 제어되고 균형점을 찾았다. 적어도 세계화의 압박과 서구의 개인주의적 보상 체계가 상륙하기 전까지는 말이다. 따라서 연공제는 동아시아 마을의 공동생산-개별 소유 체제에서, (승진 기제를 제외하고는) 개인의 숙련과 노력에 대한 보상이 빠져 있는 시스템이었지만 기울기가 가파른, 집단적인 임금

상승에 의해 개발 시대 기업의 보상 체계 역할을——어느 정도 성
공적으로—— 수행할 수 있었다.

연공제와 함께 벼농사 체제로부터 현대 기업으로 이식된 또
다른 원리는, 앞서 이야기한 '기술 튜닝'(표준화) 시스템이다. 동
아시아 벼농사 체제에서 공동노동 조직이 작동하는 대전제는 기
술의 표준화였다. 남의 논일을 망치지 않으려면, 남이 내 논 모
종의 이앙과 성장을 망치지 않게 하려면, 남의 삼베를 망치지 않
으려면, 농사와 베 짜기 기술이 정확하게 표준화되어야만 했다.
동아시아 마을 기업의 경쟁력은 엄격한 기술과 작업 속도의 '표
준화'를 통한 '불량률'의 감소 및 일의 양의 균등화였다. 그래야
내 농사와 남 농사를 다 망치지 않고 가구 간 노동력 투여량을
평준화할 수 있었다. 두레의 좌상과 총각대방, 마을의 경험 많
은 농군들은 이 표준화의 범례를 설립/합의하고, 경험이 부족하
거나 해태하는 경향이 있는 다른 농군들의 기술을 '감당될 만한,
인정할 만한tolerable and permissible' 수준으로 끌어올리는 역할을
했다.

동아시아 기업 조직 내부에서도 다양한 표준화 기제가 작동
한다. 대규모 공채 시스템의 일부인 합숙 같은 획일화된 집단교
육을 통해 기업의 문화와 정신을 주입시키는 교육을 시작으로,
각 신입사원의 사수 역할을 담당하는 직원들이 그들의 공식·비
공식 멘토 역할을 한다. 학교 물이 아직 빠지지 않은 젊은 신입
들은 회사가 공유하는 목표와 이를 달성하기 위한 표준 기술의

습득을 위해 각종 사내 프로그램에 배치된다. 동아시아 관료제 및 기업 조직의 작업 과정과 공정은 표준화를 정의하는 것으로 시작된다. 사원 A는 언제, 어디서, 무엇을, 어떻게 실행할지에 관한 자리 찾기, 업무 찾기 과정으로 자신의 일과를 시작할 것이다. 이러한 자리 찾기, 업무 찾기 과정에 몇 달, 심지어는 몇 년이 걸릴 수도 있다. 제조업이라면 기업마다 품질, 안전, 환경에 관한 내부 기준이 있고, 제품을 생산하기 위해 적절한 시간과 온도, 재료 투입 등의 기준이 있으며, 재고와 낭비를 없애기 위한 동선의 규칙이 있다. 품질관리 부서, 교육 부서, 생산과정 설계 부서는 각각의 맡은 업무를 장기간 운용해온 베테랑 사원들을 통해 표준 작업 과정이 무리 없이 세팅되고 작동되도록 소통 채널을 갖고 있다. 이러한 과정과 소통의 모든 것이 문서화될 수는 없다. 어떻게 모종 기르기, 수로 만들기, 쟁기질, 모내기, 거름주기, 잡초 뽑기 등의 과정들이 문서화될 수 있겠는가. 문서화되면, 문서화된 내용들을 시험 쳐서 암기시키면 수십 명의 농부들이 일사불란하게 이 과정들을 무리 없이, 낮은 불량률로 수행할까? 아닐 것이다.

표준 작업의 숙지와 숙련화 과정은 수십, 수백 번의 반복 작업 속에서 이해하고 터득하여 결국에는 몸에 밸 때, 비로소 완성되는 것이다. 현장에서 사수와 함께 시행착오를 거듭하며 배운 끝에, '일할 줄 아는' 직원 하나가 만들어진다. '사고'를 치지 않게 되면, 라인을 멈추지 않게 되면, 본인이 맡은 업무에서 펑크가 발생하지 않고 혼자서 양식에 맞게 보고서를 쓸 수 있게 되면, 그로써 표준화 작업이 어느 정도 이루어진 것이다. 열을 맞춰 같은 깊이로 모를 심을 줄 알고, 그 모가 자라 다른 이들이 심은 모와 얼추 비슷한 수확량이 나오게 될 때, 기술 튜닝은 마무리된다. 삼베의 간격과 모양새가 어느 날 누가 모여서 하더라도 고르게 뽑아지고, 어느 집에서 길쌈 두레 모임을 시작해도 똑같은 제품이 나오고 동시에 일을 마칠 수 있을 때 표준화는 완성된 것이다. 그 일할 줄 아는 농군과 아낙은 이제 마을을 넘어, 몇십 년 만에, 세계화된 자본주의 기업의, 미래의 새로운 표준 기술을 만들어낼 수 있는 주체가 되었다.

동아시아 기업 조직은 이 업무와 공정의 표준화를 달성하는 공식·비공식적 노동의 연결망을, 서구의 기업 조직은 실현할 수 없을 만큼 극도로 촘촘하고 세밀하게 직조하여 외부의 수요와 공급의 변동에 일사불란하게 대처하는 '기민한 생산체제'(조형제 2016)를 만들어냈다. 이 기술 튜닝의 연결망이 동아시아 자본주의가 세계시장에서 생존할 수 있는 경쟁력의 원천인 것이다.

동아시아 마을, 협업의 장인들

주도면밀하게 설계하지 않았어도, 독일의 장인들처럼 몇 백 년 동안 천천히 기술을 닦고 조이며 연마하지 않았어도, 어쨌든 차는 굴러갔고 배는 떴고 티브이는 켜졌다. 농민공들이 만들어낸 차와 배와 가전제품은 전 세계로 날개 돋친 듯 팔려나갔고, 엉터리 발음의 외국어지만 바이어들은 계약서에 사인을 했다. 일단 싼값의 제품과 서비스로 시장을 선점하고, 그 뒤에 들어온 돈과 확보된 시간으로 다시 설계도와 공정을 조금씩 향상시키며 동아시아의, 한국의 기업들은 정상의 반열 혹은 그 근처에 도달했다.

수천 년을 왕의 나라에서 살아온 동아시아인들은 이 성취를 쉽사리 쿠데타 지도자들과 그들의 이데올로그들에게 헌납한다. 자신들이 이뤄낸 성취를 왕의 덕이라 믿는 것이다. 이 논리적 비약은, 자신들이 재난을 당할 때도 왕의 탓이라 돌리는 것과 다르지 않다. 잘돼도 나라님 덕, 못돼도 나라님 탓인 이 사고 구조는 동아시아인들의 버릇이자 아비투스다. 이순신 장군이 한산도에서 적군을 대파한 것은 그 자리에 그를 앉힌 선조(혹은 천거한 류성룡)의 안목 덕분이며, 원균이 칠천량에서 참패한 것도 그를 통제사로 보낸 선조의 근시안 탓이라 보는 것이다.

동아시아에서 유독 일본만, 아니면 유독 한국만, 혹은 대만이나 중국만 이 성공의 스토리를 따랐다면, 그 나라 고유의 문화 혹은 특유의 리더십 구조, 그 나라만 갖고 있는 무언가(한국인의 '우수한 두뇌와 근면한 자질'!)를 성공의 원인으로 지목했을 것이다. 하지만 동아시아 16억 인구가 모두 이 성공의 스토리를 따랐거나 시차를 두고 따르고 있다면, 질문을 다시 해야 한다. 하다못해 전 세계 빈국 대열에서 여태껏 벗어나지 못하고 있는 북한도 지도자가 하라고 하니 핵무기와 대륙간탄도미사일ICBM(으로 믿어지는 것)을 뚝딱 만들어냈다. 맘을 안 먹어서 못 할 뿐, 동아시아인들은 맘만 먹으면 윈드밀 덩크슛 빼고 남(서구)이 하는 것은 다 할 수 있는 것이다. 아이폰이나 테슬라를 처음 생각해내지 못해서 문제일 뿐이다.

그래서 나는 박정희, 장제스, 덩샤오핑, 일본의 메이지 지도자들의 리더십을 옆으로 제쳐두자고 제안한다. 동아시아 16억 인구에게 공통으로 존재하는 특징이 무엇인가? 나는 지금껏 그것이 벼농사 체제에서 비롯된 마을 단위 공동노동 조직, 그 조직을 일구며 발전시켜온 협업 능력, 이 능력을 더욱 큰 도전과 응전의 역사 속에서 긴밀하고 일사불란하게 만들어준 대형 재난과 재난 극복의 국가 시스템임을 이야기했다. 물론, 그 중심은 마을기업이다. 박정희, 장제스, 덩샤오핑이 아니라 그 수하 중 누구였어도 동일한 역할을 했을 것이다. 부패한 장면 정권이 (5.16쿠데타로 전복되지 않고) 남아 있었어도 한반도의 기업인들은 농민공을 모아 자동차와 배와 티브이를 만들었을 것이고, 그들은 세계시장을 석권했을 것이다. 그들은 어떻게 물건을 만들고 팔지, ─국가가 말린 이앙법을 스스로 깨우쳐 퍼뜨렸듯이─스스로 깨친 것이다. 단, 협업을 통해서 말이다. 그들은 수많은 재난 속에서 단련된 생태학적 '적자'(자연 선택된 자)들이었고, 생존과 번영을 위해 어디에서, 어떻게 협업해야 하는지 알고 있었다.

이런 면에서 동아시아의 농민들은 '농군農軍'에 다름 아니었다. 초여름 장맛비가 후드득후드득 떨어지면, 한가로운 동아시아 마을은 일사불란하게 움직이는 군대 조직으로 탈바꿈했다. 동아시아 위계 조직의 기원은 군사정권도 아니고 일제의 잔재도 아니다. 바로 이 마을 단위 협업 시스템 내부에, 위계와 수평적 협업의 문화와 제도는 깊숙이 장착되어 있었다. 산업화 세대는 벼농사 체제를 농촌에서 도시로 이식한, 협업의 장인들이었다.

나가며 — 오리엔탈리즘을 넘어

서구의 조직혁명이 국가와 사회, 시장 간의 소통 구조를 만들어 거래 비용을 줄이고 새로운 상품과 아이디어의 유통을 촉진시키기 위한 '중간 매개 조직intermediary associations'의 발전을 통해 이루어졌다면, 동아시아의 조직혁명은 마을 내부 '협업 시스템'의 정교화로부터 시작되었다. 이 평수리의 협업 시스템은 국가와 시민사회 간의, 국가와 시장 간의, 시장 내부 주체들 간의 대의와 신뢰 구조를 만들기 위한 것이 아니었으며, 자본주의와 민주주의의 이상적 결합을 추구한 것도 아니었다. 이 협업 시스템은 벼농사의 성공을 위해 조직된 것이었지만, 이후 글로벌 자본주의 체제에서 동아시아 모델의 자리를 확보하는 데 결정적인 역할을 했다. (애덤 스미스와 브로델이 찬미한 서구의 분업 시스템을 마을과 도시 사이에서 만들지는 않았지만) 동아시아는 오래전부터 (시장 친화적인) 이상적 협업의 시스템을 예비하고 있었던 것인지도 모른다.

20세기에 시작되어 21세기를 풍미하고 있는 동아시아의 성공을 설명하기 위해 수많은 이론이 경합했고 또 사그라들었다. 내 기억에 남아 있는, 가장 떠들썩했으나 급격히 잊힌 이론은 후쿠야마(1995)의 '신뢰'다. 그는 중국, 대만, 한국이 자본주의 발전을 위해 필요한 결정적 요소—신뢰—를 결여하고 있다고 비판했다. 중국 모델은 벤필드(1958)가 비판했던 이탈리아 남부의 '비도덕적 가족주의amoral familism'를 닮았고(한국의 많은 윗세대 사회과학자들 또한 동일한 비판을 한국에 적용했다), 신뢰의 범위가 가족에 갇혀 있는 사회에서 생산과 금융자본주의는 융성할 수 없다고 결론 내렸다. 물론, 이러한 신뢰가 가족을 넘어 공동체 전체에 넘쳐흐르는 사회의 예는 일본, 독일, 미국이었다.

이러한 시각은 후쿠야마에게만 한정되지 않는다. 베버(1947)에서 시작해 서구의 수많은 오리엔탈리스트들은, 동아시아 사회가 봉건적인 체면과 신분제, 계산적이고 합리적인 법체계를 저해하는 전체주의적 사고, 개인의 자유에 대한 억압, 고답적인 도덕에 치중하여 실용적이지 못한 유교 경전 시험에 갇혀 있으며, 이로 인해 발전할 수 없거나 발전하더라도 한계에 직면할 것이라 예견했다. 베버는 심지어 중국의 언어 체계가 합리적 추정의 사고를 저해하며, 그로 인해 (서구와 같은) 발전을 달성할 수 없으리라고 보았다. 오늘날 중국과 동아시아의 발전을 보고 이들이 무어라 이야기할지 궁금하다. 서구 지식인들의 '인종적 편견'에 가까운 이러한 편향은, 결국 현실을 설명하지 못하는 이론의 실패로 귀결되었다. 그들은 '먼저 발전한 서구'와 '늦게 발전한 동양'을 동일 시점에서 비교하며, 자신들의 문화적 특성(예를 들면 프로테스탄티즘의 예정설, Weber 1992(1930))을 동서양 차이의 원인이라고 결론 내리면서 동양은 영원히 그러한 특성을 가질 수 없을 것이라 단정했다.

나는 이러한 동아시아를 설명하는 주요 서구 이론들의 전제가 틀렸거나 설득력이 없다고 보았다. 내가 전개한 '쌀 이론'은 동아시아의 문화적 특성이 벼농사 체제에서 형성된 것이고, 그 요체는 '협력과 경쟁의 무한 반복' 및 '표준화' 시스템이라고 주장했다. 이 시스템은 동아시아의 성공을 설명하는 이론 틀에서 빠져서는 안 되는 핵심 요소다. BTS가 세계적 성공을 거둔 요인은 여러 가지겠지만, 빠뜨려서는 안 되는 요소는 '흠잡을 데 없이 조율된 군무群舞의 미학'이다. 한 명이나 두 명이 아니라 떼를 지어 선보이는 완벽하게 표준화된 춤과, 시대를 정확하게 표현하는 가사와 리듬의 결합이 이들을 누구도 따라 할 수 없는 독보적인 성공 사례로 등극시켰다. 현대자동차 공장에 가보라. 작업 목표와 동선은 엔지니어들에 의해 완벽하게 모듈화된 '공정 시스템'(조형제 2016)을 통해 재고를 줄이고, 헛되이 소비되는 재료와 시간을 줄이며, 암묵지와 행동은 표준화되어 불량이 나오지 않도록 설계되어 있다. 이것이 현대자동차와 삼성전자가 세계시장에서 경쟁력을 확보한 근간이다. BTS와 현대 차, 삼성 휴대전화는 닮은꼴의 성공 사례인 것이다.

동아시아의 성공을 설명하는 데 실패한 이론만 있는 것은 아니다. 박정희와 같은 뛰어난 지도자가 이끈 개발국가의 산업정책과 금융정책이 동아시아의 성공을 가능하게 했다는 주장(개발국가론 혹은 발전국가론이라 불리는)이 오늘날 우리가 받아들이는 대표적인 성공 이론이다. 바로 다수의 동아시아인들이 지닌 협업과 조율 능력의 기능과 구조의 패턴을 포착하는 것이 아니라, 그 주창자와 설계자—박정희(정주영)—에게 공을 돌리는 설명 방식이다.

혹은 동아시아의 깊은 문화적 구조인 유교의 교육열이 성공을 이끌었다는 주장도 꽤 오랫동안 학계와 언론에서 유통되었다. 나는 이 이론들을 부정하지는 않지만(이것들 또한 벼농사 체제의 일부라는 측면에서), 모든 것의 저변에 (유교에서 비롯된) 교육열이 있다는 또 다른 버전의 엘리트 이론에도 동의하지 않는다. 성공이라는 결과를 보고, 성공한 사회에서 동일하게 관찰되는 '강한 국가'(와 그 지도자)를 그 자리에 설명의 틀로 붙이는, 결과론일 가능성이 크기 때문이다. 유교자본주의론도 마찬가지다. 교육을 중요시하는 유교가 인적 자본을 축적시켜 자본주의의 발전을 이뤄냈다는 설명은, 과거 시험에 목숨 거는 동아시아인들의 문화적 특징을 부각해 오늘날 그들이 성취한 모든 것을 설명하려는 '교육열' 근본주의다. 나는 이 기존의 두 이론이 틀렸다고 보진 않지만, 그렇다고 정확하게 타깃을 포착했다고 여기지도 않는다.

나는 벼농사를 중심으로 기후(재난)-지형-곡물과 상호작용해온 동아시아 농민들의 '사회적 협업 시스템'을 동아시아 발전의 중심에 놓았다. 강하고 효율적인 국가와 씨족 및 마을 공동체의 관계의 윤리인 유교는 벼농사 체제의 부산물 내지는 문화적 부품일 뿐이다. 내가 발전국가론과 유교자본주의론을 부정하지는 않으면서 그에 고개를 끄덕이지도 않는 이유다. 벼농사 체제를 구성하는 다양한 요소 중에서 빠져서는 안 되는 핵심은, 논바닥과 툇마루에서 만들어진 농군들과 아낙들의 협력과 경쟁, 그리고 기술 튜닝 시스템인 것이다. 그렇다면 우리는 아주 오래전부터 자본주의 체제를 예비하고 있었던 것이 된다. 동아시아 자본주의는 논바닥과 툇마루에 '배태' 혹은 '장착embedded'(Granovetter 1985)되어 있었다. 아마 자본주의와는 완전히 다른 체제가 도래하더라도, 동아시아 벼농사 체제의 농부들은 금세 적응할 것이다.

발전의 경로는 한 가지만 있는 것이 아니다. 서구의 지식인들과 학계는 자신들의 경험만을 하나의 경로로 특화시켜 신격화했고, 수많은 동아시아의 지식인들도 그 신화에 열렬히 동참했다. 나는 '발전국가'와 그 '지도자'의 신화 밑에 깔려 있는, 먹거리를 생산하는 데 바쳐진 선조들의 '노동조직의 패턴과 구조'에 천착했다. 나는 노동의 하부구조로부터 추출해낸 이 '협업과 조율의 기술'을 동아시아가 세계시장에서 살아남는 데 결정적인 역할을 한, 동아시아 특유의 마을 단위 '협업-관계 자본collaboration-oriented relational capital'*이라 명명한다. 동아시아의 빠른 경제성장

---

* 서구의 사회적 자본의 목적이 '연대'와 '신뢰' 관계를 통한 개인들 간 거래 비용의 감소와 공공성publicity의 증진이라면, 동아시아 마을 단위 노동-협업-관계 자본의 목적은 기술 튜닝(표준화와 평준화)을 통한 집단 내 노동 교환의 촉진과 생산성의 제고다. 전자는 이탈이 자유로운high relational mobility 잠정적 연

은 논바닥의 노동 과정에 배태되어 있었던 것이다.

대지만, 후자는 이탈이 거의 불가능한low relational mobility, 친족이나 향우회의 구성원과 같은 생득적 속성ascriptive characteristics에서 비롯된다. 전자에 비해 후자의 경우, 참여자 간의 관계의 밀도가 높고 끈끈하다는 차이가 있다. 다만, 논자에 따라서는 서구의 사회적 자본 또한 동아시아의 관계 자본과 같은 속성을 가질 수 있다고 본다. 사회적 자본에 대한 논의는 3장의 171쪽 각주 참조.

3장

코로나 팬데믹과
벼농사 체제

팬데믹의 시대다. 코로나 팬데믹으로 이 장의 운을 떼는 이유는 '우리는 누구인가'라는 질문에 답하기 위해, 그 답을 찾기 위한 여정에 이보다 더 좋은 앵글은 없기 때문이다.

2020년 전 세계를 공포의 도가니로 몰아넣은 코로나19 바이러스 팬데믹은 한국을 비롯한 동아시아 국가들을 하루아침에 글로벌 모범국가로 등극시켰다. 북미와 유럽의 선진자본주의−민주주의 국가들이 예외 없이 확산 초기 코로나 바이러스를 억제하는 데 실패한 반면, 최초 바이러스 발생국이었던 중국을 비롯한 동아시아 국가들은 바이러스를 초기부터(대만, 베트남, 싱가포르, 라오스, 캄보디아, 미얀마, 태국), 혹은 확산 이후에도(한국, 중국) 비교적 발 빠르게 억제하는 데 성공했다. 특히 코로나 사태 초·중기 한국의 촘촘한 방역 시스템과 시민들의 자발적인 사회적 거리두기 동참은 다른 나라의 부러움을 샀다.

동아시아 국가들은 어떻게 이 위기를 (상대적으로) 잘 통제하고(아직 극복이라 말하기는 이르므로) 있는 것일까? 이 질문을 정치적으로 해석하면, 동아시아 국가는 한 사회의 '집권 정치 세력'으로 축소된다. 위기를 잘 수습하고 통제할 경우 집권 정치 세력의 유능함 덕이요, 위기 수습에 실패하면 그 책임도 그들의 무능함 탓이다. 그런데 동아시아 국가들 모두가, 대부분이 이 위기를 잘 통제하고 있다면, 그것은 특정 리더십의 문제가 아니다. 누가 리더십의 자리에 가 있건 동아시아 국가들의 위기 수습 능력에 큰 차이가 없다면, 특정 정치 세력 혹은 리더십이 작동할 수 있게 해준 '동아시아적 특징'이 무엇인지를 밝혀야 한다. 왜, 어떻게 동아시아인들은 혼연일체가 되어 재난 사태를 성공적으로 수습하는가? 그들은 서구인들과 어떻게 다른가? 서구의 시민 의식은 어디로 갔고(사라졌고), 동아시아의 시민 의식은 어디서 (갑자기) 왔는가? 이 '시민 의식'(의 정의와 내용)은 같은 것인가?

코로나 팬데믹은, 국가란 무엇이며 왜 우리(사회)가 국가를 필요로 하는지를 돌이켜보도록 만든다. 나는 지금까지 동아시아 국가는 (전쟁을 논외로 한다면) 재난 대비와 구휼을 위해 만들어졌다고 주장했다. 코로나 팬데믹은, 사회란 무엇이며 왜 우리(개인)가 사회를 필요로 하는지를 다시금 생각하도록 만든다. 나는 동아시아 사회는 생산(벼농사)과 결부된 공동노동의 필요를 충족시키고자 마을의 씨족 공동체가 협력하여 직조한 상호부조의 네트워크라고 주장했다.

신뢰와 자발적 결사체로 측정되는 서구의 사회적 자본론으로 벼농사 체제의 특성을 설명하려는 시도는 나무 위에서 물고기를 찾는 행위와 다르지 않다. 동아시아는 애초에 그러한 (개인의 연대체인) '조합 혹은 결사체association로서의' 사회적 자본이 출현한 사회도, 그러한 사회적 자본을 통해 국가와의 관계가 형성된 사회도 아니다. 존재하지 않던 민주적 시민성과 개인성이 코로나 팬데믹을 맞아 갑자기 작동할 리도 없다. 독립된 개인들의 신뢰를 동반한 연대체로서의 시민사회, 각종 믿음 혹은 이해 공동체로서의 중간 집단들에 의해 통제되는 자발적 시민사회의 전통이 동아시아에 갑자기 들어설 리는 없는 것이다. 바로, 벼농사 체제에서 작동해온 마을 씨족 공동체의 원리를 이해해야 이 퍼즐이 풀린다.

나는 지금껏 벼농사 체제의 국가는 예측할 수 없는 재난에 시달려온 벼농사 마을들의 재난 대비 및 구휼 시스템에서 기원함을 주장했다. 코로나 팬데믹에서 '갑자기 작동하는 것처럼 보이는' 공동체의 조율 시스템은, 오래전부터 형성되어온 우리의 문화적 디엔에이다. 우리는 그렇게 서로의 삶을 간섭하고 책임지도록 오랫동안 훈련받은 종족이다. 우리에게 전수되어온 시스템의 본질은, 그 시스템의 깊은 작동 원리는 무엇인가? 그것은 서구 공동체 조직의 원리와 어떻게 다른가? 이 조율 시스템은 재난의 시기에 어떻게 다르게 작동하는가? 이제 이 질문들에 답해보자.

동아시아인들의 문화적 디엔에이
─사회적 조율 시스템

　　동아시아의 시민들은 왜 국가의 재난 방비 활동에 적극적으로 호응하는가? 이 질문에 대한 손쉬운 대답은 그들이 국가의 통제와 강압적 조치에 '순응적'이기 때문이라고, 동아시아 사회 특유의 권위주의, 국가주의, 집단주의 때문이라고 결론 내리는 것이다. 그런데 이 답은 설명이 아니다. 왜 '호응할까'라고 물었는데 '순응적이기 때문이다'라고 답한다면, '원래 호응을 잘한다'라고 대답한 것과 같다. 다른 단어나 표현을 썼을 뿐, '원래 국가의 요구에 복종을 잘하는 종족이잖아'라는 답은, 왜 그렇게 행동하는지에 대한 동기를 밝혀주지 않는다.

　　코로나 팬데믹이 우리에게 가르쳐주는 것은, 동아시아 벼농사 체제와 함께 공진화한 시민사회의 잠재력이다. 그 잠재력은, 바로 동아시아 사회에 깊이 뿌리박혀 있는 '협업과 조율'의 문화적 디엔에이다. 동아시아는 '협업의 기술'과 '사회적 조율'을 극도로 발달시킨 사회다. 국가가 이 과정에 개입하기도 하지만, 많은 경우 (한국의 이앙법 도입 과정에서 드러나듯이) 사회가 스스로 발전시킨 '동아시아적 협업–관계 자본'*이다. 서구의 사회적 자

＊　관계 자본을 개인 차원의 전략적 "사회적 관계 맺음"의 기술로 이해하여, 이

본*이 교회나 동업 조합과 같은 가족 너머의 '결사체'를 매개로
한 개인 간의 연대체로 발전했다면, 동아시아의 협업–관계 자본
은 직계가족과 씨족 그리고 이들 간의 협업과 조율 시스템을 근
간으로 한다. 결사체 없는 사회적 자본, 즉 씨족들 간의 협업과
조율 시스템이 동아시아 사회의 개인들을 연결하는 '문화적 시멘
트'인 것이다.

개인을 넘어선 사회가 아니라는 점에서 사회적 자본보다
'친족, 친구, 동료 간 조율 시스템'이 더 적합한 개념일 수도 있
다. 이 개념은 서구의 '사회적 자본'보다 중국의 '관시guanxi'(Lin
2001)에 보다 가깝다. 어쩌면 동아시아 사회에는 '개인'이 없는지

를 통해 '다른 이의 노동과 자원을 동원할 수 있는 역량'으로 해석하는 입장은 이
재혁(2011)을 참조하라.

* 사회적 자본(Bourdieu 1984[1971]; Putnam 1993)은 두 가지 차원으로 정의
된다. 하나는 사회적 연결망으로, 독립된 개인들이 정보와 자원 동원을 위해 의
지하고 이용할 수 있는 외부의 지인, 친구, 동료, 각종 결사체와 종교 단체 및 문
화 클럽 소속 멤버십 등을 포괄한다. 다른 차원은 이러한 타인들과의 연결망에
서 싹트는 '신뢰'를 사회적 자본으로 보기도 한다(Coleman 1990; Fukuyama 1995;
Putnam 2000). 신뢰는 내가 이용당하여 손해를 볼 수도 있지만, 상호 이익을 위
해 나의 자원을 상대방의 '비행' 가능성에 노출시키는 거래 관계에서의 '믿음'이
다(Tilly 2005). 각종 복잡한 계약과 보험을 생략하고 신용거래를 하는 상인들 사
이에 이러한 신뢰가 존재한다고 볼 수 있다. 신뢰가 높을 경우, 거래 비용을 낮
춰줘 거래를 촉진시키고 사회 전체의 생산성이 증대된다(Knack & Keefer 1997).
(나는 두레와 품앗이를 퍼트넘이 정의한 사회적 자본과 같은 것이라 보지 않지만) 이
사회적 자본론으로 한국의 두레와 품앗이 공동체 문화를 분석한 역작으로는 최
우영의 논문(2006)을 보라.

도 모른다. 개인들이 속해 있는 '관계망' 혹은 '관계의 구조'가 중요하고, 개인들은 그 구조 속에서 주어진 역할을 수행하는 대행자들일 뿐인지도 모른다. 협업과 조율의 네트워크가 본질이지, (사회적 자본의) '개인 간의 이익 공유 연대'가 본질이 아닌 것이다. 서구의 개인 간 연대에는 '이탈의 여지'가 존재하지만, 동아시아의 협업과 조율에는 그러한 여지가 거의 없다. 개인별로 크기와 종류가 다를 수는 있지만, 일단 동아시아 사회의 네트워크에 발을 들여놓는 순간, 아니 네트워크에 떨궈진 순간 그 일원으로 등록된다. 탈퇴할 수 있는 여지는 거의 없다. 가족과 씨족 공동체가 네트워크의 근간인데, 가족과 친족에서 어찌 탈퇴하겠는가.

나는 이 책에서 동아시아의 협업-관계 자본은 끊임없이 몰아치는 홍수와 가뭄, 기아와 역병을 극복하며 사회가 스스로 만들어온 재난 방비 시스템의 근원이라고 주장한다. 이 재난 방비와 극복 과정에서 국가가 제 역할을 하면 그 국가는 정당성을 획득하지만, 그렇지 못할 때 사회는 그 국가를 내친다. 세월호와 메르스 사태의 박근혜 정부가 경제가 그럭저럭 관리되었음에도 불구하고 국민으로부터 버림받았던 것이 한 예다. 그만큼, 재난 상황에서 국가의 대처 능력은 동아시아 시민사회가 자신들의 리더를 평가할 때 가장 중요시하는 요소다. 시민사회의 분노의 파고는 재난 상황을 통제하지 못하는 국가의 경우 배를 쉽게 뒤집어버리기도 하지만, 그것을 잘 통제하는 국가에는 순풍을 타고 앞으로 나아갈 수 있도록 전권을 주기도 하는 것이다.

쌀, 재난, 국가

동아시아 사회의 '사회적 조율'은 벼농사 체제에서 유래하는 '서로에 대한 간섭과 규율'을 통해 서로의 기술력, 즉 생산성을 '평준화'하고 서로의 농법을 '표준화'하는 시스템이다. 앞서 이야기했듯이, 내 논에 손발을 담그고 내 모를 심는 이웃의 모심기 기술과 방법이 서로 다르면 내 농사를 결국 망치게 되므로, 내 이웃의 모심기 기술 수준과 방법은 내 것과 얼추 비슷해야 한다. 나아가 이웃의 입장에서도 내 아들딸의 모심기 기술과 방법이 그들의 것과 동일하지 않으면, 내 자식들은 이웃의 농사를 망치는 주범으로 전락한다. 따라서 내 자식들에게 제대로 농사일을 가르쳐야 하는 훈육의 주체는 바로 나다. 부모가 자식들의 기술 습득을 관리·감독하고 이웃 간에, 비슷한 연배의 공동노동 구성원들 간에 기술의 평준화와 표준화를 서로 '조율'하는 수직(부모와 자식 간)-수평(또래 세대 간) 훈육 및 조율 시스템이 결합된 형태가 동아시아 '사회적 조율'의 기본 틀이다. 삼강오륜에 이 요소들이 녹아들어 있음은 두말할 나위가 없다. 전작 『불평등의 세대』에서 이야기했듯이, 유교는 이 '사회적 협력 및 지식 전수 시스템'의 윤리적 구성물이었을 따름이다.

결국 동아시아인들이 발전시킨 '(시민)사회'를 구성하는 주요 축은 서로 간섭하고 싫은 소리를 해야 서로가 사는, 협업과 조율 시스템이다. 우리는, 동아시아인은 오랜 세월 동안 이 협업 시스템을 발전시켜왔고, 근대화 과정에서 이 시스템을 공장으로, 사무실로 이식시켰다. 부장님이 사사건건 일과 삶에 간섭하는 것에 숨이 막히는가. 집 안에서뿐 아니라 직장에서도 '간섭 권력'이 작동하는 곳이 동아시아 사회다. 추석에 집안 어른들로부터 듣는 싫은 소리에 넌덜머리가 나는가. 추석이란 무엇이냐고? 바로 씨족사회의 간섭 권력의 위계가 당신의 일상을 적나라하게 집안 전체에 드러내고 평가하는 자리다. 동아시아는 개인주의자가 남 신경 안 쓰고 하고 싶은 일 하며 자유롭게 살기에 이상적인 곳이 아니다. 서로가 촘촘하게 엮여 타인의 생각과 행동을 지켜보고 감시하며 베끼고 잔소리하고 보폭을 맞춰가면서 서로 엇비슷해져가는 사회인 것이다.

그런데 이 긴밀하게 조직된 사회적 조율 시스템은 평시 못지않게 전시, 즉 전쟁과 재난 상황에서 그 힘을 발휘한다. 이미 사회적 조율 시스템이 깔려 있는 상황에서, 재난이 닥치면 이 시스템이 신속하게 작동된다. 마을 단위에서 해결이 안 되는 대규모 재난은 당연히 국가가 나서야 한다. 동아시아의 국가는 재난 시 사회를 구제하기 위한 '상해보험 시스템'이기 때문이다. 하지만 동아시아의 사회는 국가가 와서 구해주기를 마냥 기다리는 수동적 사회가 아니다. 이 사회는 국가에 '호응'한다. 이미 마을 단위에서 조율 시스템을 완비하고 있기 때문에, 국가가 재난에 따른 적절한 조치를 취하면 국가를 중심으로 전국의 수많은 마을과 그 마을의 수장들이 재난 극복 시스템을 작동시킨다.

"어떻게 자가 격리 대상자들이 확진 판정이 뜨지 않았는

쌀, 재난, 국가

데 남에게 피해를 주지 않도록 집에 있는 것이 가능한가."*

이 질문에 대한 대답은 동아시아인의 마음속에서 작동하고 있는, '타인의 간섭과 비난'을 사전에 우려하는 '자가 감시' 메커니즘의 존재다. 타인의 비난에 대한 이러한 우려를 '평판의 비용 reputation costs'이라 개념화할 수도 있겠다. 서구의 자가 격리 대상자들은 〔예방 위주 활동을 통해 줄어들 수 있는 감염(확진자 판정) 확률(△)〕에 〔확진자로 판정되어 (죽음을 포함한) 중증의 고통을 겪을 순대가(C-B)〕를 곱한 값(좌변)과, 〔예방 위주 활동을 하지 않고도 감염되지 않을 확률(1-P$_c$)〕에 〔보통의 일상을 영위하며 얻는 효용〕을 곱한 값(우변)을 서로 비교한다.

〔△(예방 위주 활동을 함으로써 줄어들 감염 확률)〕×
〔Cost(감염 후 치를 중증의 고통과 죽음을 포함한 대가) −
Benefit(보통의 일상을 영위하며 얻는 효용)〕〈
〔(1-P$_c$)(예방 위주 활동을 하지 않고도 감염되지 않을 확률)×
Benefit(보통의 일상을 영위하며 얻는 효용)〕

통상적으로 감염병에 걸릴 확률은 극히 적으므로, 이 식 좌

---

* 「프랑스 등 세계 각국, 한국 정부에 문 똑똑 "시민들이 방역에 협조하는 비결이 뭐야?"」, 『경향신문』 2020년 4월 10일자.

변의 값은 우변에 비해 극히 작고 우변의 값이 훨씬 클 것이다. 확진자가 아닐 확률($1-P_c$)이 압도적으로 크기 때문이다. 확진자로 판정되더라도 중증이나 사망으로 이어질 확률이 적음을 고려하면, 좌변의 값은 더욱 작아진다. 따라서 의료 체계의 붕괴 등을 이유로 좌변의 확률이 극적으로 커지지 않는 한, 서구의 개인주의자가 우변의 높은(확진되지 않을) 확률과 일상을 영위하며 얻는 효용을 무시하기란 쉽지 않다. 더구나 젊은이들은 확진자로 판정될 확률과 그로 인해 죽을 확률 모두 극도로 낮다. 서구의 개인주의 문화권에서 자란 청년들이 1년에 한두 번 볼까 말까 한, 요양원에 계신 (이탈리아는 삼대가 한집에 있지만) 할머니의 감염 가능성을 고려할 가능성은 대단히 낮을 수밖에 없다. 서유럽과 영미권에서 코로나 바이러스가 국가의 통제를 무시하고 광범위하게 퍼지며 노인층에 치명상을 입히고 있는 메커니즘이다.

그런데 동아시아 시민들의 사고에는 이 개인주의자들의 공식에는 존재하지 않는 항목이 하나 더 추가된다. 바로 다른 사회 구성원들의 집중적인 비난의 화살이 자기 체면을 구기는 상황에 대한 '합리적 두려움rational fear'이다. 동아시아인들은 자신이 확진자로 판정될 경우, 공동체의 다른 구성원들에게 끼칠 해악과 그로 인해 발생하는 평판 저하를 모두 고려한다(제주도에서 증세를 숨기고 여행하다 확진 판정을 받고 국민적 비난에 노출되었던 강남 모녀가 좋은 예다). 앞의 부등식의 좌변 Cost(C) 항목에 중증 코로나로 인한 고통이나 죽음의 비용뿐 아니라 공동체와의 관계로부

쌀, 재난, 국가

터 발생하는 항목이 추가되는 것이다. 더구나 공동체 네트워크에 깊숙이 속한 사람일수록 이 '타인의 평가로부터 발생하는 비용'이 훨씬 더 커진다고 볼 때, C의 값이 B의 값보다 큰 정도가 개인주의 문화권과는 전혀 다를 수 있고 좌변이 우변보다 더 커지는 상황이 발생한다. 동아시아인들은 '자가 격리를 어긴 (비)확진자'라는 낙인이 찍힌 채로 여생을 보내는 것을 원치 않는다.

어쩌면 나의 일탈 행위 때문에 발생할지 모를 바이러스의 확산 못지않게, 그로 인해 쏟아지는 비난의 화살과 체면의 손상이 더 걱정되는 것이다. 바로 '사회적 조율 시스템'에 조응하지 않아서 (마을) 공동체로부터 추방당할지도 모른다는 두려움이 확진 판정 없이도 이들을 집에 머물도록 이끄는, 궁극적인 행위의 동기다. 따라서 절대다수가 마스크를 쓰고, 대다수가 자가 격리의 원칙을 지키는 상황은 놀라운 일이 아니다. (하지만 다수가 마스크를 쓰지 않으면 자신도 따라서 쓰지 않는, 방역을 저해하는 '역진적인 사회적 조율'도 일어날 수 있다.)

이 사회적 조율 시스템은 어디서 유래한 것인가? 이러한 평판 저하를 고려하는 '남 눈치 보기의 문화'는 어디서 왔을까? 국가가 가르쳐준 것인가? 관료가 디자인한 것인가? 목화씨를 숨겨 가져오듯 다른 나라에서 배워온 것인가? 아니다. 나는 이 '사회적 조율의 기예art of social tuning'가 수천, 적어도 수백 년 동안 마을 단위로 경영해온 공동노동 시스템에서 유래한 것이라고 주장한다. 이제껏 이야기했던 '벼농사 체제'로부터 말이다.

동아시아 농촌의 성공 함수
─협업-관계 자본

　　동아시아인들은 (소수의 지주층을 제외하면) 동아시아 소농들(미야지마 2013)의 후손이다. 동아시아 소농들의 삶의 목표는 무엇이었을까? 그것은 자신의 논에 가능한 한 많은 노동력을 투여해 가을에 최대의 수확량을 거두는 것이었다. 여기까지는 다른 모든 문화권의 농업 종사자들과 다르지 않다.

　　그런데 벼농사 체제의 수확량 경쟁은 동료와 친구, 친척의 연봉을 확인하고 자신의 것이 얼마나 처지는지, 앞서는지를 비교하고 질시하는 문화를 만들어낸다. 똑같이 시작했는데 왜 자신은 뒤처지는지를 한탄하고, 남보다 앞서는 데서 행복감을 찾는다. 내가 흘린 땀에 비례하는 수확을 올렸는지가 중요한 게 아니라, 남이 올린 수확량에 비해 내가 더 많이 거뒀는지에 따라 성취감이 결정되는 것이다. 나의 정체성의 근간은 (베버가 『프로테스탄트 윤리와 자본주의 정신』에서 이야기한) 신과의 계약 이행이 아니라 타인과의 비교에 있다. 공동생산 시스템이 만들어낸 희극이자 비극이다.

　　밀 경작 시스템에서 수확량은 개인과 자연의 상호작용이 빚어낸 결과이기에 자연(신)과의 계약 이행으로 볼 수 있다. 내(개인)가 X_i만큼의 노동력을 투여하면, 자연(기후와 토지)은 나에게 $Y_i = a + b_k X_{k,i}$ 만큼의 보상을 가져다준다(i는 서로 다른 개인, k는 특정 변수). a는 씨만 뿌리고 아무런 노동력도 투여하지 않은, 자연 상태에서 얻는 수확량이다. b_k(기후와 토질을 공유하는 특정 마을/지역의 보상계수)가 특정 지역에서 개인 간에 동일하다면, 노동 투여량 X_i에 따른 산출량 Y_i는 나와 신과의 단독적 계약(리턴계수)의 결과이므로 Y_i의 크기를 다른 사람과 비교하지 않는다(다른 이의 X_i의 크기에 대한 정보가 부재하니 비교할 도리도 없다). 우연히 시내 상점에서 마주친 토머스네 밀 수확량이 나보다 더 많다는 걸 알게 되어도 비 오기 전에 씨를 미리 뿌려놓은 덕분이겠지, 경작 면적이 나보다 더 크겠지 하고 넘어간다. 자주 보는 사이도 아니고 함께 일하는 사이도 아닌데, 곱씹을 일이 아니다.

하지만 쌀 경작 시스템에서 수확량은 밀의 공식처럼 단순하지 않다. 여기서 수확량(Y_i)은 나의 노동의 양과 질($X_{1,i}$)뿐만 아니라, 마을 전체 협업 네트워크의 나의 논에 대한 노동 투여량($X_{2,i}$)에 의해 결정된다. 물론, 이 협업 네트워크가 반드시 기대만큼 내 논에 노력을 투여하는 것은 아니다. 그것은, 협업 네트워크에 대한 나의 '기여도'에 의해 또다시 결정된다.

$$Y_i = a + b_1 X_{1,i} + b_2 X_{2,i} \qquad\qquad (1)$$
$$X_{2,i} = c + b_3 Z_{3,i} + b_4 Z_{4,i} + b_5 Z_3' Z_4 \qquad\qquad (2)$$

다시 말해서, 마을의 협업 네트워크가 내 논에 투여하는 노동의 양과 질(X_2)에 영향을 미치는 요인*은 두번째 식에서 보듯 크게 두 가지다. 하나는 내 네트워크의 크기 혹은 내가 다른 가구의 논일에 참여한 협업의 횟수 혹은 양(Z_3)이다. 다른 하나는 그 협업 네트워크에서 평가하는 '나의 됨됨이'에 대한 평판(Z_4)이다. 그런데 이 두 요소는 독립적으로 작용하는 것이 아니다. 마을의 다른 구성원들이 내 논에 와서 얼마만큼 정성을 들여 일을 해주는지는 내 평판에 달려 있다. 따라서 Z_3과 Z_4는 상호 연동되어 있다. 두번째 식의 네번째 항(Z_3Z_4)은 이러한 두 요소의 연동성을 포착한다.

결국 동아시아 벼농사 체제의 수확량은 내 노력뿐 아니라, 내 기여도(횟수와 평판)에 의해서도 결정된다. 개인주의 사회에 비해 집단주의 사회의 생산 시스템은 고려할 변수가 훨씬 더 많은 것이다. 집단주의 사회가 더 단순할 줄 알았다면 오산이다. 집단주의 사회는 개인주의 사회에서보다 수확량을 늘리기 위해 신경 써야 하는 변수가 훨씬 많다. 집단주의 사회 속 개인의 머릿속이 훨씬 더 복잡한 것이다. 집단주의 사회의 개인은 '눈치'와

---

* C는 마을 공동체 협업 네트워크에 아무런 참여를 하지 않아도 마을 공동체가 나를 위해 공동노동을 제공함으로써 내가 얻는 이익이다. 동아시아 마을 공동체는 독거노인이나 과부를 위해 모내기나 김매기 노동을 제공하기도 했다. 또한 길 내기나 천방 및 제언의 보수와 같은 마을의 공공사업 또한 내가 참여하지 않아도 그 혜택은 나에게 (수확량의 형태로) 돌아온다.

'염치'를 알고 이를 헤아려야 하는 개인이기 때문이다.* 더구나 당신이 속한 모임과 네트워크의 수가 많을수록, 이러한 변수는 기하급수적으로 늘어난다.

'평판도'에 대한 동아시아인들의 집착은 산업사회의 각종 관료제 조직에서도 그대로 작동된다. 동아시아에서 부지런히 '네트워크'를 잘 챙기는 사람—마당발이라 불리는—이 성공하는 배경에는, 이러한 집단주의적 협력 문화에 바탕을 둔 '협업 시스템'의 원리와 윤리가 작동하고 있기 때문이다. 이러한 문화는 농사일을 함께하지 않는 오늘날에도 확인할 수 있다. 경조사를 빠뜨리지 않고 열심히 챙기는 한국 중·장년들의 문화에는 바로 이 협업 시스템의 윤리가 짙게 배어 있는 것이다. 나의 경조사 명부에 기록된 사람 수가, 내가 어떻게 살아왔는지에 대한 지표다. 자식의 결혼식장에서 미어터지는 하객과 화환의 수가 자신의 성공과 행복의 양과 질을 결정짓는다(드라마 「나의 아저씨」에서 조문객과 조화로 가득 찬 장례식장에 감격하는 장남 '상훈'(박호산 분)

---

* 성태규(1998)는 마을 구술사 연구를 통해 마을의 품앗이 네트워크에서 '성실하고 믿을 만하다는 평판'이 얼마나 중요한지를 보여준다. "일에 대하여 성실성이 결여되면…… 결국에는 마을 사람 모두에게 소문이 퍼져…… 평판이 나빠지게" 되고, 결국에는 "품앗이를 같이할 사람들이 나타나지 않게 된다." "일을 자기 일처럼 열심히 해주는 사람을 서로 품앗이 상대로 하려고 한다."(286쪽) 결국, 동아시아 집단주의 사회의 구성원은 마을 내 공동노동 네트워크에 투여하는 나의 노동의 질과 그에 대한 평판을 높여야 자신의 복지(생산량) 또한 증대시킬 수 있는 것이다.

을 떠올리면 된다). 벼농사를 짓는 마을에서는, 혼자서 쟁기질 열심히 하는 것만으로 수확량(Y_i)과 행복의 양을 극대화할 수 없는 것이다.

결국 밀 문화권에 비해 쌀 문화권인 동아시아 농촌사회에서 한 개인의 수확량(성공)을 결정하는 요인은, 나의 노력뿐 아니라 공동체의 협업 네트워크의 노력과 네트워크 내부에서의 나의 역할과 평판이라는 요소가 결정적인 역할을 한다. 나와 내 식솔만 챙기면 되는 게 아니라, 내 논물에 손발을 담그는 다른 모든 마을 사람들과의 관계가 중요한 것이다. 오늘날 기업의 팀 조직이 돌아가는 원리 또한 마찬가지다. 나의 성과뿐 아니라 팀 전체를 위해 내가 얼마나 봉사했는지가 내 업무 성과의 총량 지표다. 동아시아의 생산조직에서는 '인성'이 중요한 것이다. 이 '인성'이라는 단어 하나에 오랜 시간 관계 자본에 투여한 나의 '정성'이 계량화되어 있다. 인성 평가에서 낮은 점수를 받지 않으려면, '눈치'를 보지 않을 수 없다. 눈치 없는 자는 제 일만 떡하니 해치우고는 "수고들 하십시오~" 하며 책상 정리하고 나가버리는 자다. 눈치를 볼 줄 아는 자는 제 일을 빨리 해치운 후 주위를 둘러보고, 아직 일을 마치지 못한 이를 돕고, 사무실 정리까지 알아서 하는 자다.

전근대 사회 시골 아낙들 간의 품앗이인 길쌈 두레에도 이런 문화는 작동했다(2장 143쪽 각주의 길쌈 두레 원칙 다섯째, '못돼먹지 않고 성실해야 한다＝먼저 일 끝내고 휙 나가버리지 말아야 한다'가 이에 해당한다). 그것도 사장님이나 부장님이 오더를 내리기 전에 알아서. 산업화 세대인 사장님과 민주화 세대인 부장님이 누구를 더 좋아하겠는가? 따라서 동아시아인들의 '눈치 보기'는 독립된 개인들 간의 단순한 신호체계가 아니다. 수천 년 동안 진화해온 벼농사 체제에서, 다양한 씨족들이 서로 엮여 있는 마을 공동체 내부에서 생존을 위한 필수조건이었다.

눈치 빠른 독자는, 이 동아시아 농촌 공동체의 눈치 보기가 오늘날에도 여전히 남아 있음을 깨달을 것이다. 벼농사 체제는 과거의 유산일 뿐 아니라, 우리의 현재를 구성하는 촘촘한 그물망이다. 오늘날 기업 현장에서 흔히 일어나는 세대 갈등의 본질은 바로 이 벼농사 체제에서 비롯된 집단주의 문화를 몸에 새긴 세대와, 세계화에 따른 개인주의 문화의 확산으로 이 집단주의가 어느 정도 탈색된 (청년) 세대 간의 서로의 '기대'가 다른 데서 발생한다. 수확량을 결정짓는 인풋의 공식이 애초부터 머릿속에 다르게 입력되어 있는 것이다. 산업화와 민주화 세대의 공식에는 앞의 두번째 수식 (2)가 오래전부터 작동해오고 있지만, 청년 세대는 (2)가 애초부터 입력되어 있지 않거나 입력을 거부한다.

코로나 팬데믹의 국가별 양상

그렇다면, 이 벼농사 문화권의 조율 시스템이 코로나와 같은 재난에 맞서 공동체를 더 잘 보호한다는 증거가 있는가? 이 벼농사 체제 가설을 테스트하기 전에 먼저 코로나 팬데믹의 기본 구조를 들여다보자. 그렇지 않을 경우, 벼농사 체제의 역할을 과대평가할 수 있다. 먼저 코로나 사태 초기(2020년 1월 3일부터 6월 6일) 데이터를 통해 이에 잘 대비한 나라와 그러지 못한 나라를 구분해본다.

<그림3-1>은 코로나 팬데믹으로 인한 인구(100만 명) 대비 누적 사망자 수가 어느 나라에서 가장 많은지를 보여준다. 우측 상단에 영국, 이탈리아, 스페인, 프랑스, 벨기에 등 부유한 서구 유럽 국가들이 위치해 있다. 이들은 공통적으로 인구 대비 65세 이상 노인 인구가 많은 나라들이다(상관계수값 = 0.59). 코로나에 가장 취약한 집단이 노인층이니 당연한 결과다.* 다만, 노인 인구가 많은 나라의 경우 의료 체계가 잘 발달되어 있고 교육 수준이 높아 국민들의 건강 관련 지식수준이 높은 '부유한 선진국'들이기도 하다. 그런데 얼핏 이 관계에 모순이 발견된다. 의료 체

---

* 이하 모든 그림의 두 변수의 관계는 1인당 국민소득, 인구 규모, GDP 대비 해외 투자 규모, GDP 대비 무역 규모, 민주주의, 복지국가 규모 등의 변수를 통제한 후에도 통계적으로 유의미함을 밝혀둔다(p-value<0.01).

인구 100만 명당 사망자 수(자연로그값)

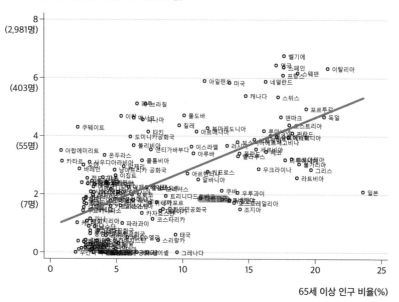

한국은 65세 이상 인구 비율 11.4%(10년 평균치 2009~2018),
사망자 수 1.9(자연로그값)로 회귀선 중간 아래에 위치.
붉은 선은 회귀분석에 의한 추정선, 상관계수=0.59.

자료: 코로나 확진자 및 사망자 수 WHO(https://covid19.who.int/); 65세 이상 인구 비율
(2009~2018 평균치): World Development Indicators(https://databank.worldbank.org/
source/world-development-indicators).

그림 3-1 국가별 65세 이상 인구 비율과 인구 100만 명당 코로나 사망자 수
(2020/01/03~06/06 축적치)

계가 잘 발달되어 있다면 사망자 수가 적어야 하는 것 아닌가?

이 질문에 대한 답은 <그림3-2>에서 드러난다. 그래프는 부유한 선진국일수록(1인당 국민소득이 높을수록) 인구 대비 누적 확진자 수가—압도적으로—많았음을 보여준다. 확진자가 더 많았으니(극도로 빠른 확산을 겪었을 것이고), 의료 체계가 이 급속히 늘어나는 확진자들을 감당할 수 없었을 것이다. 단기간 너무 많이 발생한 확진자 수로 인한 의료 체계 붕괴 시나리오다. 중국이 사태 초기 우한에서 겪은 일이고, 우리도 3월 초 대구·경북 지역에서 감염자의 급속한 확산으로 지역의료 체계가 감당할 수 있는 수용 한계를 넘어섰던 경험이 있다.

뒤늦게 팬데믹을 겪은 서구의 선진국들은 단기 확진자 급증에 따른 의료 체계 붕괴를 톡톡히 경험했다. 결국 부유한 선진국일수록 더 많은 확진자가 발생했고 그중 65세 이상 노인층의 비율이 높았으며, 이러한 국가들에서 노인층 희생자가 많이 발생하면서 사망자 비율이 높아진 것이다. 물론, 노인 인구 비율이 높더라도 어느 정도 방역에 성공하여 노인층에서 확진자 수가 적은 나라(일본), 혹은 의료 체계가 무너지지 않은 나라에서 사망률은 더 낮았다(불가리아, 그리스, 뉴질랜드). 거꾸로, 노인층 인구가 많지 않더라도 코로나 확진자가 젊은 층에서 폭증하면서 중·장년층 사망자 수가 적지 않게 나오는 경우들도 있었다(중동과 남미 국가들. <그림3-1>과 <그림3-3>의 좌상단을 보라). 여기까지는 코로나 팬데믹을 경험한 우리가 이미 알고 있는 '사실'들

쌀, 재난, 국가

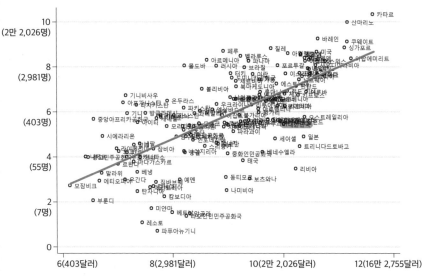

인구 100만 명당 확진자 수(자연로그값)

1인당 국내총생산(자연로그값)

한국은 국내총생산 10.0(자연로그값), 확진자 수 5.5(자연로그값)로 회귀
선 우측 아래에 위치. 붉은 선은 회귀분석에 의한 추정선, 상관계수=0.67.

자료: 코로나 확진자 및 사망자 수 WHO(https://covid19.who.int/); 1인당 국내총생산
(2009~2018 평균치): World Development Indicators(https://databank.worldbank.org/
source/world-development-indicators).

그림 3-2 국가별 1인당 국내총생산(2009~2018) 평균치와 인구 100만 명당 코
로나 확진자 수(2020/01/03~06/06 축적치)

인구 100만 명당 확진자 수(자연로그값)

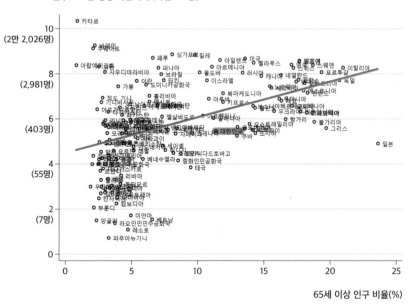

한국은 65세 이상 인구 비율 11.4%, 확진자 수 5.5(자연로그값).
붉은 선은 회귀분석에 의한 추정선, 상관계수=0.46.

자료: 코로나 확진자 및 사망자 수 WHO(https://covid19.who.int/); 65세 이상 인구 비율
(2009~2018 평균치): World Development Indicators(https://databank.worldbank.org/
source/world-development-indicators).

그림 3-3 국가별 65세 이상 인구 비율과 인구 100만 명당 코로나 확진자 수
(2020/01/03~06/06 축적치)

이다.

그런데 물음은 남는다. 왜 부유한 선진국일수록 더 많은 인구가 감염되었는가? 왜 그들은 더 효율적인 정부와 교육과 의식 수준이 높은 국민들을 갖고 있으면서 방역에 실패했는가? 부유한 선진국이나 중진국 중에서 왜 어떤 나라는 1인당 국민소득이 비슷한데도 방역에서는 훨씬 나은 결과를 보여주는가? 동아시아 국가들은 이들 국가들과 무엇이 달랐기에 조기에 확산을 차단할 수 있었는가? 이제 벼농사 체제에서 기원하는 '협업과 조율의 문화적 디엔에이'가 재난 시기에 어떤 역할을 하는지 살펴보자.

벼농사 체제와 코로나 팬데믹

　　<그림3-4>와 <그림3-5>는 각각 (인구 10만 명당) 쌀 생산량과 전체 곡물 경작지 대비 쌀 경작 면적에 따른 (인구 100만 명당) 코로나 누적 확진자 수(2020년 1월에서 10월까지)의 국가 간 분포를 보여준다. 놀랍게도, 쌀 생산량이 많을수록, 즉 쌀을 주식으로 먹는 나라에서 코로나 확진자가 더 적은 경향이 발견된다. 오른쪽 아래에는 인구 대비 쌀 생산량이 가장 많은 동남아시아와 남아시아 국가들이, 바로 왼쪽에는 그다음으로 많은 동북아시아 국가들이 위치해 있다. 왼쪽 아래에서부터 위로는 쌀을 주식으로 하지 않는 국가들이 분포해 있다. 아직 코로나 바이러스가 깊숙이 침투하지 않은 아프리카와 오지 국가들이 왼쪽 아래에, 보다 부유한, 주로 밀을 주식으로 하는 유럽과 북미의 선진자본주의 국가들 및 남미 국가들이 왼쪽 위에 분포해 있다.

　　이 그림을 보고 코로나 예방을 위해 앞으로 밥을 더 열심히 먹어야겠다는 결론을 내릴 사람은 없을 것이다. 무엇이 이 분포를 설명하는가? 바로 이 책에서 이야기하는, 앞으로 이야기할 '벼농사 체제'의 힘과 역할이다. 역사적으로 형성되어 벼농사 체제 하의 공동체들이 발달시켜온 재난 대비 '조율 시스템'이 작동한 결과다. 이러한 조율 시스템을 운용해보지 않은 서구 개인주의 성향의 국가들에서 (인구 대비) 코로나로 인한 확진자 수는 더 많

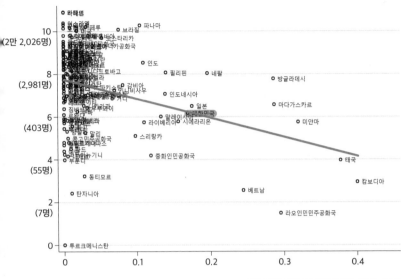

인구 100만 명당 확진자 수(자연로그값)

인구 10만 명당 쌀 생산량(톤), 1961~1970

농업 비중이 큰 과거의 생산량을 반영하기 위해 1960년대 자료를 사용했다. 한국은 쌀 생산량 0.17, 확진자 수는 6.2(자연로그값)로 회귀선상에 위치. 붉은 선은 회귀분석에 의한 추정선, 상관계수=-0.34(생산량 0.1톤 이상 국가들의 경우 -0.55). 쌀 생산량이 0인 절반의 국가들을 제외하면 상관계수는 -0.59에 이른다.

그림 3-4 인구 10만 명당 쌀 생산량과 인구 100만 명당 코로나 확진자 수 (2020/01/03~10/01 축적치)

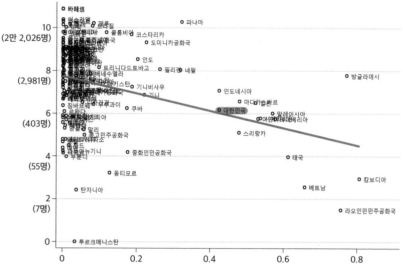

인구 100만 명당 확진자 수(자연로그값)

한국은 전체 곡물 경작 면적 대비 쌀 경작 면적 0.42,
확진자 수는 6.2(자연로그값)로 회귀선 바로 위에 위치.

그림 3-5 전체 경작지 면적 대비 쌀 경작 면적과 인구 100만 명당 코로나 확진자 수(2020/01/03~10/01 축적치)

앗다. 이러한 나라는 더 부유하고 더 열린 경제체제를 갖고 있고* 민주주의 정부 시스템을 보유한 경향이 있지만, 이러한 변수들을 모두 통제해도 벼농사 체제의 설명력은 사라지지 않았다.

쌀을 주식으로 먹는 아시아 국가들의 공통점은 무엇인가? 특히 동아시아 국가들은 최초 발생국인 중국과 인접해 있으면서도 코로나 팬데믹을 잘 통제하고 있다. 서구의 지식인들은 이에 대해 권위주의에 순응하는 복종적 성향을 가진 시민들 때문이라고 성급히 결론 내린다. 비서구를 서구 우월주의 시각에서 열등한 문화로 취급하는 '오리엔탈리즘'이 짙게 배어 있는 설명이다. 자신들의 민주주의적 개인주의 성향을 더 가치 있는 것으로, 비서구의 권위주의적 집단주의 성향을 열등한 것으로 깎아내려 온 이 서구의 지식인들은, 코로나 팬데믹이 후자에서 우연히 더 잘 통제되었다고 이야기하고 싶은 것이다. (비서구에 비해 서구에 풍부한) 신뢰와 사회적 자본의 설명 틀을 발명한 이들로서는 사회적 자본과 연대의 습속이 갑자기 작동하지 않는 상황이 난감할 것이다. 그토록 사회적 자본이 잘 발달되어 있다면, 바이

---

* 더 열린 경제체제일수록 무역과 인적 교류가 활성화되기 때문에 바이러스 확산은 더 빠르게 일어난다. 민주주의 정치체제는 이러한 경제활동을 더 잘 보장하는 경향이 있고, 국가가 개인의 사생활을 깊이 통제하지 않으려는 경향 또한 강하다. 이러한 환경에서 바이러스는 시장의 교환행위와 사적 모임을 통해 더 잘 확산되기 마련이다 민주주의 국가에서 방역과 경제를 동시에 챙기기 어려운 이유다. 이와 관련된 내 다른 연구는 Lee et al. 2020 참조.

러스 통제를 위해 시민사회의 구성원 개개인이 서로를 믿고 연대해야 할 것 아닌가? 이들은 고신뢰 사회라 믿어졌던 서구에서 코로나가 창궐하고, 저신뢰와 낮은 사회적 자본, 부패가 만연한 (Fukuyama 1995) 동아시아에서 바이러스를 잘 통제하고 있는 현실을 못내 받아들이기 힘들 것이다.

반면, 이들의 설명 틀을 받아들여 코로나 정국에서 갑자기 사회적 자본이 급상승했다고 이야기하고 싶은 동아시아의 지식인들도 꽤 있다(실제로 정부에 대한 신뢰도가 갑자기 올라갔다는 보도들이 나온다). 그렇다면 동아시아는 코로나와 함께 갑자기 사회적 자본이 만들어지고, 서구에서는 그동안 존재하던 사회적 자본이 증발했는가? 사회적 자본이라는 것이 그렇게 빨리 만들어지고 순식간에 사라지는 그런 것인가? 퍼트넘은 사회적 자본이 풍부한 이탈리아 북부와 그렇지 못한 남부의 차이가 수백 년, 천 년 이상에 걸쳐 서서히 만들어진 것이라 하지 않았나?(Putnam 1993) 그런데 퍼트넘이 사회적 자본의 보고로 칭송한 바로 그 롬바르디아주州에서 이탈리아 최초로 코로나가 발생하여 걷잡을 수 없이 확산되었다. 개인주의에 기반한 사회적 자본이 가장 풍성한 문화권으로 찬미되는 영미권(특히 미국)에서 코로나의 확산은 절망적인 수준에 접근하고 있다. 사회적 자본론만으로 코로나 팬데믹에서 고전하는 서구와 선전하고 있는 동아시아 국가들의 차이를 설명하기는 쉽지 않아 보인다.

다시 동아시아로 돌아와보자. 언론에 보도되는 코로나 우등

쌀, 재난, 국가

생 국가들의 리스트를 들여다보면(또한 <그림3-4>와 <그림3-5>를 보면), 한국만 이 난국에 잘 대처하는 것이 아님을 쉽게 알 수 있다. 코로나 발생국인 중국을 비롯해 대만, 베트남, 캄보디아, 라오스, 미얀마, 태국과 같은 동남아시아의 쌀 경작국가들 또한 중국과 접경하고 있고 중국과의 무역망 속에서 먹고살지만, 코로나라는 역병에 대처하는 공동체의 '기술'과 '조율 능력'은 세계 최상급이다. 일본이 재난 대국의 정부답지 않은 (특정 지도자의) 무기력한 리더십으로 휘청거리고 있음에도 불구하고, 확진자와 사망자 통계는 다른 서구의 선진자본주의 국가들에 비하면 동아시아의 일원에 훨씬 가깝다.

이 나라들의 공통점은, 벼농사 체제를 오랫동안—적어도 수천 년 동안—발전 및 유지시켜왔다는 점이다. 벼농사 체제란 무엇인가? 마을 단위 공동생산, 공동노동을 유지시키는 구성원들 간의 협업과 조율 시스템이다. 서구의 개인들이 교회와 동업조합을 통해 상호부조를 조직화한다면, 벼농사 체제는 마을 단위 공동노동 조직이 상호부조를 조율한다. 서구의 중간 집단들과 달리, 이 협업 및 조율 시스템은 '재난 시기'—홍수, 가뭄, 태풍, 역병 그리고 지진—에 작동된다. 1년 365일 모이는 조직도 아닌 것이다. 하지만 이 조직은 한 번 가동되면 일사불란하고 기민하게, 반강제적으로 굴러간다. 재난 대비 시스템을 오래전부터 가동하며 그 노하우를 '제도화institutionalize'해놓았기 때문이다.

코로나가 창궐하자, 이들 국가들에서는 민간 차원에서 필요한 방역 수칙들을 챙겨 서로에게 보이지 않는 '의무'를 부과하기 시작했다. 처음에는 그것이 '의무'로 인식되지 않았을지라도, 재난의 성격과 특성이 드러나면서 각 구성원들은 무엇을, 어떻게 해야 하는지 빠르게 파악하고 자신들의 의무로 받아들인다. 내가 마스크를 끼지 않으면, 손을 씻지 않으면, 거리두기를 하지 않으면 내 가족과 마을이 위험해진다는 단순한 사실을 '즉각' 받아들인다. 공동체 차원의 '재난 상황'을 여러 번 겪어보았기 때문이다. 마스크를 끼지 않고 거리두기를 하지 않는 사람들에게 눈총과 핀잔이 가고 싫은 소리가 가면서, '욕먹지 않기 위해서라도' 마스크를 구비한다. 서구의 개인주의자들은 이러한 '사회적 조율 시스템'을 국가의 개인 권리 침해에 대한 '굴종' 내지는 '길들여진 주체의 복종'이라고 바라본다.

난센스다. 자신들의 사회계약론만 사회계약이고, 다른 생태적 환경과 문화를 지닌 사회의 사회계약 원리는 이해하지 못하는 것이다. 이들은 재난 상황에서 '일시적으로' 개인과 사회의 권리를 '스스로 자제'하고, 공동체의 합의에 의해 부과되는 '협약'을 준수하는 것이 벼농사 체제하 재난 대비 매뉴얼임을 알지 못하는 것이다. 이러한 마을 공동체 단위의 재난 대비 시스템은 사회주의권인 중국과 베트남, 라오스, 준準권위주의 정부체제인 말레이시아를 비롯해 민주주의 국가인 한국과 대만, 인도네시아, 미얀마, 태국, 캄보디아까지 벼농사 체제 마을이면 동아시아 어

쌀, 재난, 국가

디에서건 발견할 수 있다. 이러한 '벼농사 체제'의 재난 극복력은 얼마나 큰 차이를 만들어내는가?

<그림3-6>과 <그림3-7>은 인구 대비 쌀 생산량이 상위 25퍼센트에 속하는 국가들과 중위 50~75퍼센트, 그리고 하위 50퍼센트에 속하는 국가들의 (인구 100만 명당) 코로나 확진자와 사망자 비율의 패턴을 시간 추이에 따라 비교한 것이다. 쌀 생산량 하위 50퍼센트*의 국가들에서 일일 코로나 확진자 수는 4월경부터 치솟기 시작해 6월경 (100만 명당) 10명을, 7월경 30명을 돌파하더니 10월에 100명, 11월에는 200명을 돌파했다. 두번째 쌀을 약간은 생산하지만 밀을 비롯한 여타 작물을 주로 생산하는 그룹(50~75퍼센트 그룹)은 초기에는 확진자 수가 많지 않았지만, 11월에는 (100만 명당) 100명을 돌파하며 점점 통제 불능 상황에 가까워지고 있다. 남미 국가들이 초기에는 바이러스의 영향을 크게 받지 않다가, 5~6월부터 사태가 악화되어 10월 이후 속수무책 상황으로 돌입하고 있는 추이가 반영된 것이다.

반면, 주로 동북 및 동남 아시아 국가들로 구성된 쌀 생산량 상위 25퍼센트 국가들에서는 코로나 확진자 수가 6월까지도 (100만 명당) 다섯 명 안팎을 유지하다가 7월 말, 8월 초에 들어

---

* 샘플의 절반 정도 국가들은 아예 쌀을 생산하지 않는다. 대부분의 서유럽과 북유럽 국가들이 이(0~50%) 그룹에 속한다. 이탈리아나 스페인과 같은 남부유럽 국가들과 미국 및 중남미 국가들은 두번째 중위 그룹(50~75%)에, 대부분의 동아시아 국가들은 최상위 그룹(25%)에 속한다.

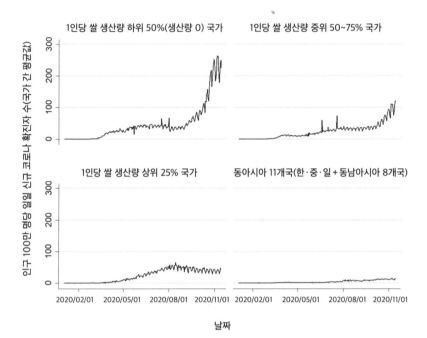

그림 3-6 인구 100만 명당 일일 신규 코로나 확진자 수, 쌀 생산량 하위 50% 국가, 중위 50~75% 국가, 상위 25% 국가 비교 (2020/01/03~11/15 일일 변동치)

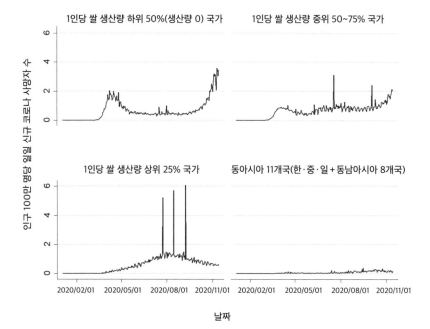

그림 3-7 인구 100만 명당 일일 신규 코로나 사망자 수, 쌀 생산량 하위 50% 국가, 중위 50~75% 국가, 상위 25% 국가 비교 (2020/01/03~11/15 일일 변동치)

서야 증가 추세가 두드러진다. 하지만 이러한 증가 추세는 다른 두 그룹에 비해 '적절히 통제되며' 걷잡을 수 없는 상황으로 악화되지는 않고 있다. 물론 이러한 차이들은 경제성장률, 민주주의, 여행 인구와 경제적 세계화의 정도, 노인 인구, 불평등, 의료 체계, 인구밀도 등을 통제하더라도 통계적으로 유의미하게 유지된다(분석 결과는 생략).

이 상위 25퍼센트 그룹에서 따로 뽑아낸 네번째 그룹, 동아시아 국가들을 보자. 100만 명당 일일 확진자 수는 11월에 와서도 미미하게 증가하고 있고, 다른 그룹들에 비하면 무시할 만한 수준이다. 이러한 패턴은 <그림3-7>의 사망자 패턴에서도 재확인된다. 선진국이 주로 포함된 첫번째 그룹은 초기 팬데믹으로부터 서서히 벗어나다가 10월 이후에 다시 2차 팬데믹을 겪으며 100만 명당 사망자 수가 4명에 가까워지고 있다. 쌀 생산량 상위 25퍼센트 국가들은 (인도의 영향으로) 8월과 9월 사망자가 급증했지만, 11월에는 상대적으로 통제되고 있는 모습이다. 한편, 동아시아 국가들은 확진자가 크게 발생하지 않은 덕분에 의료 체계에 과부하가 걸리지도 않아, 사망자 또한 미미한 수준에 머물고 있다. 다시 한번 강조하지만, 이 차이는 쌀밥을 많이 먹고 말고의 차이가 아니다. 바로 벼농사 체제의 생산 시스템이 오랜 세월 동안 만들어낸, 긴밀한 협력과 재난 극복 시스템 때문이다.

밀농사의 개인주의와 벼농사의 집단주의

밀농사 문화권에서는 야경(재산권의 보호와 감시)과 보험 수리(노령, 실업, 질병, 사고 위험에 대비한 펀드 조성)가 국가의 주요 업무다. 개인들은 자신의 재산을 지켜줄 합리적인 법적·제도적 권위를 세우고, 위험의 순간에 자신과 가족, 공동체를 지켜줄 안전망을 구축하기 위해서 국가를 창출했다. 국가에 앞서 개인이 존재하고, 그 개인들의 연대체로서 국가가 수립된 것이다. 개인의 자유와 권리를 침해하는 국가는 야경과 보험 수리의 임무를 넘어서는 국가다. 개인들의 연대체인 사회는 이러한 국가로부터 양도된 권리를 회수할 수 있다. 그 권리를 회수하는 순간 국가는 형해화된다. 양도된 권리가 소멸되기 때문이다. 바로 로크의 사회계약론(Locke 1980)이다.

밀 문화권의 국가가 근대 공화정의 철학을 수립하면서 개인의 자유와 권리를 다른 모든 것의 우위에 놓을 수 있었던 것은, 생산의 계약이 개인과 자연(=신) 사이에 먼저 맺어졌기 때문이다. 이 순간에, 이 자리에 애초 국가는 존재하지 않았다. 동아시아와 달리, 서구의 많은 지역에서 대규모 (민족)국가가 한참 뒤에야 — 중세 말엽(15~16세기)이나 근세(17~18세기)에야 — 출현한 이유이기도 하다. 거대 국가 없이도, 공동체가 생산 시스템을 꾸리는 데 큰 무리가 없었던 것이다.

하지만 벼농사 문화권에서 국가는 씨족 마을과 자연과의 생산을 위한 싸움 바로 그 중심에 자리하고 있다. 국가는 동아시아 문명과 함께 출현하고 성장했다(Zhao 2015). 2020년 중국 남부를 휩쓴, 그리고 연이어 한반도 중·남부를 휩쓴 거대한 물 폭탄에 개인과 씨족 마을은 개별적으로는 이 재난을 이겨낼 수 없는 미미한 존재들이다. 수억 명이 먹고살고 있는 양쯔강 유역의 농토와 인프라를 지켜낼 수 있는 것은 거대 국가밖에 없다. 동아시아의 국가는 있어도 좋고 없어도 그만인 존재가 아니라, 벼농사의 성패를 포함해 그에 딸린 식솔들의 생계와 복지를 결정짓는 가장 중요한 행위자다. 벼농사 문화권, 그중에서도 장마전선과 태풍이 집중적으로 물 폭탄을 쏟아붓는 동아시아에서, 국가는 생산의 조직과 인프라를 책임지는 중심체다. 동아시아의 국가는 서구의 국가와 존재 이유부터 다른 것이다.

물론, 벼농사 문화권의 국가도 야경과 보험 수리를 한다. 하지만 동아시아 국가의 궁극적 존재 이유는 ──이 책의 1~3장에서 살펴보았듯이──재난 대비와 구휼이다. 국가가 탄생하고 몸집을 키우는 이유와 배경에는 (전쟁 대비 및 수행을 비롯해서) 여러 가지가 있지만, 쌀 문화권의 국가는 다른 모든 것을 (제대로) 하지 않더라도 (1) 재난 대비, (2) 구제/구휼, (3) 극복/치유라는 세 가지 업무를 제대로 수행해야 국가로서의 존재 이유를 입증할 수 있다.

그런데 벼농사 문화권의 국가가 재난과의 싸움에 사회를 동원할 때, 이 사회가 (밀농사 문화권과 같이) 그저 독립된 개인들의 연합체라고 생각하면 오산이다. 벼농사 문화권의 사회는 씨족 및 마을 단위로 긴밀하고 일사불란하게 움직이는 작은 '재난 대비 조직들'이다. 국가가 재난 시기에 개인의 자유와 권리를 양도하고 말고를 따질 필요도, 겨를도 없는 것이다. 재난 대비를 위한 개인의 자유 양도 계약서는 태곳적에 이미 사인이 끝난 상태다. 벼농사 문화권의 정주민들은 재난의 시기에 어떻게 행동해야 하는지를 이미 알고 있다. 장마와 태풍이 습격할 때 벼농사 체제의 공동생산 조직들은 긴밀하게, 일사불란하게 움직이기 시작한다. 홍수는 나와 가족의 생명을 위협하는 재난이지만, 하늘이 준 기회이기도 하다. 마을마다 꾸려져 있는 청장년 조직들은 제방을 점검하고 논에 물을 채우면서 배수로를 확보할 것이다. 홍수는 견뎌내고 나면, 가을의 풍작을 예고하는 자연의 선물이다.

벼농사 문화권의 사회조직은 생산과 결부된 재난을 버티고 이용하는 목적에 특화되어 있다. 집단적으로 재난에 대처하며 공동체의 목적을 달성하는 동아시아 생산조직에, 개인은 존재하지 않는다. 개인은 톱니바퀴처럼 긴밀하게 움직이는 조직의 일부로서 그 의미가 있다. 태곳적부터 동아시아의 개인은 위계와 규율에 따라 작동하는 마을 공동체 조직의 부속품이었다. 근대의 개인주의자에게는 이 시스템이 불편할 것이다. 하지만 내가 지금 이야기하는 것은 그 충돌이 아니라, 동아시아에서 집단이, 집단주의가 어떻게 생존했는지에 관한 기원이다. 이 기원을 먼저 이야기해야, 오늘 우리가 마주하고 있는 '위계 구조'의 작동 원리를 이해할 수 있다.[*]

---

[*] 이 책 1~3장을 읽고 비평해준 강원대학교 정준호 교수, 경희대학교 조석주 교수, 윤수린 박사, 황인혜 박사, 김은지 연구원, 서강대 대학원의 고태경, 노재영, 왕정하, 임성준, 임현지, 조해언, 정하나 학생께 감사를 표한다.

쌀, 재난, 국가

나가며 —팬데믹과 불평등의 확대

　쌀 문화권은 재난이 발생했을 경우, 다른 문화권에 비해 일사불란하게 재난 극복을 위해 조율하고 협력한다. 국가의 시책에도 적극 협력한다. 권위주의 문화 때문이 아니라, 쌀 문화권에서 오랜 시간에 걸쳐 진화해온 '상호 조율과 협력의 디엔에이'가 매번 유사한 방식으로 작동하기 때문이다. 이러한 마을 단위의 상호 조율과 협력의 디엔에이 덕분에 동아시아의 쌀 문화권은 코로나 팬데믹 1년을 —다른 지역과 문화권에 비해— 비교적 성공적으로 관리해왔다. 동아시아의 정주민들은 국가의 엘리트들이 아니라 스스로에게 박수와 찬사를 보내줄 만하다. 방역의 주체는 다름 아닌 시민들 자신이었다.

　문제는 불평등이다. 코로나 팬데믹은 그 자체로도 대형 재난이지만, 경제활동의 중추 네트워크를 마비시켜 불황을 야기함으로써 생태적 재난과 결합된 경제 위기라는 복합재난을 일으킨다. 복합재난은 기존의 계급 구조에 충격을 가해 중간 계층을 몰락시켜서 하층으로 전락시킨다. 전근대 시기에는 소작농, 노비나 머슴이 되어서라도 목숨을 부지하는 편이 낫기 때문에, 환곡을 제때 갚지 못하는 자영농은 자기 논을 잃고 소작농으로, 소작료를 내지 못한 소작농은 노비로 전락하는 수순을 밟았다. 복합재난의 시기를 버텨낸 부농은 대지주가 되고, 천석꾼은 만석꾼

이 되었다.*

현대자본주의 사회에서도 복합재난은 동일한 현상을 발생시킨다. 중소기업과 자영업자들 가운데 장기화된 복합재난의 압력인 시장의 수요 부족을 감당하지 못하고 한계상황에 몰려, 도산하거나 문을 닫는 자들이 속출한다. 이러한 상황이 지속되어 상품 및 자산 가격이 동시에 폭락하는 복합불황이 도래하면 중소기업 중에서도 이를 감당하지 못하는 한계기업들이 무너진다. 중산층과 심지어는 중상층의 가구들은 하루아침에 실직자이자 파산자가 되고 실업급여 신청 줄은 그 끝이 보이지 않게 된다. 주위의 고만고만한 경쟁자들이 나가떨어진 시장에서 대기업의 독점은 강화되며, 이러한 독점 대기업 정규직으로 자리를 보전한 자들의 임금은 더욱 올라간다.

실제로 2020년 1분기, 하위 20퍼센트의 소득은 제자리걸음을 했다. 하위 20퍼센트에 속하는 비정규직과 일용직 노동자들이 일자리를 잃었거나 노동시간이 줄었기 때문이다. 대조적으로, 코로나로 인해 경제성장률이 마이너스를 기록하기 시작했지만(-1.2퍼센트, 2020년 3월), 상위 20퍼센트의 가처분 소득은 전년도보다 6.3퍼센트 상승했다(따라서 5분위 소득배율**은 1년 전

---

* 다만, 복합재난이 반드시 불평등의 악화 및 양극화를 장기간에 걸쳐 추동하는 것은 아니다. 조선 시대 부농 또한 재난 시기를 버텨내지 못하고 환곡으로 버텼다는 실증 연구도 있다(김경숙 2016).

** 최하층 20퍼센트(1분위) 대비 최상층 20퍼센트(5분위)의 소득 규모(비율).

5.18에서 5.41로 악화되었다). 전근대 사회와 근대자본주의 사회를 관통하는 한 가지 법칙이 있다면, 복합재난은 약육강식이라는 야만의 법칙을 노골적으로 소환한다는 것이다. 하지만 전근대와 근대사회를 가르는 다른 한 가지 차이가 있다면, 근대사회에는 바닥으로 떨어지는 자들을 위한 보다 강력한 제도적 기제가 (왕과 교회의 선의가 아니라 국가 법체계의 일부로) 마련되어 있다는 것이다. 그것은 복지국가의 분배 시스템이다.

근대 민주주의의 발전과 함께 진화한 복지국가와 분배 시스템은, 이러한 복합재난의 시기 야만의 법칙이 횡행하는 시장에 제도적으로 개입한다. 복합재난의 위험에 속절없이 노출된 빈자와 사회적 약자를 보호하고, 공동체 전체가 위험을 나누어 진다. 2020년 지구촌을 강타한 코로나 바이러스는 자유민주주의 국가에 더 큰 타격을 안겼다. 앞서 확인했듯이 자유주의 원리가 시민사회 깊숙이 뿌리내린 영미권과 서유럽에서 확진자가 많았던 것이다. 시장경제하의 생산과 교환 과정, 그리고 자유로운 시민 공동체의 모임과 활동에 바이러스가 침투해 사람 간의 접촉을 매개로 확산되기 때문이다. 하지만 이러한 복합재난이 공동체를 타격했을 때 모든 국가가 똑같이 행동하는 것은 아니다. 또한, 모든 국가가 같은 제도적 조건하에서 이러한 재난에 노출되는 것도 아니다.

이 값이 클수록 불평등이 악화되는 것으로 간주한다.

내 다른 연구에서(Lee et al. 2020) 민주주의를 오래 경험하고 시민의 자유의 권리를 잘 제도화한 나라일수록 (인구 대비) 코로나 확진자와 사망자 수가 더 많지만, 불평등이 낮은 나라일수록 민주주의가 코로나 확진자와 사망자 수를 오히려 줄이는 경향이 있음을 발견했다. 곧 미국과 같이 민주주의를 오래 경험했지만 시장의 불평등을 치유하는 데 인색한 나라들에서, 흑인과 같은 빈곤 계층은 코로나의 위험에 더 크게 노출된다. 존스 홉킨스 대학 발표에 따르면, 시카고시의 흑인 인구는 전체의 3분의 1가량이지만, 시 전체 코로나 확진자의 절반을 그리고 코로나로 인한 사망자 수의 75퍼센트를 차지했다. 밀워키시가 속한 밀워키 카운티에서도 마찬가지다. 카운티의 흑인 인구는 26퍼센트에 불과한데, 코로나로 인한 사망자 수의 70퍼센트가 흑인이다. 흑인 인구가 빈곤에 더 많이 노출되어 있고, (보편적이지 못한 미국의) 의료 체계로부터 소외되어 있기에 코로나 바이러스에 속수무책으로 희생되고 있는 것이다.[*] 영국에서도 코로나 사태로 인해 문을 닫은 직장과 산업 분야에 종사하는 인구 집단은 여성이거나 젊은이거나 유색인종일 가능성이 높음이 밝혀졌다(Blundell et al. 2020).

하지만 불평등이 낮은 나라들에서 성숙한 민주주의는 코로

---

[*] https://www.hopkinsmedicine.org/health/conditions-and-diseases/coronavirus/covid19-racial-disparities

쌀, 재난, 국가

나 희생자(사망자) 수를 오히려 줄인다. 민주주의 성숙도가 불평등의 치유 기제로 작동하여 보편적 복지체제를 구축함으로써, 사회적 약자가 재난에 노출되는 정도를 완화하고 조절해주기 때문이다. 불평등이 낮은 나라에서 사회적 약자는 재난에 덜 노출될뿐더러 노출된 후에도 복지체제에 의해 잘 관리된다. 사회적 약자의 의료 체계에 대한 접근도가 미국과 같은 나라들에 비해 더 우수하기 때문이다. 앞의 <그림3-7>을 보면, 서유럽이 포함된 밀 생산 지역(1인당 쌀 생산량 하위 50퍼센트)에서 코로나 사망자 수가 급격히 줄어들어(2020년 10월 기준으로 사망자가 급격히 다시 늘고는 있지만), 통제 가능한 수준으로 낮아진다. 그 확산 메커니즘에도 불구하고, 복지와 의료 체계가 사회적 약자들을 재난으로부터 보호하는 역할을 잘 수행하고 있기 때문이다.

이렇듯 복합재난은 국가별로 사회적 약자에 대한 '업무'와 '수행 능력'을 양극단으로 대비시킨다. 국가와 사회가 애초부터 재난 대비에 특화되어 있는 벼농사 체제에서는 재난이 사회에 가하는 충격을 줄이기 위해 국가와 사회가 긴밀하게 협력한다. 하지만 그렇지 않은 사회의 경우, 두 가지 서로 다른 국가로 나뉜다. 사회적 약자에게 무관심한 국가와 그들을 배려하는 국가로. 코로나 팬데믹에서 당신의 삶은 당신과 당신의 동료 시민들이 평소에 어떤 국가를 건설하기 위해 매진했는가로 운명이 갈린다. 특히 당신이 위험에 노출된 계층에 속할수록 더욱 그렇다. 재난 극복을 위한 국가와 사회의 조율이 장기화되는 와중에 그

고통의 비용이 골고루 분배되지 않고 특정 계층에 집중된다면, 그들이 이 조율에 협력할 이유는 무엇인가? 재난으로 인해 누구는 안정적인 소득과 더 큰 자산 축적의 기회를 얻고 다른 누구는 일자리를 잃거나 아예 진입할 기회조차 잃는다면, 재난 극복을 위한 연대의 계약에 이들이 동참할 동기는 무엇인가? 팬데믹 시대의 국가와 사회의 계약서는 그 이전의 계약서들에 비해 더 공정한가, 더욱 불공정한가?

나는 이제껏 자연재해에 노출된 국가와 (시민)사회가 이 위기를 극복하는 과정에서 어떻게 서로를 재구성하는지를 이야기했다. 이 와중에 사회는 국가를 전복하기도, 국가에 새로운 정당성을 부여하기도 한다. 사회를 제때, 적절한 방법으로 구하는 국가는 사회에 의해 재승인을 받지만, 그렇지 못한 정권은, 국가는 임무를 방기한 대가를 치르게 된다. 동아시아에서 그 대가는 유독 컸다.

동아시아의 사회는 개인의 자유를 양도하면서까지 국가의 재난 극복과 구휼 업무에 협조한다. 이미 벼농사 체제의 협업 시스템을 통해 발달한 사회 자체의 상호 조율과 감시의 기제를 통해 재난을 극복하고자 아래로부터 국가의 업무에 호응하는 것이다. 엘리트들을 위해서가 아니라 스스로를 위해서. 이러한 전폭적인 협조의 대가는 무엇일까? 바로, 수행성의 증명에 대한 더 높은 기대다. 이렇게 아래로부터의 자발적인 협조를 받으면서도 국가의 업무를 제대로 처리하지 못할 때, 협조에 대한 대가는 책임 추궁으로 바뀔 것이다. 그렇게 도와줬는데도 이것밖에 못하냐는. 따라서 동아시아 국가의 엘리트들은 재난을 잘 극복하는 것이 본전인 셈이다. 재난 극복과 구휼에 실패하는 엘리트에게 동아시아의 사회는 곱절의 복수를 예비한다.

4장

벼농사 체제와
불평등의 정치심리학

—— 왜 한국인들은 불평등에 민감한가

불평등에 접근하는 수많은 앵글이 있지만, 전작『불평등의 세대』에서 소개하지 않은 앵글 하나는 '불평등의 인식'이다. 불평등을 경제학적인 소득과 자산, 즉 돈으로 환산된 결과로 표현할 수 있지만, 불평등에 대한 '인식'으로도 접근할 수 있다. 왜, 어떻게 이러한 인식이 형성되었는가,라는 물음은 객관적인 불평등과 일치할 수도, 그렇지 않을 수도 있다. 예를 들어, 동아시아의 (현대 중국을 제외하면) 경제적 불평등의 수치는 상당히 낮은 편에 속한다. 비슷한 수준의 경제 발전을 성취한 민주주의 국가들(한국, 일본, 대만)을 서구 선진국들과 비교하더라도 소득과 자산 불평등은 낮은 편이다. 하지만 동아시아에서 불평등에 대한 '인식'은 다른 문제다. 동아시아인들은 불평등에 민감하게 반응한다.

이제껏 내 논의를 따라온 독자들은 '왜 민감한지' 쉽게 설명할 수 있을 것이다. 바로 서로의 논에 손발을 담갔기 때문이다. 공동노동을 통해 서로 속속들이 엮임으로써 일하는 품새와 부엌의 숟가락 개수, 아이들 성격까지 알고 있기 때문이다. 우리는 '긴밀하게 직조된 거미줄 같은 관계의 망' 속에 놓여 있기 때문이다. 불평등에 민감한 사람들은 바로 이 '상대적 불평등'에 분노한다. 내가 먹고살기에 적당한 소득과 집이 있는 것만으로 만족하지 않는다. 내 집보다 옆집 박씨의 집이 가치가 더 빠르게 오르는 것에, 내 아이가 조카보다 성적이 더 낮게 나오는 것에, 내 소득이 옆자리 배 부장, 동문회에서 만난 처 변호사보다 더 적은 것에 분노하는 것이다. 2장에서 이야기한 동아시아인의 행복(불행)의 근원은 바로 이 남과의 비교에 있다. 2장에서 그 남이 모든, 일반적인 남이 아니라, 바로 내 주위에 있는 친척, 친구, 동료인 남이며, 심지어는 형제자매일 수도 있음을 살펴보았다.

그렇다면, 개인주의 사회에 비해 '상호 비교와 질시'의 문화가 훨씬 더 팽배한 동아시아 국가들에서 불평등의 구조는 어떻게 진화할까? 사회경제적인 불평등의 결과는 어떻게 이러한 '인식'과 상호작용할까? 쉽게 말해서 동아시아인들은, 한국인들은 눈으로 확인한 불평등의 결과에 어떻게 반응하고 그다음 행위의 전략을 설정할까? 식량 생산양식으로부터 진화한 집단주의와 개인주의의 생산과 분배 시스템은 어떻게 다른가? 어느 사회가 불평등해질 가능성이 더 높은가? 어느 사회가 불평등이라는 화약고에 불이 붙어 타오를 가능성이 더 높은가? 각 사회의 정주민들은 불평등에 대해 어떤 태도를 갖고 있는가? 마지막으로, 불평등이 악화될 때 각각의 시스템은 어떻게 불평등을 관리하고 치유하는가? 집단주의 문화는 '집단적으로' 불평등을 치유하고, 개인주의 문화는 '개인적으로' 불평등을 내버려 둘까? 그들은 어떤 정치체제와 정책을 선호하고, 어떻게 현재의 불평등을 바꾸고자 할까? 불평등에 이토록 민감한 동아시아인들은, 한국인들은 얼마만큼, 어떻게 불평등을 '국가의 힘을 통해' 교정하고자 하는가?

불평등의 '결과'에서 '인식'으로 앵글만 바꾸어도 이렇게 다양한 질문이 쏟아진다. 이제, 불평등의 역사학에서 불평등의 심리학으로 앵글을 바꿔보자.

쌀, 재난, 국가

벼농사 사회와 밀농사 사회의 불평등 구조

다시 밀농사의 개인주의와 벼농사의 집단주의 비교로 돌아와본다. 먼저 밀 문화권의 개인주의의 경우 가구 간이나 마을 단위 협업이 아닌 개별·가구별로 생산 단위가 꾸려지고, 따라서 생산물에 대한 소유 또한 철저히 개별 가구 단위로 이루어진다. 더 많이 생산하고 싶은 자는 더 많이 뿌리고 더 많이 키워서 더 많이 거두면 된다(물론 더 많은 땅이 필요할 것이다—제국주의는 밀 문화권에서 나왔다). 각자 뿌린 대로 거두는 보상 체계는 인간의 노동에 비례하여 자연(신)의 수혜를 배분하는 시스템이다. 뿌린 것에 비례해서, 노동한 시간과 땀에 비례해서 자연이 보상해주니 자연을 경배할 수밖에 없다. 밀레의 그림 「만종」에 나오는, 하루 일을 마치고 조용히 경배하는 부부의 모습을 떠올리면 된다(그런데 「만종」의 배경은 밀밭이 아닌 감자밭이다). 개인주의의 식량 생산 시스템에서 자연은 자연스럽게 '신'으로 진화했다. 여기에 가톨릭의 사제와 같은 중간 매개자가 끼어들 수는 있지만, 조상신이 들어설 자리는 없다.

이에 반해 쌀 문화권의 집단주의는 씨족이나 이웃과 함께 생산 스케줄을 짜서 협업을 통해 노동력을 동원·조직한다. 논밭 갈기·파종·모내기·김매기·수확의 일정은 마을 단위로 조율되며, 농사의 기술과 기법은 협업을 통해 공유·확산되고 더 나은 방법으로 개량된다. 심지어는 국가에 내는 세금까지도 마을의 '동계' 단위로 거둬 내고는 했다(정승모 1991). 따라서 개인주의에 비해 집단주의는 생산과정을 거치면서 더 강한 가구 간 혹은 씨족 간 결속력과 협업 시스템을 발전시킨다. 이러한 협업 시스템은 농사 기술과 기법의 '또래 세대 내 공유'와 '가족 세대 간 전수'라는 두 경로의 표준화 과정을 거쳐 이루어진다.

2장에서 서술한 벼농사 생산을 위한 위계-세대 결합 노동 체제는 이 두 과정에 모두 개입한다. 또래 세대 내 공동노동은 가구 간의 '약한 연대'가 아닌, 씨족 마을의 '어른'에 의해 위로부터, 위계에 의해 부과되는 '반半강제체제'다. 부모에서 자식으로 가족 세대 간에 전해지는 기술의 전수 또한 유교적 가부장제와 같은 엄격한 가족 내 질서 체계에 의해 반강제적으로 주입될 가능성이 높다. 개량된 기술이 '마모'되거나 '변형'되지 않고 다음 세대로 이전되기 위해서는, 부모와 자식 간의 애정을 뛰어넘는 수준의 '윤리적·문화적 강제 기제'를 필요로 한다. 이렇듯 '씨족의 시민citizens of a lineage tribe'*을 키우고 그에 걸맞은 공동체 윤리

---

* 서구의 '시민' 개념이, 공화정하의 모든 사회 구성원이 평등하게 국가의 구성원으로서 정치적·경제적·사회적 권리와 의무를 행사하는 주체로 정의된다면, 동아시아 '씨족의 시민'은 씨족 내부의 생산과 제례의 위계 구조 속에서 자신의 위치를 자각하고 그에 걸맞은 역할을 수행하는 주체를 의미한다(이철승 2019b). 서구의 '시민'이 법적·제도적 주체로서의 권리와 의무를 통해 규정된다면, 동아시아 '씨족의 시민'은 비공식적 친족 관계망 내부의 위계가 부여하는 권리와 의무를 통해 규정된다. 시민 개념과 직결시키지는 않았지만, 그라이프와 타

를 주입하는 1차적 주체는 부모였고, 따라서 부모가 가르치는 농사 기술과 행위 윤리는 '동아시아적 사회화'의 근간이었다. 부자유친의 윤리는 세대 간 기술 전수를 무리 없이 수행하기 위한 '윤리적 매뉴얼'이었던 셈이다. 어쩌면 동아시아의 유교는 전쟁의 시대에서 살아남기 위해 만들어진 가족 및 국가 단위 생존 체계일 뿐만 아니라, 예측이 힘든 자연재해에 맞서 '생산의 일상성,' 즉 '생산기술의 세대 내 공유와 세대 간 전수'를 수월하게 하기 위한 또 다른 가족 및 마을 단위 공동체 윤리였다.

<그림4-1>은 밀농사 지대와 벼농사 지대의 생산과 소유 양식이라는 두 가지 변수를 이용해 네 개의 가상적인 유형을 만든 것이다. 생산양식의 단위는 생태적 압력에 의한 분화로 밀농사 지대에서는 개인(가족)이지만, 벼농사 지대에서는 집단이다. 소유양식의 단위는 인류의 평등화 프로젝트로 인해 분화되는데, 개인(가족) 소유에서부터 혁명주의 지식인 운동이나 노동조합(노동자 계급)의 압력에 의한 집단 소유까지 다양한 변이를 보인다. 먼저, 생산과 소유 모두 개인(가족)에 의해 주도되고 전유되는 양식은 그림(1)의 앵글로–아메리칸 소농 시스템이다. 이 시스템에서 프로테스탄트 교회와 시장자유주의(시장 근본주의)가

벨리니(Greif & Tabellini 2017)는 서구의 협력이 광범위한 '일반화된, 약한 신뢰 generalized trust'에 기초한다면, 동아시아의 협력은 씨족clan 내의 특수한, 강한 신뢰 관계에 기반한다고 본다. 앞서 논의한 서구의 사회적 자본과 동아시아의 관계적 자본의 차이와 일치하는 설명이다.

		생산양식의 단위 (← 생태적 압력에 의한 분화)	
		개인(가족)	집단
	개인 (가족)	(1) 앵글로-아메리칸 소농 시스템 프로테스탄트 교회 시장자유주의	(3) 동아시아 소농 시스템 마을 공동체 협업 자본
소유양식의 단위 (← 평등화 프로젝트 노력에 의한 분화)		사회민주주의 (2) 협동조합 가톨릭교회	중국식 (국가-개인 간) 소유의 분산
	집단	사례 없음	(4) 국가사회주의(소비에트 시스템)

그림 4-1 생산양식과 소유양식의 교차 공간

태동했다. 이 전통에 따라 평등화 프로젝트가 강력하게 작동하여 국가를 매개로 한 생산물의 재분배가 이루어지면, 독일 문화권과 북유럽의 사회민주주의 체제가 탄생한다. 하지만 소유양식을 집단으로 더 이동시킬 경우 그림(2)에서처럼 개인별 생산양식과 집단 소유가 공존할 수 있다. 바로 프랑스와 이탈리아, 스페인에 산개한 협동조합 운동과 가톨릭교회의 존재다.

반면, 그림(3)은 생산은 공동으로 하면서 소유는 개별 가족 단위로 이루어지는 동아시아 소농 시스템의 공간이다. 이 시스템은 마을 공동체를 기반으로 가족 혹은 씨족 간의 협업을 통해 생산 시스템을 조율한다. 이 전통에서 평등화 프로젝트가 가동될 경우, 토지와 건물은 공산당이 소유하되 그것을 사용하여 얻게 되는 생산물과 이윤은 개인이 갖는, 중국식 소유 구조가 탄생한다(한국의 부동산 문제를 이렇게 풀고자 하는 이들도 있다).

중국식 국가–개인 소유 분산 시스템은 생산물에 대한 개인의 소유를 인정하지만, 그 소유의 증대는 공산당 혹은 국가에 의해 제한된다. 개인의 소유권이 무한대로 확장되어 공산당의 권력을 위협하는 수준까지 성장하는 것은 용인하지 않는 것이다(최근 마윈과 알리바바에 대한 공산당 지도부의 제재는 국가권력에 대한 비판의 수위 때문이라기보다 재산권의 과도한 증대 때문이라고 봐야 한다). 공동생산 시스템에서 평등화 프로젝트를 통해 소유를 극단으로 밀고 나가면, 이제는 유물이 된 그림(4)의 소비에트 국가사회주의 실험이 출현한다. 중국이 문화혁명(대약진)기 시행했던 집단농장화와 이후 개방정책 중에 이루어진 소농화는, 평등화 프로젝트를 통해 (4)로 이행한 후 (3)으로 되돌아가는 회귀의 과정이다. 중국보다 그 속도는 더디지만 북한 또한 이 경로를 따르고 있다고 볼 수 있다.

그렇다면 밀 경작과 쌀 경작 중 어느 사회가 더 불평등해질 가능성이 높을까? 일견, 밀 경작 사회가 더 불평등해질 것처럼 보인다. 밀 경작 사회의 근간을 이루는 개별 생산 시스템이 개인주의 문화를 발전시킬 것이고, 이런 문화에서 개별·가구별 수확과 축적에 대한 정당화 기제(능력주의) 또한 더 잘 발달할 것이라고 예측할 수 있다. 밀 문화권에서 베버의 '프로테스탄트 윤리와 자본주의 정신'이 나온 것은 우연이 아닌 셈이다. 가톨릭교회의 인증과 교리 해석의 독점권을 거부하고 개인과 신의 직접적 교통을 선언한 루터와 그를 계승한 칼뱅에게—중간 매개자로서 사제의 역할을 제거한 프로테스탄트들에게—신의 은총을 확인할 수 있는 유일한 길은 '수확량'과 '축적량'밖에는 없었다(Weber 1992〔1930〕).

이후 자본주의가 심화되면서 화폐경제와 상업이 발달함에 따라 이 '축적의 징표'가 곳간에서 은행으로 옮겨졌을 뿐, 밀 문화권의 개인주의에 근거한 생산과 소유 시스템은 크게 변하지 않았다. 프로테스탄트 윤리가 번성한 곳에서 '사회계약론'이 출현한 것도 우연이 아니다. 국가는 사회가 재산권을 보호하기 위해 강제력의 집행권을 잠시 '맡겨둔entrust' 존재일 뿐이다(Locke

1980). 그리고 사유재산권 보호의 법적·제도적·정치적 기제를 잘 발전시킨 곳에서 자본주의는 융성했다(North 1981; Acemoglu & Robinson 2012).

이에 비해 집단주의적 협업이 발달한 쌀 경작 사회는 생산 과정과 생산량에 대한 상호 감시 및 경쟁 기제가 발달할 수밖에 없으며, 이는 개별 농가의 과잉 축적에 대한 견제 시스템의 발전으로 이어질 것이라고 예측할 수 있다. 더구나 쌀 경작 사회는 공동체 내부의 경쟁과 비교 및 기술의 상호 모방 문화로 인해 집단 내 불평등이 장기간에 걸쳐 낮아질 것이다. 또한 쌀 경작 사회의 급속한 인구 팽창은 가구 단위에서 아랫세대로 전승되는 부의 양을 계속해서 잘게 쪼개는 역할을 한다.

김씨가 보유한 논밭 열 마지기는 자식 다섯에게 두 마지기씩 쪼개질 것이고, 그 자식들이 부부 합산으로 동일한 결수를 양쪽 집안으로부터 상속받더라도 네 마지기($=2 \times 2$)가 다시 (동일한 출산율이 유지될 경우) 다섯 자식에게 상속되면, 3대째에는 (아내도 동일한 출산율 아래 동일한 양을 상속받는다고 가정할 경우) 부부 합산 $1.6(=0.8 \times 2)$마지기로 준다. 두 번 상속하고 나니 소농이 빈농이 된 것이다. 동일한 면적 대비 인구 부양력이 다른 작물에 비해 두세 배에 달하는 벼농사의 희극이자 비극이다. 쌀은 고유의 생산력과 인구 부양력으로 인해 더 많은 인구가 더 많은 경작지에서 쌀을 재배하도록 이끌지만, 바로 그러한 이유로 쌀을 먹고사는 인구는—다른 산업을 발전시키지 않는다면—장기적으로 가난해진다.*

또래 세대 내부의 기술 평준화가 불평등을 줄이는 수평적인 압력이라면, 가족 세대 간 토지 상속은 불평등을 줄이는 수직적인 메커니즘이다. 전자가 또래 세대 내부의 연대와 경쟁으로인한 인위적 평준화 과정이라면, 후자는 생산력 증대를 위한 출산력 증대, 그리고 출산력 증대가 가져온 생산력 증대의, 의도치않은 결과다. 이러한 두 가지 메커니즘으로 인해 쌀 경작 사회는밀 경작 사회에 비해 불평등이 더 빠르게 낮아질 수밖에 없다.**

조선 후기에 이르면, 이러한 인구 증가 압력이 만들어낸 토지의 부족은 하층민들의 이주와 유민화를 촉발시키는 동시에 새로운 경지를 확장하도록 이끌었다. 하층민들은 깊은 산에 불을놓아 화전을 하거나 하천변의 갈대밭과 자갈밭을 수전으로 일구

---

* 맬서스와 보세럽이 맞부딪히는 지점이 바로 여기다. 내가 보기에는 기술 발전으로 생산력 증대가 일어나고 인구 팽창이 발생하면, 그로 인해 자원이 부족해지는 상황(맬서스의 저주)과 인구의 팽창에 대해 인간이 생산의 강도를 증대시킴으로써 필요에 부응하는 상황(보세럽의 낙관)이 순환한다. 나는 한반도의 마을 공동체가 이 두 이론의 중간 어딘가에서 몸부림치고struggle 있었다고 본다. 보세럽의 낙관에 동의하지만, 농업사회가 자체적으로 생산 강도를 높여 인구 증가 압력을 완전하게 탈출할 수 있다고 보지는 않는다. 결국, 대부분의 사회는 외부로부터의 충격—산업자본주의의 발전—에 의해 인구 유출이 일어나면서 인구 압력이 해소되는 경로를 밟는다.

** 물론, 이는 벼농사가 사회 전체의 생산력을 좌우하는 농업사회의 이야기다. 현대자본주의 사회에서 동아시아 쌀 문화권은 극심한 저출산에 시달리고 있고, 출산율이 극도로 낮아진 사회에서는 상속이 오히려 불평등을 증가시킨다.

쌀, 재난, 국가

는가 하면, 바다의 펄도 제방을 쌓아 농경지로 바꿔놓았다. 심지어 사람이 살지 않던 섬까지 경작지로 만들었다. 토지 대비 인구 밀도가 높은 곳일수록 간척과 개간을 통한 농경지 확보에 열성적이었다. 하지만 이러한 노력에도 불구하고, 조선 후기에 이르면 인구 증가의 압력으로 인해 전체 농민 계층의 소농화/영세화/빈농화 경향은 막을 수 없는 대세로 자리 잡게 된다(국사편찬위원회 2009). 벼농사 지역의 수직적 상속에 따른 평등화는, 빈곤화 혹은 빈곤으로 귀결되는 평등과 다름없는 것이었다.

쌀 경작 사회의 불평등 기제
―국가로의 접속

집단주의 사회에는 세대 내 공동노동과 기술 평준화 그리고 세대 간 상속으로 인한 자산의 분할이라는 '불평등의 제약'을 뛰어넘는, 두 가지 다른 경로가 존재한다.

하나는 개인들의 축적 욕구가 집단주의에 의한 통제 기제를 무력화/약화시키는 길이다. 개인들 중에는 협업을 통해 공동 생산하는 시스템에 만족하지 않고, 새로운 농법의 도입과 더 많은 노동량 투여, 새로운 개간지 마련을 통해 수확량과 축적량을 증대시키고자 하는 이들이 (당연히) 있었고, 이들로 인해 공동체 내 불평등은 점차 증가할 수밖에 없었다. 예를 들어 조선의 양반은 놀고먹으며 집안의 노비와 소작농들의 노동에 기생하는 듯 보여도(실제 그러했지만), 한편으론 소출을 늘리고 재산을 축적하기 위해 가문 단위의 생산력 증대 방안을 끊임없이 고민했다. 중앙정치에 참여하지 않는 시간에는 가문의 소출량을 증대시키기 위한 고민에 매진한 것이다(달리 무엇을 하겠는가?). (논란은 있지만) 조선 초기에 시작되어 후기까지 확대된 천방(보)과 제언(저수지)의 축조를 주도한 자들 또한 지역의 지주들이었던 재지사족在地士族들이었다(이태진 2002). 중소 자영농들이 두레와 품앗이를 조직하여 마을 단위 공동노동 시스템을 확립했다면, 이들

쌀, 재난, 국가

은 마을 전체의 노동력을 동원하여 수리 시설을 축조했고 자체 보유 노비와 소작농의 노동력을 동원하여 생산량을 증대시켰다.

또 다른 불평등의 증대 경로는 국가 자원에 대한 접속을 통해서다. 달리 말하면 '지대 추구rent-seeking'다. 앞서 이야기했듯이 쌀 경작에 바탕을 둔 집단주의 사회는 '강한, 효율적인 국가'를 필요로 한다. 강력한 국가의 출현은 자연스럽게 국가권력을 소유한 자들 혹은 그들과 가까운 자들에게 권력을 집중시키고, 국가를 보다 잘 이용하는 자가 더 많은 축적을 할 수 있는 여지를 제공했다. 국가의 존재 자체가 불평등을 생산하는 기제로 작동하는 것이다. 예를 들어 지방 관아의 '명령'을 통해 특정 지역에 대규모 수리·관개시설을 짓고 그 이용권을 상당 부분 획득할 수 있는 위치에 있는 자는, 자신이 보유한 노동력으로 얻을 수 있는 것 이상의 혜택을 국가권력을 이용해 얻게 된다. 국가의 힘과 물리력, 제도를 자신의 이해관계를 위해 동원할 수 있는가의 여부가 생산력 증진의 필수 요건이 되는 것이다.

누가 이 국가에 의해 주도되는 생산과 관개를 위한 협력의 수혜자가 되는가? 동아시아인들은 답을 알고 있다. 역사적으로 이들은 바로 중앙 및 지방의 관리(향리)들과 그들과 연결되어 있는 지주(가문)들이다. 왕이 하사한 토지를 보유하고 있는 중앙 관리와 유력자들, 지방의 토지를 차지하고 있는 유지들과 그 행정 시스템을 장악하고 있는 향리들은 생산과 관개의 협력을 위해 필요한 노동력의 동원과 배치를 주도했고, 그 최대 수혜자는 자신들의 가문이었다.

결국 동아시아에서는 국가가 주도하는 생산 시스템을 운영하거나 이에 편승하는 '운과 능력'을 보유한 자들과 그렇지 못한 자들로 갈리는 바로 이 지점이, 불평등의 탄생 순간인 것이다. 밀 문화권의 불평등이 생산 과정에서 개인들이 투여한 노동력과 재능의 차이로부터 발생한다면, 쌀 문화권의 불평등은 생산에 대한 국가의 개입과 조직화 과정에 '줄을 놓는' 혹은 '줄이 닿는' 순간 발생한다. 밀 문화권에서 재산의 축적이 신의 은총이라면, 쌀 문화권에서는 그것이 국가와 연줄의 은총이다.

적어도 동아시아 문화권에서는 누가 국가 관료가 되고, 누가 국가 관료와 연줄이 닿느냐에 따라 국가에 대한 '통제권'과 '지대 추구권'이 결정되었다. 동아시아 유교 문화권에서 생산물에 대한 수취권과 분배권, 사업의 인허가권, 금융 통제를 통한 자본의 분배권을 손에 쥐고 있는 국가 관료는 시험을 거쳐 선발되었고, 이렇게 선발된 관료 집단에 접근할 가능성은 학연, 지연, 혈연에 의해 결정되었다. 같은 서원에서 공부하며 지연과 스승을 공유하는 사대부들이 만든 '학파'는 훗날 '당파'로 전환되었으며, 그 당파의 내부 또한 몇몇 유력 씨족 집안들의 혈연과 혼인 계보를 따라 직조되었다(백광렬 2017). 결국 쌀 문화권에서 재산 축적은 생산을 조직화하는 국가, 더 정확히는 국가를 점유하고 있는 학연-지연-혈연 네트워크에 누가 '최초로' 다리를 놓는 '기회'를 누렸느냐에 의해 결정되었다. 이러한 국가를 점유한 세력과 국가의 통제권에 접근하려는 외부 세력 간의 '공모'가 쌀 문화권 국가에서 발생하는 불평등의 주요한 축이다. 이런 점에서, 쌀 문화권의 국가는 불평등의 '조정 및 관리자'가 아니라, 불평등의 '생산자'이기도 한 것이다.

동아시아 쌀 문화권에서 국가권력에의 '접속권'에 따라 부의 축적 기회가 주어지는 전통은, 현대자본주의 사회까지 면면히 이어져 내려왔다. 사회주의에서 자본주의 경제로의 전환을 시도하는 중국의 급증하는 불평등은 이러한 시나리오를 가감 없이 보여준다. 국영기업 민영화의 수혜는 공산당원인 관리들의 친인척과 친구들에게 돌아갔으며, 중국에서의 사업 성공은 공산당원 및 국가 관리들과 얼마나 긴밀한 네트워크를 형성하는지에 달려 있다.

한국인들은 이 스토리에 익숙하다. 박정희 정권의 중화학공업 정책으로 출현한 한국의 재벌 대기업들도 국가와의 접속을 통해 성장체제의 근간을 마련했기 때문이다. 이 기업들의 창업주 중 상당수는 해방 정국과 이승만 정권하에서 일제의 적산을 불하받아 사업을 일으키고, 박정희 정권하에서 국가가 몰아주는 정책금융을 지원받아 사업을 성장시켰음은 국민 상식이다. 한국의 재벌들은 국가 관료 및 정치권과 결탁하여 최초의 자본축적을 용이하게 진행시킬 수 있었다. 산업의 태동기에 사업 인허가권을 누가 받느냐에 따라, 산업구조 조정기에 누가 기간산업 운영권을 획득하느냐에 따라, 국가의 정책금융을 누가, 얼마나 따내느냐에 따라 재벌의 명운이 갈렸다. 선경은 통신사업을 장인 집권기에 따냈으며 주인 잃은 현대전자를 넘겨받아 하이닉스를 일궜다. 대한항공의 항공 산업 진입권은 박정희 정권과의 유착이 없었다면 다른 곳으로 갔을 것이다.

일본의 건설 및 무역회사들과 자민당 간의 정치자금과 사업 인허가권/정책금융을 교환하는 동맹 네트워크는, 자민당이 장기 집권하는 토대이자 일본 자본주의 발전의 근간이었다. 중국 기업들 중 상당수는 공산당과의 합작 기업이라 봐야 한다. 2020년대 한국의 새로운 산업으로 떠오른 바이오, 태양광, 전기 차, 2차전지 분야에서 인허가권과 정책금융을 따내기 위해 국가—정치권과 관료 집단—를 향한 지대 추구자들의 쟁투가 이 시간에도 물밑에서 요란하게 진행되고 있을 것이다. 우리는 그 최종 승자를 지면에서 확인할 뿐이다.

벼농사 체제와 과거제도는 어떻게 얽혔나

벼농사 체제에서 국가로의 접속권이 부를 창출하는 지름길이라면, 가장 믿을 만한 접속권은 가까운 혈육-먼 친척-지인 순으로 신뢰의 등급이 매겨질 것이다. 자신이 아니면, 자신의 자식이 과거에 급제하는 것만큼 확실한 접속권은 없다. 따라서 집안에서, 가능하면 직계가족에서 과거 급제자를 배출하는 것은 동아시아인의 영원한 꿈이다.

그런데 동아시아의 시험제도는 벼농사 생산을 위한 노동과정에서 유래한 것이 아니다. 당나라에서 과거제가 처음 도입되었을 때, 그 목적은 지방 호족 세력을 왕이 지배하는 중앙집권체제에 포섭하기 위해서였다. 과거제가 정착되자 왕의 친인척과 그들의 친구들로 채워졌던 중앙 국가에 지방 호족 세력이, 좀 더 제도화된 후에는 양인까지도 진출할 수 있는 자격이 주어졌다. 당나라는 과거제 덕분에 그 이전의 제국들과는 비교할 수 없을 정도로 중앙집권화된 수취체제를 수립할 수 있었다(미야자키 2016〔1964〕). 중앙에서 파견된 관리들은 지방 호족 세력을 견제하는 역할을 했으며, (과거의 지방 호족이나 군벌들과 달리) 잠재적 왕권 위협 세력이라기보다 지배 권력을 왕과 분할하여 운영하는 왕권의 호위 세력에 가까웠다.

조선왕조 또한 고려 시대에 도입된 과거제가 정착하면서 생산 시스템과 병권을 장악하고 있던 지방 호족 세력들의 힘을 제어할 수 있게 된다. 지방 호족 세력들은 자신들의 위세와 경제력을 유지하기 위해 몇 대마다 과거 급제자를 배출해야만 했다(미야지마 2014). 과거제하에서 양반들은 다수의 양인들과 끊임없이 경쟁하지 않으면 안 되었고, 영속적이지 않은 양반과 양인의 경계는 사회이동성에 대한 강한 열망과 경쟁을 통해 조선의 왕권 중심 지배체제가 장기 지속할 수 있는 제도적 토대를 마련했다.

다시 말해, 동아시아에서 귀족 혹은 양반이라는 사회적 지위는 불안정한 것이었다. 과거 급제자를 배출하여 새로운 토지와 노비를 하사받지 못하면, 이전의 귀족/양반 가문의 자산은 몇 대만 지나면 자식들에게 분급되어 결국에는 '소농화'로 귀결되었기 때문이다. 어느 정도 자산을 축적한 양인들은 경제적 지위를 공고화하는 동시에 정치적 지위의 획득을 통한 신분 상승을 이루려 했고, 다수의 양인들 또한 소농의 지위를 일거에 양반으로 상승시킬 꿈을 자식의 과거 급제로써 달성하고자 했다. 과거는, 신분 하락을 막으려는 기존 양반들과 과거 급제자를 배출하여 신분 상승을 이루려는 양인들 간의 '계급 이동 투쟁'의 전장이었다. 오늘날 한국 사회에서 입시(및 상층 정규직 진입 경쟁)는 '신분 상승 투쟁' 혹은 '계급 이동 투쟁'인 것이다.

벼슬과 벼농사의 상호작용

이제 벼농사 마을 공동체 평수리로 되돌아가보자. 우리는 이미 평수리 구성원의 다수는 자영 소농들이며, 이들은 몇몇 씨족들로부터 분가한 가구들끼리 쌀 경작을 위한 공동노동 조직을 꾸려 협력하면서 끊임없이 경쟁하는 관계임을 살펴보았다. 또한, 이러한 협력과 경쟁의 이중 구도는 '긴밀한 사회적 연결망'(Thomson et al. 2018) 속에서 끝없는 '비교와 질시의 문화'를 양산할 수밖에 없음(Lee & Talhelm 2019; 이철승 2019b)을 이야기했다.

그런데, 앞서 이야기한 박씨와 조씨 집안 간의 수확량 경쟁 네트워크에 박씨 집안의 똑똑한 자식의 존재와 역할을 집어넣어보자. 박씨는 넷째 아들 막동이가 글 읽고 암송하고 쓰는 재주가 비상한 것을 발견했다. 집안 어른들의 말씀대로 박씨는 막동이를 농사일에서 제외시키고 건넛마을 서당에 보내기 시작했다(집안 내 경쟁과 질시의 시작이다). 막동이는 서당 훈장의 추천으로 이웃 마을 기숙 서원에 들어가, 그곳에서 6년을 먹고 자며 글 읽기를 더 한 끝에 과거에 급제한다. 중앙정부의 관료로 선발되어 승승장구하며 중앙에서 공을 인정받은 막동이는 임금으로부터 임야와 누비를 하사받았다. 박씨 집안은 갑자기 양반이 된 것이다.

박씨는 아들이 하사받은 노비를 동원하여 하사받은 임야를 개간하기로 마음먹는다. 몇 년 후 박씨는 거대한 개간지를 경영하기 시작한다. (아들의 위세와 연줄을 이용하여) 지방 수령들과 마을 청년들을 동원해 자기 소유 임야에서 흘러 내려오는 실개천에 제방을 쌓더니, 마을 전체 농지에 물을 안정적으로 공급할 수 있을 만한 규모의 작은 저수지를 만들었다. 박씨는 개천 하류에도 보를 쌓아 가뭄에도 물이 마르지 않고 고여 있게끔 했다. 이로써 박씨 소유 임야 아래의 저수지와 보의 물을 끌어올 수 있느냐가 벼농사 성공의 관건이 되었다. 박씨는 이 지방 양반이자 유력 토호일 뿐 아니라, 물을 관리하고 조정하는 권력까지 갖게 된 것이다.

조씨 집안은 이 저수지 공사를 포함해 어느덧 늘어난 박씨 집안 개간지의 김매기 작업에도 동원된다. 당연히 수확량에서도 상대가 되지 않는다. 조씨는 소농으로 남아 있건만, 박씨 집안은 단번에 지방 유력 가문으로 성장했다. 김매기와 아궁이 재를 섞은 두엄 개발과 새로운 종자 개량으로 앞서가던 수확량 경쟁이 자식 농사 차이로 한 세대 안에서 갑작스레 뒤집어진 것이다. 장기적으로 조씨(조씨 집안)는 어떻게 반응하겠는가? 논밭에서의 수확량 경쟁은 자신의 몫이지만, 자식들(중 한자를 잘 외우고 쓰는 자), 그 자식의 자식들은 인근 서원에 입학시켜 중앙 관료 선발 경쟁에 복무시킬 것이다. 씨족 전체에서 단 한 명이라도 중앙 정계에 진출하면, 조씨 가문은 그로부터 하사받은 토지와 노비

쌀, 재난, 국가

를 기반으로 생산력 증대 경쟁에서 압도적 우위를 점할 수 있게 된다. 바로 급제자를 키우면서, 나머지 씨족은 농업생산력을 증대시키는 포트폴리오(자산 투자에 있어 기회와 위험의 배분) 이원 구조의 탄생이다. 가문에서 어릴 적 싹이 보이는 아이는 서당과 서원으로, 그렇지 못한 아이는 농사꾼으로 성장시키는 가족 내 '기회와 자원의 분할 및 집중'의 문화가 생성된 것이다.

이 순간, 벼농사 체제와 과거제도는 '엮였coupled'거나 '중첩 layered'되었다(Mahoney & Thelen 2009). 하나는 마을의 생산력 경쟁 시스템이고 다른 하나는 왕과 지방 호족 사이의 지배권력 경쟁 시스템이었지만, 평수리에서는 씨족들 사이의 경쟁 시스템에서 구사되는 포트폴리오 전략으로 자리매김한 것이다. 보다 정확히는 씨족 마을 공동체의 닫힌 농업생산력 경쟁 시스템에, 과거를 통한 사회이동 시스템이 개입한 것이다. 이로써 마을의 신분 이동과 생산력 경쟁 시스템은 국가와 접속되었고, 국가의 지배 전략hegemonic strategy(Gramsci 1971) 안으로 포섭되었다.

이 가문 단위의 전략적 선택은, 앞서 이야기해온 벼농사 체제 고유의 '협력과 경쟁' 및 '비교와 질시' 문화에 어떤 충격을 가져왔을까? 가문 단위 포트폴리오 경쟁은 인구의 증가로 소농화가 진전될수록 생산력 및 신분 이동 경쟁을 격화시켰다. 연구에 따르면, 중국에서 진사(과거의 최종 합격자)에 합격할 확률은 시험에 응시힌 지만 띠저도 3,000대 1이었고(미야자키 2016 〔1964〕), 한국에서 과거를 통해 중앙 관료로 진출할 확률 또한 중국 못지않았을 것으로 추정된다(박영규 2018; 이남희 2008). 확률이 낮을수록 로또의 상대 가치는 더 커졌고, 동아시아인들은 이 로또를 쟁취하기 위해 몰입했다. 그들은 벼농사와 자식 농사에 이중으로 투자하기 시작한 것이다(이 포트폴리오 전략은, 모내기 광경과 서당을 한 그림 안에 배치한 2장의 <그림2-1 경직도병>에 그대로 나타나 있다). 전자가 매해 가을 수확량을 늘리기 위한 투자였다면, 후자는 자식이 성장하면 결실을 볼지도 모를 대박 분양권이었다.

벼농사 생산체제에 외부로부터 삽입된 과거제도는 이렇게 동아시아 마을 공동체의 내부 경쟁을 격화시켰으며, 과거에 급제한 집안에 대한 비교와 질시, 부러움은 사촌이 논을 사는 정도를 훌쩍 뛰어넘었다. 과거제가 정착되면서부터 동아시아 마을의 '자식 농사'는, 교육을 통한 가문의 신분 상승을 의미하는 것으로 자리매김한 것이다. 벼농사 체제에서 과거제는 한 가문의 사회 경제적 신분을 일거에 바꿔놓는 궁극적인 '게임 체인저'였다. 고려 후기 혹은 조선 초기에 과거제가 안착한 이래로, 조선의 양반들과 양인들은 쌀과 과거제에 이중으로 갇혔고, 그 후예인 우리 또한 여전히 갇혀 있다.

평등화와 차별화를 향한
욕망의 공존

한국의 벼농사 체제는 (중국, 일본과 마찬가지로) '소농사회'(미야지마 2014)에 기반한다. 이 소농사회의 특징은, 생산은 집단주의 협업 시스템인데 수확한 산물은 개인의 몫으로 돌아간다는 데 있다(송기태 2018).

동아시아 소농사회의 공동생산과 개별 소유 시스템은, 앞서 언급했듯이 독특한 협력과 경쟁의 문화를 만들어냈다. 거듭 이야기하지만, 함께 생산을 한다는 것은 내 손과 발을 남의 논에 담근다는 뜻이다. 이웃의 모내기를 함께했으니 몇 포기를 심었는지 알고, 함께 작업하며 새참을 제공받았으니 그 집 밥그릇과 수저 개수를 안다. 같이 땀을 흘렸으니 동지애가 만들어지며 서로 감사하는 마음을 갖게 되고, 때로는 이웃이 형제보다 더 가까운 관계가 형성되기도 한다. '이웃사촌'이라는 말이 상징하는 동아시아의 '끈끈한 동료애 혹은 이웃애'는 서구의 개인주의 경작 시스템의 '약한 연대'와는 그 깊이와 강도가 다르다.

더구나 동아시아의 벼농사 체제는 (앞서 분석했듯이) 극도의 세밀 공정이다. 모를 묘판에서 물이 채워진 논으로 이앙할 때 어떤 깊이, 어떤 간격으로 심는지 그리고 물을 얼마나 채워놓았는지에 따라 가을의 수확량이 달라질 수 있다. 남의 집 농사 잘못

도와주면 그 집 가을 수확을 망칠 수 있는 것이다. 끈끈한 동료애는 생산과정에 대한 극도로 세밀한 조율과 조정, 표준화를 동반한다. 따라서 두레와 품앗이는 대충, 해주고 싶은 만큼, 받고 싶은 만큼과 같은 자의적 기준에 의해 이루어지는 것이 아니다. 두레와 품앗이는 적절한 노동강도와 질의 관리가 수반된다. 두레와 품앗이 문화에 동반되는 '이웃 간의 끈끈함'은 단순한 인간적·정서적 결속을 넘어서는, '상호 신뢰'를 바탕으로 한 노동과정의 연대이자 엄격한 노동의 교환관계였다.

거듭 강조하는 동아시아 소농 시스템의 문제는, 이 노동과정의 연대와 수확의 사유화가 철저히 분리되어 있었다는 점이다. 그렇다면 생산과정은 공유했는데 수확이 공유되지 않으면 어떤 문제가 발생하는가? 밀 문화권에서는 생산과정이 공유되지 않기에 서로의 수확량에 대한 정보가 불분명하다. 심지어는 각자 뿌리고 각자 거뒀기 때문에 서로의 수확량에 무관심하다. 쌀 문화권에서는 반대 상황이 발생한다. 생산과정에서 서로의 '출발점과 최초의 노동 투여량'을 확인(공유)했기 때문에 수확량에 대한 '상호 관심의 네트워크'가 저절로 만들어진다. 다시 말해서, 옆 논의 벼가 크는 속도와 내 논의 벼가 크는 속도를 '비교'하는 네트워크가 구성되는 것이다. 논과 밭을 같이 갈아엎고 파종을 함께하는, 바로 그 순간부터 말이다.

나는 이를 '네트워크 경쟁network-based competition'이라 명명한다. 그 내용은 바로 '상호 관심과 비교'다. 가을 수확기가 되면,

수확량 경쟁의 게임이 끝나면 겨울은 평가의 시간이다. 왜 내 논에서 쌀이 덜 나왔을까. 왜 그의 논에서 쌀이 더 나왔을까. 겨울 농한기에 모인 장정들과 아낙들은 '이바구'를 푼다. 누구네 집이 부지런하고 누구네 집은 게으르다는 평가는 기본이고, 그 집 장정 아무개가 무슨 일을 잘(못)하고 아낙 아무개가 무슨 음식을 잘(못)하는지가 '평판'이 되어 밥상과 술상을 넘나들며 퍼진다. 동아시아의 농촌, 평수리 마을 공동체는 오늘날 대기업의 인사부서 못지않게 효율적이며 엄격했다. 마을 기업이 수천 년 동안 살아남은 근간이 바로 이 평가 시스템이었다.

그렇다면 이 벼농사 체제의 '공동생산 네트워크'로부터 유래하는 '네트워크 경쟁'의 사회심리학적 특징은 무엇인가. 첫째는 경로 의존성*으로 인한 경쟁 문화의 무한 반복과 강화다. 둘째는 상호 의존 및 경쟁과 함께 강화되는 '질시의 심리학'이다. 셋째는 상호 의존과 경쟁이 출구 없이 되풀이되며 만들어지는 (2장에서 다룬) '신뢰와 불신의 이중적 공존'이다. 이러한 세 가지 상호 모순적 패턴을 특징으로 하는 '네트워크 경쟁'은 불평등에 대한 인식과 평등화를 향한 열망에 어떤 영향을 끼칠까? 앞서 논의한 공

---

* 일단 한 경로를 택하면 그 경로가 주는 혜택과 다른 경로로 바꿀 경우의 비용을 모두 (실제보다) 크게 인식함으로써, 기존에 선택한 경로에 계속 머물게 되는 경향을 의미한다(Arthur 1994). 우리가 쓰고 있는 QWERTY 키보드보다 더 효율적인 자판이 존재함에도 불구하고, 계속해서 이 방식의 키보드를 고수하는 것이 좋은 예다.

동생산 네트워크와 그로부터 유래한 세 가지 사회심리학적 특징이 하나의 '구조화된 심리'로서 동아시아인과 한국인의 문화에 장착되어 있다면, 이에 근거한 여러 가지 가설이 가능하다.

먼저 공동생산과 협력의 문화는 강한 평등화의 욕망을 수반할 것이다. 이는 동아시아 역사에 존재하는 수많은 농민의 난과 혁명의 시도에서도, 서구와 비교할 때 낮은 수준으로 유지되는 불평등(현대 중국을 제외하면)에서도 도출될 수 있는 가설이다. 집단 수준의 평등화에 대한 열망은, 많이 가진 자와 그들의 소유에 대한 질서 및 사회정치적 차원의 문제 제기로 이어진다. 만일 다수의 농민이 자영농일 경우 이 질서는 상호 경쟁으로 귀결되지만, 다수의 농민이 소작농일 경우에는 지주에 대한 강렬한 반감으로 이어질 것이다. 땅을 소유한 것 외에는 아무런 기여도 하지 않은 땅 주인이, 내가 그토록 정성 들여 수확한 결실의 절반을 뚝 떼어 가져가는 순간, 계급 갈등의 심지는 불타오를 수밖에 없다. 19세기와 20세기에 걸쳐 일어난 농민반란들은 바로 이 불평등에 대한 집단 수준의 질서와 분노를 적절히 조직화하고 점화시킬 줄 알았던—마오쩌둥과 호찌민 같은—혁명주의 지식인들을 통해 농민혁명으로 진화했다(Moore 1966; Skocpol 1979).

반면, 생산이 아닌 수확 및 보상 단계에 방점을 찍으면 전혀 다른 가설이 도출된다. 강력하게 구조화된 닫힌 네트워크에서의 무한 경쟁, 그 쳇바퀴 속에서 서로의 수확물을 확인하면서 갖게 되는 질서의 문화, 그로 인해 표면적 신뢰와 내면적 불신의 공존

쌀, 재난, 국가

이 가져오는 이중적 인간관계는 '상대적 불평등'에 대해 민감한 반응을 이끌어낸다. 따라서 동아시아적·한국적 생산체제는 개인 단위에서는 차별화를 열망한다. 아주 강렬하게.

결국 동아시아 벼농사 체제는 서로 모순적인, 공동생산-개별 소유 시스템으로 인해 그 내부에 평등화와 차별화의 욕망을 동시에 내포하고 있다. 전자를 극대화한 체제는 20세기 농민혁명을 거쳐 사회주의 국가를 구축했고, 후자를 극대화한 체제는 같은 시기 급속한 자본주의적 산업화의 길을 걸었다. 한마을의 생산과 소유 시스템에 두 가지 요소가 공존했던 것이다. 벼농사 체제의 이 이란성 쌍둥이들은, 체제는 다를지라도 그 내부에 평등화와 차별화의 욕망을 동시에 발현시킬 수밖에 없다. 오늘날 동아시아의 사회주의 국가인 중국과 자본주의 국가인 한국, 일본, 대만이 서로 다른 정치체제에도 불구하고, 생산과 소유 시스템에서는 (서구와 비교할 때) 크게 다르지 않은 유사성을 보이는 배경이기도 하다.

요약하면, 동아시아 벼농사 체제의 공동생산 시스템은 평등화를 향한 강한 집단적 심리 기제를 발동시키지만, 개별 소유 시스템은 무한 경쟁과 불신, 불평등에 대한 강렬한 개인적 욕망을 자극한다. 동아시아 벼농사 생산체제는 평등화와 불평등화에 대한 열망이라는, 이중의 심리 구조를 생성하는 것이다.

한반도 남단 정주민의 심리 구조
―평등화와 차별화의 공존

좁은 남한 땅에서 중국에서와 같은 쌀·밀 문화권 구별은 무리다. 하지만 지역별로 다른 '쌀 경작 수준의 차이'를 통해, 쌀 문화권 내부에서도 심리 구조의 차이가 (약간이라도) 존재하는지 테스트해볼 수는 있다. 한반도 최남단(경상·전라도)은 쌀 경작의 정도가 높고, 경기 및 강원도는 그 정도가 낮기 때문이다. 도시화의 정도와 교육, 소득, 정치적 지향 등을 적절히 통제하면, 쌀 경작을 더 많이 하는 곳에 사는 사람들이 그렇지 않은 지역과 비교해 평등화와 차별화에 대한 욕구가 어떻게 다른지 대략적인 경향을 엿볼 수 있다.

<그림4-2>와 <그림4-3>은 두 대조적인 결과를 보여준다. 먼저 '소득이 더 공평해야 하는가, 아니면 개인이 노력하는 만큼 소득에서 차이가 나야 하는가'라는 질문에, 쌀 경작을 더 많이 하는 지역일수록 공평해야 한다는 응답이 많다(<그림4-2>). 지리적·기후적 요인으로 벼농사를 더 오래 해온 지역일수록 평등화(공평한 소득)에 대한 열망이 더 큰 것이다. 뿌린 만큼, 정성을 들인 만큼 더 많은 수확량을 거두는 벼농사 생산체제의 정주민은 더 공평한 소득을 열망한다. 공동노동의 전통 속에 서로의 사정을 속속들이 알고 있는 상황에서, 남들의 수확량에 비해 처지는

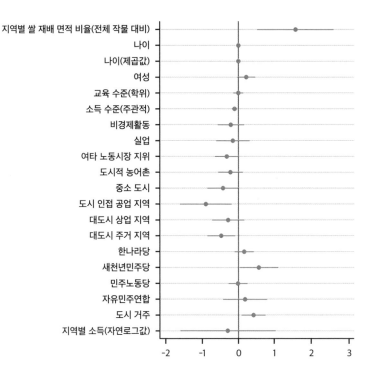

'소득이 더 공평해야 하는가, 아니면 개인이 노력하는 만큼 소득에서 차이가 나야 하는가'라는 질문을 역코딩하여 전자일수록 10에 가깝고, 후자일수록 1에 가깝다. 예를 들어 쌀 재배 면적이 높을수록 평등화(10)에 응답할 확률이 높고, 낮을수록 차별화(1)에 응답할 확률이 높다.

원형 점은 회귀계수 추정치(기울기의 예측치)이고 점의 양쪽 실선은 이 예측치가 포함될 것으로 기대되는 범위(신뢰 구간)를 의미한다. 이 범위를 나타내는 실선이 회색 0선과 교차하면 계수는 통계적으로 무의미해진다. 이 구간이 좁을수록(선이 짧을수록) 그 변수가 우연이 아닐 정도로 의미가 있음(통계적 유의도가 높음)을 의미한다. 따라서 그림에서 평등화(공평화) 욕구를 설명하는 데 통계적으로 의미가 있는 변수는 쌀 재배 면적(+), 소득 수준(-), 공업 지역 주거(-), 대도시 주거(-) 등이다(alpha=0.05).

자료: 세계가치조사 2005 한국 모듈.

그림 4-2 쌀 생산 면적 비율과 평등화 욕구

게 싫은 것이다. 이 효과는 <그림4-2>에서 보듯 (도시화나 소득 및 교육 수준과 같은 다른 변인들을 통제하고도) 통계적으로 '상당히' 유의미하다(p-value < 0.01).

하지만 <그림4-3>은 타인을 희생시키지 않고 부를 달성할 수 있는지 여부에 대해 쌀 경작을 더 많이 하는 지역일수록 부정적으로 답하는 경향을 보여준다. 이들은 '부는 모든 사람에게 충분할 만큼 증대된다'라고 믿지 않고, '다른 사람을 희생해서만 부유해질 수 있다'라고 믿을 확률이 높았다. 어떻게 이런 이중의, 모순적인 조합이 가능할까? 바로 벼농사 체제의 공동생산-개별 소유 시스템의 유산이다. 함께 생산했으니 수확이 엇비슷해야 공평하지만, 그렇다고 공동체가 함께 부유해지는 사회를 꿈꾸지도 않는다. 쌀 경작의 정도가 높은 지역일수록 이러한 이중적 태도를 견지하고 있다는 것은, 평등화와 차별화에 대한 열망이 동시적으로 공존하는 벼농사 체제 정주민의 성정과 얼추 일치한다.

더구나 2장에서 다루었던 벼농사 체제에서 발현되는 강력한 '경쟁과 비교 및 질시의 문화'를 상기하면, <그림4-2>와 <그림4-3>의 모순적 공존은 좀더 자연스럽다. 평등화의 열망이 공동의 성장 프로젝트를 즉각적으로 소환하지는 않는 것이다. 이 땅에서 왜 복지국가를 통한 공동의 성장과 재분배 프로젝트가 이토록 힘든지, 두 그림이 어느 정도 설명해준다. 어쩌면 <그림4-2>에서 나타나는 평등화를 향한 욕구는 최초의 공정한 세팅과

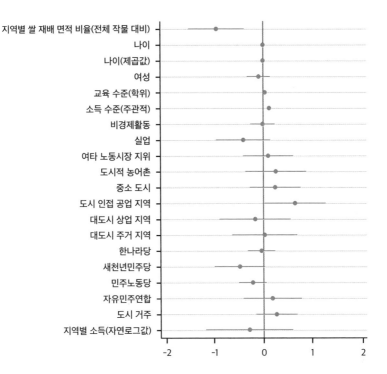

지역별 쌀 재배 면적 비율(전체 작물 대비)	
나이	
나이(제곱값)	
여성	
교육 수준(학위)	
소득 수준(주관적)	
비경제활동	
실업	
여타 노동시장 지위	
도시적 농어촌	
중소 도시	
도시 인접 공업 지역	
대도시 상업 지역	
대도시 주거 지역	
한나라당	
새천년민주당	
민주노동당	
자유민주연합	
도시 거주	
지역별 소득(자연로그값)	

'부는 모든 사람에게 충분할 만큼 증대된다고 믿는가, 아니면 다른 사람을 희생해서만 부유해질 수 있다고 믿는가'라는 질문을 역코딩하여 전자일수록 10에 가깝고, 후자일수록 1에 가깝다. 예를 들어, 쌀 재배 면적 비율이 높을 수록 다른 사람을 희생해서만 부유해질 수 있다고 답할 확률이 높다.

원형 점은 회귀계수 추정치(기울기의 예측치)이고 점의 양쪽 실선은 이 예측 치가 포함될 것으로 기대되는 범위(신뢰 구간)를 의미한다. 이 범위를 나타 내는 실선이 회색 0선과 교차하면 계수는 통계적으로 무의미해진다. 이 구 간이 좁을수록(선이 짧을수록) 그 변수가 우연이 아닐 정도로 의미가 있음 (통계적 유의도가 높음)을 의미한다. 따라서 그림에서 부에 대한 믿음을 설 명하는 데 통계적으로 의미가 있는 변수는 쌀 재배 면적(-)과 소득 수준(+), 공업 지역 주거(+)이다(alpha = 0.05).

자료: 세계가치조사 2005 한국 모듈.

그림 4-3 쌀 생산 면적 비율과 타인을 희생시키지 않고 부를 달성할 수 있는지에 대한 태도

그로부터 발생하는 결과에 대한 (나의 결과가 남보다 뒤처지지 않고 싶은) 욕구이지, 타인과의 협업을 통해 공동의 이익을 추구하는 '대동大同의 욕구'와는 거리가 먼 것이다. 벼농사 정주민의 성정은 남보다 내가 못한 것을 인정할 수는 없지만, 다른 사람을 희생시키지 않고서는 나의 부를 달성할 수 없다고 믿는, '집단 속에서 협력하지만, 무자비하게 경쟁하는 관계적 개인'에 가까운 것이다. 두 가지 대조적인 성정의 모순적 공존, 바로 벼농사 체제의 유산이다.

밀 문화권과 쌀 문화권의 불평등 치유 노력

　　다시 두 문화 비교로 돌아와, 밀 문화권과 쌀 문화권의 아래로부터의 평등화의 열망과 힘을 비교해보자. 먼저 밀 문화권인 서구의 경우, 평등화의 힘은 노동계급의 힘으로부터 나온다. 중세 말기부터 세력을 강화한 상인층과 산업혁명과 함께 출현한 산업자본가 계급이 부르주아 민주주의를 통해 귀족과 전제 군주로부터 재산권을 보호하기 시작하자, 노동계급 또한 그 제도 안에서 자신들의 이해를 대변할 수 있는 가능성을 발견했다(Rueschemeyer et al. 1992). 다양한 계급과 종교로 파편화되어 전쟁과 혁명의 소용돌이를 거쳐온 서구의 계급 분파들은 내부 갈등을 조정하고 협의하는 비례대표제*하의 협의민주주의를 발전시켰고, 이러한 노력은 결국 역사적인 계급 타협을 통한 복지국가 건설로 이어졌다(Esping-Andersen 1990; Iversen & Soskice 2009).

　　여기까지는 서구의 평등화 정치체제에 대한 일반론이다. 나는 이 비례대표제로 대표되는 협의정치가 제도화된 데에는 서유럽 특유의 역사적 배경이 있으며, 그 기원은 다시금 밀농사 체제

---

　*　비례대표제는 정당의 득표율에 비례하여 의석수를 배분하는 제도로, 소수 정당이 의회에 입성하기가 용이해진다. 따라서 이 제도하에서는 다당제가 촉진되고, 다수 연합을 확보하기 위한 정당 간 협의와 연합 또한 활성화된다.

(혹은 그와 결합된 목축문화)로 거슬러 올라간다고 본다. 한 단초는 1장에서 언급한 밀농사의 불완전성이다. 밀은 그 영양학적 불완전성(비타민D의 부족)으로 인해 육류 및 유제품 산업과 공존할 수밖에 없었다. 밀 있는 곳에는 우유나 양젖, 하다못해 염소젖이 같이 있기 마련이다. 그런데 소나 양 떼는 거대한 목초지를 필요로 한다. 어장과도 유사한 그것은 자연의 선물로서, 인간이 직접 생산에 관여하지 않아도 되는, 내버려 두면 자연이 만들어 선사해주는 것이다. 이 목초지는 대부분 산지에 있기에 누구의 소유도 아닌 산지를 오가며 소와 양 떼를 기르는 유목민적 전통이 유제품 산업에는 남아 있다. 따라서 이들이 정할 것은, 목초지나 어장을 '남용' '남획'하지 않기 위한 협의와 규칙이다. 바로 오스트롬(1990)이 이야기한 '공유지에 대한 조율 시스템'이 서구의 목축업을 중심으로 성장한 것이다.

나는 알프스와 피레네 산맥 곳곳에 흩뿌려져 있는 이 거대한 목초지를 관리하기 위한 공유지 조율 시스템이 서구 협의정치의 역사적 기원이라고 본다. 서구의 밀농사 문화는 그 불완전성으로 인해 육류 및 유제품 생산 인구를 마을 내부 혹은 외부에 가질 수밖에 없었고, 이들은 밀농사 문화 자체에는 존재할 필요가 없던 '협의 및 조율 시스템'을 내부에 장착하도록 이끌었다. 실제 13세기 이래로 에스파냐의 카탈루냐와 카스티야 지역의 양치기들은 그들끼리의 자치 기구를 만들어 대의제를 운영했다. '메스타mesta'라고 불린, 계절에 따라 지방을 옮겨 다니며 열린 이

대의원 회의를 통해 목초지와 관련 시설의 운영 규약을 만들고 세금을 거둬 국가 관료와 왕에게 지불한 것이다. 국가는 그 대가로 이들이 계절마다 옮겨 다니며 이용하는 목초지, 이동 시 통행권, 그리고 양들을 위한 식수와 양치기들의 휴식처 및 숙소 같은 각종 시설에 대한 권리와 안전을 보장했다(Kean 2009).

너무 황당해서 믿을 수 없는가? 이 가설을 테스트하는 간단한 방법은, 육류와 유제품 생산량이 많은 나라들이 더 큰 복지국가를 만들었는지 알아보는 것이다. 다만, 소의 경우 유제품과 별개로 가축과 쟁기를 농경에 사용하는 지역에서도 사육 비율이 높다. 유제품 또한 전 세계로 퍼져 있어서 오늘날 젖소를 사육하지 않는 나라는 별로 없다. 따라서 소는 적절한 지표가 아니다. 대안은 양과 염소다. 밀 문화권에서는 양과 염소를 유제품 생산 및 식용을 목적으로 오래전부터 사육해왔으나, 쌀 문화권에서는 (내륙 깊숙한 내몽골 정도를 제외하면) 양과 염소의 고기와 젖을 잘 먹지 않는다.

<그림4-4>는 오늘날 복지국가를 설명하는 많은 이론을 대변하는 변수를 통제하면서, 양과 염소 사육이 공적 복지 지출에 끼치는 영향을 계량화한 것이다. 놀랍게도 양과 염소를 많이 사육할수록, 더 큰 복지국가를 건설했다. 공유지에 대한 조율 시스템을 직접 확인하진 못해도, 적어도 양과 염소를 키우는 종족이 운영한 협의의 문화가 서구 복지국가의 근간에 자리 잡고 있을 가능성은 남는 것이다.

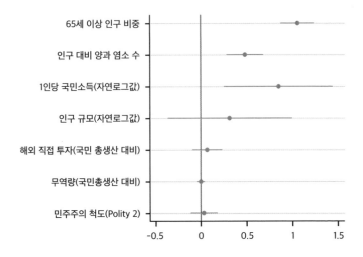

인구 대비 양과 염소 수의 설명력과 통계적 유의도는 가장 강력한 복지국가 설명 변수로 입증된 노인 인구(Pampel & Williamson 1989) 다음이다.

원형 점은 회귀계수 추정치(기울기의 예측치)이고 점의 양쪽 실선은 이 예측치가 포함될 것으로 기대되는 범위(신뢰 구간)를 의미한다. 이 범위를 나타내는 실선이 회색 0선과 교차하면 계수는 통계적으로 무의미해진다. 이 구간이 좁을수록(선이 짧을수록) 그 변수가 우연이 아닐 정도로 의미가 있음(통계적 유의도가 높음)을 의미한다. 따라서 그림에서 공적 복지 지출을 설명하는 데 통계적으로 의미가 있는 변수는 65세 이상 인구(+), 인구 대비 양과 염소 수 (+)와 1인당 국민소득(+)이다(alpha=0.05).

그림 4-4 목축문화(인구 대비 양과 염소 사육량)가 공적 복지 지출을 설명하는 정도

그렇다면, 과연 이러한 협의정치의 전통을 갖고 있는 밀 문화권에서 불평등을 시정하려는 노력이 더 왕성했을까? <그림 4-5>는 밀 문화권 국가들에서 복지국가의 재분배를 통한 개입 이후에는 (쌀 문화권에 비해) 불평등이 더 낮아지는 경향을 보여준다. 시장 소득을 기준으로 한 불평등에서는 쌀 문화권 국가들이 낮은 불평등 수준을 보이지만, (국가에 의한 세금 징수와 재분배를 반영한) 가처분 소득에 바탕을 둔 소득 불평등 지표에서는 밀 문화권일수록 그 정도가 더 낮은 것이다.* 협의정치의 전통을 발전시킨 밀 문화권은 복지국가를 통해 불평등의 증대로 인한 갈등의 비용을 나름—적극적으로—조절해온 것이다.

쌀 문화권과 밀 문화권에서 불평등을 치유하는 국가의 개입 노력은 다르게 발달했을까? 결론부터 말하면, 그렇다. 어느 문화권에서 국가가 더 강력하게 불평등을 시정하고자 노력했을까?

---

* 2010~19년 복지국가의 개입 이전 시장 소득 기준 지니계수 평균은 동아시아 민주주의 체제 3개국(한국, 일본, 대만)이 0.37(중국은 0.42), 서유럽 12개국이 0.47, 영미권 5개국(미국, 영국, 캐나다, 뉴질랜드, 오스트레일리아)과 아일랜드는 0.49였다. 복지국가의 세금과 이전 소득을 고려한 가처분 소득 기준 동아시아 3개국의 지니계수 평균은 0.31이었고(중국은 0.42), 서유럽 12개국이 0.27, 영미권 6개국은 0.33이다. 동아시아의 소득 불평등은 가처분 소득 기준으로는 서구 유럽보다 약간 높은 수준이지만 영미권에 비해서는 낮고, 시장 소득 기준으로는 세 지역 중 가장 낮다. 다만 개별 국가를 들여다보면, 일본은 0.45에서 0.32로, 한국은 0.34에서 0.31로, 대만은 0.33에서 0.31로 불평등을 줄였고, 중국은 사실상 아무런 변화가 없다. 일본을 제외하면, 동아시아 국가들이 불평등을 치유하기 위해 한 일은 별로 없다는 이야기다(Solt 2016).

지니계수(가처분 소득 기준)

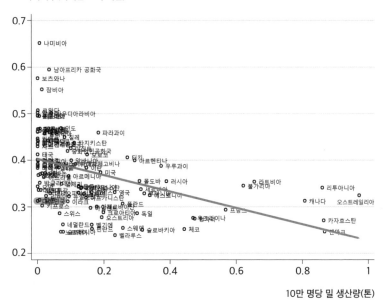

한국의 밀 생산량은 0에 가깝고, 지니계수 0.31인 좌하단에 위치한다(지니계수가 높을수록 불평등의 정도가 높다). (재분배가 완료된 이후 소득인) 가처분 소득 기준 지니계수의 경우, 한국은 대부분의 개발도상국들과 영미권보다는 낮지만, 서유럽과 북유럽의 복지국가들에 비해서는 높음을 알 수 있다.

그림 4-5 밀농사 체제와 소득 불평등: 10만 명당 밀 생산량과 지니계수(가처분 소득)

결론부터 말하면, 밀 문화권이다. 우리가 알고 있는 대부분의 복지국가는 밀 문화권에 위치해 있다. 그런데 앞서 불평등의 정도는 쌀 문화권에서 더 낮음을 확인했다. 또한 쌀 문화권의 시민들은 강력하게 열망한다, 다른 이들(정확히는 자신의 친족과 이웃)과 비슷한 부와 사회적 지위를 누리기를. 그렇다면 논리적으로 자신이 빈곤에 처했을 때, 국가의 재분배 정책을 통해 남들과(주위 사람들과) 비슷해지기를 바라야 하지 않을까?

데이터는 이러한 예측을 다시 한번 배반한다. <그림4-6>은 밀 생산량이 많은 국가일수록 재분배 노력도 더 큼을 보여준다. 밀 생산량 데이터가 산업화가 이미 진행된 이후의 것임을 고려하면, 그래프 좌상단의 서구 국가들은 100년, 200년 전에는 우상단에 위치했어야 한다. 따라서 그래프의 (이미 통계적으로 유의미한) 상관관계는 '저평가'된 것이다. <그림4-7>은 반대 경향이다. 쌀 생산량이 많은 국가일수록 재분배 노력은 더 적다. 빵 먹는 자들이 밥 먹는 자들보다 불평등을 줄이려는 '평등화의 열망'을 더 잘 제도화한 것이다. 쌀을 주식으로 하는 문화권에서는 불평등을 줄이려는 강력한 복지국가의 제도가 출현하지 않았다(우상단이 텅 비어 있다).

왜, 어떻게 밀 문화권이 쌀 문화권에 비해 불평등에 대한 '평등화의 욕구'를 더 잘 정치화하고 제도화했을까? 왜 쌀 문화권은 공동생산 조직에서 비롯되는 평등화의 욕구를 재분배로 연결시키지 (못하는가가 아니라) '않았는가'?

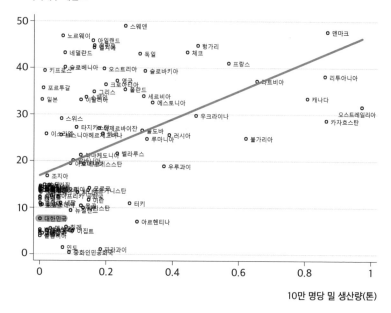

지니계수 개선도

10만 명당 밀 생산량(톤)

시장 소득 기반 불평등과 가처분 소득 기반 불평등 사이의 '차이'가 시장 소득 대비 몇 %인지를 계량화한 지표—〔(시장 소득 지니계수-가처분 소득 지니계수)/시장 소득 지니계수〕×100—를 Y축으로 놓고, 밀 생산량이 얼마나 이 '차이'를 설명하는지를 그래프로 나타낸 것이다. 다시 말해서, Y축은 국가가 복지국가의 '소득 이전'을 통해 얼마나 '재분배'를 달성했는지에 관한 지표다. 이 값이 클수록 국가가 불평등을 개선하기 위해 노력한 정도가 컸다고 볼 수 있다. 한국은 밀 생산량이 0.0005톤, 불평등(지니계수) 개선도는 7.6퍼센트다.

그림 4-6 10만 명당 밀 생산량과 복지국가 재분배에 의한 지니계수 개선도

지니계수 개선도

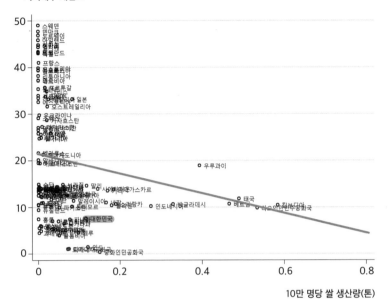

시장 소득 기반 불평등과 가처분 소득 기반 불평등 사이의 '차이'가 시장 소득 대비 몇 %인지를 계량화한 지표를 Y축으로 놓고, 쌀 생산량이 얼마나 이 '차이'를 설명하는지를 그래프로 나타낸 것이다. 한국은 10만 명당 쌀 생산량이 0.117톤(10년 평균치, 2009~2018), 불평등(지니계수) 개선도는 7.6퍼센트다.

그림 4-7 10만 명당 쌀 생산량과 복지국가 재분배에 의한 지니계수 개선도

불평등 치유 노력의 역사적 기원

쌀 문화권에서 평등화에 대한 열망은 강하지만 그 열망이 밀 문화권처럼 국가를 통한 불평등의 치유로 전화되지 않는 이유는, '정의로운, 공평한 분배'를 향한 열망이라기보다 '남에게 뒤지지 않으려는 질시'에 기반한 것이기 때문이다. 하지만 왜 각 문화권에서 '정의로운 분배'와 '질시에 기반한 분배'의 문화가 서로 다른 결로 생성되었는가?

몇 가지 대답을 시도해보자. 첫째는 종교의 영향이다. 쌀 문화권은 역사적으로 신분제를 제도화하고 정당화하는 정치 기제와 윤리를 발달시켰다. 동아시아의 사농공상 신분제와 인도의 카스트가 대표적이다. 반면 밀 문화권에서는 기독교의 부흥으로 모든 인간은 신 앞에서 평등하다는 강력한 '만인 평등사상'이 뿌리내렸다. 서구에서 민주주의가 먼저 발흥한 역사적 배경이기도 하다. 따라서 밀 문화권은 '개인주의'와 함께, 개인에게 재산이 귀속(소유권)됨으로써 발생하는 불평등의 폐해를 시정하고자 하는 종교운동이 일찍부터 정치운동으로 발전했다.

벼농사 체제에서 발달한 신분제의 유산은 현대자본주의 사회에 이르러서도 위험에 대비한 복지체제를 구축하는 데 다시금 훼방꾼 역할을 한다. 평등한 개인들 간의 연대는 (건강보험과 연금처럼) 공통의 위험 요소를 묶어 방어해주는 '보험의 원리'만 발

견하면 쉽게 이루어질 수 있지만, 신분이 다른 개인들 간의 연대
는 훨씬 더 어려운 일이다. 한국의 정규직 노동자들이 비정규직
노동자들과 연대하기를 거부하는 현실을 보라. 이들에게 비정규
직 노동자들은 작업장의 동일한 노동을 공유하는 평등한 동료가
아니라, 유사시 자신들의 고용과 연공을 위해 안전판 역할을 하
는 한두 계급 아래의 하층민 취급을 받는다. 신분제의 유산이 남
아 있는 사회에서 노동계급의 연대를 통한 복지제도를 창출하기
란 지난한 일이다. "내 살을 떼어주려면 그 남이 남이 아니어야
하는데,"(민주노총 간부와의 인터뷰) 유사 신분제 사회에서는 한
작업장에서 일하더라도 다른 계층의 개인들은 남 중의 남인 것
이다.

둘째는, 쌀 문화권의 강력한 씨족 및 가족 단위 소농 생산
시스템이 강화시킨 '가족주의'(김동춘 2020)다. 마을의 씨족 공
동체 단위로 생산 시스템을 운영하다 보니, 복지체제 또한 씨족
단위로 발달했다. 동아시아인들에게, 한국인들에게 여전히 남
아 있는 친족 내부의 사적 이전 시스템이 한 예다. 부모와 자식
뿐 아니라 형제 사이에서 조금 더 어려운 집을 돕고 챙기는 문화
는 서구에서는 찾아보기 힘들다. 부양 능력이 있는 가족이 있으
면 국가가 주는 복지 혜택을 받지 못하는 부양의무자 기준 제도
가 존재하는 것도 가족주의의 전통 때문이다. 이러한 사적 복지
체제의 발달은 공적 복지체제가 발달하지 않아도 시민사회가 스
스로 실업, 가난, 질병, 사고의 위험을 버텨내도록 해준 기제 중

하나였지만, 동시에 공적 복지체제의 발전을 가로막는 요인이기도 했다.

동아시아 소농 사회의 씨족 공동체와 가족 내부에서 이루어지는 사적 이전 시스템인 '상속'의 전통과 욕구는, 공적 복지체제의 발달을 저해하는 또 다른 요인이다. 쌀 문화권에서 다른 마을 사람들은 남이다. 종종 반상으로 구분된 각기 다른 씨족들은 서로의 경계선을 공간적으로 구획하며 반촌과 민촌으로 나뉘어 살았다. 심지어는 마을 일을 공동으로 처리하는 '동계'도 '상계'와 '하계'로 나뉘어 갈등 관계에 놓이곤 했다(김인걸 1989; 정승모 1991). 생산 시스템과 신분, 혈연을 공유하지 않는 남과 울타리 안의 나와 내 가족, 친지, 이웃을 구별하는 강한 사회적 장벽이 작동하는 것이다. 이러한 사회에서 안전망 구축의 범위는 마을의 씨족 공동체 너머로 확대되기 쉽지 않다. 이러한 문화에서는 사회 전체의 안전망을 만드는 불확실성에 베팅하기보다, 당장 내 가족과 씨족의 안전망을 먼저 챙기는 협애한 가족주의가 행위 원리로 정착한다.

이와 같은 사회에서 각종 사회보험이 가입자의 생애 위험에 대해 보상하는 정도는 낮기 마련이다. 용돈 수준의 국민연금은 우리 사회의 낮은 연대 수준을 반영하는 것이다. 이러한 사회에서는 공적 연금에 저축하기보다, 남는 돈을 자산에 투자해 자식에게 상속하는 전략이 상층 엘리트들 사이에서 만연하게 된다. 강남 집값이 계속 오르는 이유의 저변에는 낮은 수준의 사회보험과 안전망이 자리 잡고 있다. 국가 수준에서 자산 가격과 복지국가의 안전망의 튼실함은 반비례하고, 이는 개인 수준에서도 마찬가지로 확인된다(Ansell 2014; 이철승 외 2018).

셋째는, '재분배 국가'에 대한 낮은 기대다. 쌀 문화권의 국가는 재난 시기에 잘 작동하면 자신의 임무를 완수하는 선별적 구휼자이다. 쌀 문화권의 자영 소농들에게 재난 시기가 아닐 때 과도하게 활동하는 국가는 수취국가로 취급된다. 해준 것은 별로 없으면서 해마다 과중한 세금을 걷어가는, 약탈자 탐관오리 국가인 것이다. 재난의 효율적인 극복에 만족하던 시민들은 조금 오른 재산세나 소득세에 분노하여 피켓을 들고 거리를 메운다. 이들은 동아시아 소농들의 후예다.

쌀 문화권 정주민들은 이런 점에서 재산권의 보호로 국가의 역할을 제한하는 영미권의 야경국가와 상당히 유사한 국가관을 발전시켰다. 영미권의 야경국가가 개인과 법인의 소유권을 지켜주기 위한 치안·법치 국가라는 최소한의 국가 시스템만 유지하고자 했다면, 쌀 문화권의 구휼국가는 재난 시기에 효율적으로 재난의 극복을 주도하고 평시에는 벼농사 생산체제의 필수 요소인 천방과 제언 등을 구축하고 관리하는 역할 이상을 추구하지 않았다. 현대의 신자유주의 경제체제가 이 두 문화권에서 맹위를 떨치는 데는 배경과 이유는 각기 다르지만, 두 문화권 모두 국가의 (재분배) 역할을 최소한으로 유지시키고자 했던, 국가에 대한 낮은 기대를 공유한다. 너희들은 (재산 소유권의) 보호/감시와 (생산의) 조율이라는 맡은 일만 해라, 그리고 우리가 뭘 하든 간섭 말아라. 하지만 그 맡은 일을 제대로 못 하면, 그 맡긴 일 이상을 하려 할 경우엔 각오해라. 이러한 최소주의 국가관의 결과는, 영미권과 동아시아에서 모두 보편적 복지국가의 저발전으로 귀결되었다.*

네번째는, 땅과 자산에 대한 집착이다. 물론, 이 집착이 없는 사회는 없다. 밀 문화권이 필연적으로 동반하는 목축업이 땅과 자산에 대한 사적 소유의 욕구를 완화시켰을 가능성은 있다. 목축업 혹은 유목 문화로부터 오래전에 유리된 쌀 문화권의 동아시아 농업 정주민들에게 땅은 무엇이었을까. 이들에게 땅은 하늘과 자연의 뜻에 따라 인간의 생존과 번영을 가능케 한 젖줄이자, 조상의 은덕과 후대의 번영을 나의 노동을 통해 연결시켜주는 매개체이다. 따라서 땅은 동아시아 벼농사 체제의 정주민에게는 삶의 출발점이고, 궁극적 목표이자 종착역이다. 토지의양을 늘려야 자손이 번성할 수 있고, 자손이 번성해야 내 삶의의미가 완성되는 것이다. 그것은, 동아시아 정주민들이 자신들

---

* 하지만 이러한 '국가의 크기size'를 '국가의 힘strength'으로 바로 등치시켜서는 안 된다. 동아시아의 생산–재난 지원 국가의 경우 그 크기는 (세수에 기반한) 서유럽의 보험수리 국가에 비해 작지만, 국가가 사회에 개입하고 자원을 배치하는 힘은 오히려 더 크다. 동아시아의 국가는 작고 강한 개입 국가small but strong interventionist state이고, 서유럽의 국가는 큰 불개입 국가이며, 영미권의 국가는 작은 불개입 국가이다.

쌀, 재난, 국가

의 조상들, 직접적으로는 아비, 어미에게서 물려받은 유언이자 그들에게 한 약속이었다(도히힐러 2018[2015]).

동아시아 농민에게 땅은 종교에 가까운 것이다. 그 땅을 내려다보는 부모와 조상의 묘소 앞에서 그들은 '입증 책임'을 완수한다. 루터와 칼뱅의 프로테스탄트들처럼. 그런데 이러한 동아시아 씨족 종교의 터전인, 동아시아 농민의 삶의 터전이자 궁극의 삶의 목표인 땅이 인구 증가 압력으로 인해 희소성 높은 가치재가 되어버린다. 따라서 동아시아 농민들은 필사적으로 제한된 땅에서 소출을 늘리는 한편, 새로운 땅을 개간하는 경쟁에 몰입한다. 도시로 이주한 동아시아 농민공들은 소출과 개간 경쟁을 건물 확보 경쟁으로 바꾸었을 뿐이다. 자산 취득 경쟁은, 노동은 넘치고 땅과 건물은 제한된 동아시아의 정주민들이 영원히 빠져나올 수 없는, 벼농사 체제의 인구 증가 압력이 초래한, 불가피한 운명이다.

이들의, 한국인들의 땅과 자산에 대한 집착이 낳은 부산물은 결국 복지국가의 저발전이다. 땅과 자산에 대한 집착은 벼농사 체제의 유산이지만, 아이러니하게도 이 집착을 실현시킨 자들에게는 산업사회에서도 대를 이어 생존할 수 있는 '안전망'이 주어졌다. 땅과 자산에 대한 집착은, 산업화 세대와 오늘의 중·장년 세대가 발전국가에는 합의했지만 복지국가에는 쉽게 합의하지 못하는 이유이기도 하다. 애초에 땅과 부동산에 대한 역사적 집착이 있고, 복지국가는 그 위에 세워졌다. 혹은 복지국가를 발전시키기 이전에, 개발국가는 국민들로 하여금 자산을 통해 복지의 대체재를 발전시키도록 제도적으로 유인했다(김도균 2019). 한국의 복지국가가 부실한 이유다. 한국의 복지국가는 부동산에 대한 집착이 허용하는 범위 안에서 작동한다.

신분제, 가족주의, 땅과 자산에 대한 집착은 벼농사 체제(공동노동–개별 소유 시스템)의 직접적 산물은 아니지만, 벼농사 체제와 맞물린 채로 동아시아 각국에 다른 형태로 그 제도적 뿌리를 내렸다. 한반도 남단에서 신분제는 정규직과 비정규직의 분단으로, 가족주의와 땅에 대한 집착은 가족 단위 교육과 자산 투자 경쟁으로 세대를 거듭하며 재생산되고 있다. 자본주의 시장 경쟁 시스템은 이 분단과 경쟁을 해체하는 것이 아니라, 더욱 강화시켜왔다. 이 전근대의 유산은 오늘의 한국인들이 시장 경쟁에서 살아남기 위해 동원하는 배제와 선점의 기술일 뿐 아니라, 궁극적으로 달성하고자 하는 삶의 목표다.

벼농사 체제의 유산
─복지국가의 저발전

벼농사 체제에서 땅을 소유한 농민은 땅과 자식이 복지국가였다. 땅에 노동을 투여하면 연명할 식량이 생산되니, 필요한 안전망은 내가 병들고 노쇠할 때 나를 부양할 자식이지 국가가 아니었다. (다시 한번 강조하면, 동아시아 농민에게 국가가 필요한 거의 유일한 순간은 전쟁을 포함한 '재난'의 시기다.)

벼농사 체제로부터의 속박을 벗어던지고 동아시아 발전국가들이 공업화에 시동을 건 이후에도, 벼농사 체제의 불비례적인 국가에 대한 수요─즉 재난 대비 국가에 대한 과수요와 복지국가에 대한 저수요─는 여태껏 남아 있다. 산업화 시기, 농촌에서 도시로 이주하여 경제를 일으켜 세운 농민공들과 그 자식 세대들의 기억에는 아직도 벼농사 체제의 유산이 공고히 자리 잡고 있는 것이다.

그렇다면 공적 복지가 저발달된 벼농사 체제의 정주민들은 산업화 사회의 각종 위험에 어떻게 대처하고 있을까? 씨족 공동체의 안전망 기능은 세대를 거듭할수록 점점 줄어들고 있다. 서구화·핵가족화하는 가족 문화는 벼농사 체제의 마을 단위 씨족 공동체가 천년만년 지속되는 것이 아님을 이야기해준다. 도시 이주와 함께 두 세대 정도가 지나고 나면, 씨족 공동체의 영향력은 개인의 뇌리와 활동 망에서 점점 사그라들기 마련이다. 그렇다면 이들은 위험에 대비하고자 하는 보험 욕구가 없을까? 공적 복지는 위험을 대비하기에 충분하지 않고 씨족 연결망은 점차 희미해진다면, 남는 것은 직계 핵가족 단위의 사적 복지밖에 없다. 나와 내 가족, 내가 챙기지 못하면 낭떠러지인 것이다.

이 지점에서 벼농사 체제의 유산인 저발달한 복지국가와 동아시아 자본주의 체제 사이에서 '비정합성'이 발생한다. 재해, 실업, 출산, 육아, (늘어난) 노년의 건강 악화와 빈곤 등 복지에 대한 수요는 연일 폭증하는데, 국가 수취체제에 대한 뿌리 깊은 불신과 재난 대비 국가라는 벼농사 체제의 유산이 그 수요에 대한 공적 공급의 발달을 가로막는 것이다. 국가에 의한 복지제도가 미비한 상황에서 동아시아의, 한국의 개인들은 이 복지 수요의 폭증에 어떻게 대비했을까? 그들은 어떤 복지국가를 열망하(지 않)는가?

현대 한국인의 복지 태도
─부동산과 복지국가 *

이제 벼농사 체제의 유산인 토지에 대한 집착이 현대 복지국가의 발전을 어떻게 제약하는지를 살펴보자. 농민에게 토지는, 도시민에게 부동산이다. 복지국가의 발전을 제약하는 메커니즘은 소득을 둘러싼 계급관계에 자산을 끼워 넣으면 명징하게 드러난다. 소득만 보는 것이 아니라 (대부분이 부동산인) 자산을 함께 보아야, 한국인들의 복지에 대한 태도를 파악할 수 있는 것이다.

자산이란 무엇인가? 자산은 소득이 장기적으로 축적되어 쌓이는 저량stock이며, 거꾸로 자산의 존재는 안정적인 소득 창출을 위한 마중물 내지는 완충 장치 역할을 할 수 있다. 따라서 소득과 자산은 고소득·고자산 층에서 높은 상관관계를 보이며, 사실상 분리가 불가능한 '재력'과 긴밀하게 연관된 두 구성 요소다. 하지만 노동시장에 진입한 지 얼마 안 된 청년 전문가 집단 혹은 부모로부터 상속받은 재산이 없는 고소득 집단과 같이 소득이 높음에도 자산을 쌓지 못한 계층이 존재한다. 또한 은퇴층

---

* 이 절은 나와 동료들의 논문 「한국 복지국가의 사회경제적 기초」(2018)를 이 책의 목적에 맞게 편집한 것이다.

중에서는 자산은 많으나 소득이 끊긴 (따라서 자산이 지속적으로 감소하는) 계층도 광범위하게 존재한다.

나는 한국 사회와 같이 높은 경제 발전 수준에도 불구하고 국가의 복지에 대한 책임 수준이 낮은 사회에서는, (자산이 쌓이지 않은) 고소득층 가운데 강한 '보험 욕구'(Moene & Wallerstein 2001)가 형성될 가능성이 있다고 본다. 또한 한국과 같은 개방경제는 경제 위기에 더 자주, 더 깊이 노출된다(Katzenstein 1985; Cusack et al. 2006). 이러한 사회일수록, 상층 소득자의 보험 욕구는 더 강하게 형성될 것이다. 오늘 내가 삼성전자나 증권사에서 억대 연봉을 받고 있지만, 내일 당장 직장에서 해고를 당해 억대 소득이 갑자기 단절된다고 가정해보자. 그렇다면 나는 이 소득의 단절에 대비하는 보험 체계를 만들어놓고 싶지 않을까? 안전망이 부재한 '위험사회risk society'에 사는 직장인으로서는, 더 많이 벌수록 보험 욕구는 더 커질 수 있다.* 그런데 부동산 자산이 늘어나면 어떻게 될까. 보유하고 있는 아파트 가격이 갑자기 폭등하면 '(사회적) 보험 욕구'는 줄어들지 않을까?

---

* 물론, 이러한 '보험 욕구'는 다른 분출구를 만들어낼 수도 있다. 강력한 노조 활동을 통해 집단적으로 고용을 안정 및 연장시키는 것이 하나의 길이다. 복지 체계가 빈약한 나라에서는 강력한 노조 활동이 보험 역할을 하는 것이다. 다른 방안은 벼농사 체제의 유산을 충실히 따라 사적 자산 증식 활동에 매진하는 것이다. 따라서 '보험 욕구'는 보편적 복지국가의 발전으로 해소되지 않고, 분파적·사적 해결책으로 귀결될 수도 있다.

이 마지막 가정은, 전 세계적으로 관찰되는 경향이다(Ansell 2014). 하지만 자산이 중상층 소득 그룹의 '사회보험 욕구'를 꺾고 '재분배와 보편복지 체제에 대한 반대'를 강화시키는 경향은, 벼농사 체제의 유산이 길게 드리워진 한국 사회에서 더욱 두드러질 것이다. 보다 구체적으로, 부동산 자산이 사회보험 욕구를 제약하는 효과는 두 가지 '양극화' 경향을 촉발할 수 있다. 하나는, 중·장년층 중 상당한 저축과 부동산 가격 폭등으로 '성장의 수혜'를 받은 자들은 사회보험 욕구를 내치는 동시에, 복지국가를 통한 재분배와 보편적 안전망 수립에 대한 지지를 철회할 것이다. 내 곳간에 충분히 쟁여놓았는데, 굳이 국가에 세금을 더 내서 관아 곳간을 채워놓을 필요를 못 느끼는 것이다.* 다른 하나는, 이러한 부동산 가격 폭등으로부터 소외된 자들은 복지국가를 통한 재분배와 보편적 사회안전망 프로젝트에 오히려 더 강한 지지를 보내리라는 것이다.

자산 보유량의 차이에 따른 복지국가 지지도의 양극화는 실제로 진행되고 있는가? <그림4-8>을 보면 하위 1퍼센트와 10퍼센트의 낮은 자산 규모(2천만 원 이하)에서는 소득이 높아질수록 재분배에 대한 선호도가 (오히려) 높아진다. 사적 자산이 축적되지 않은 상층 소득 그룹(청년 고소득층)의 경우, 미래 소득에 대

---

* 전작에서 이야기했듯, 2018년부터 시작되어 2020년까지 천정부지로 치솟은 서울의 부동산 가격은 이들 상층 임금 소득자의 (연공제에서 비롯된) 여유 현금이 부동산으로 몰리며 촉발된 것이다.

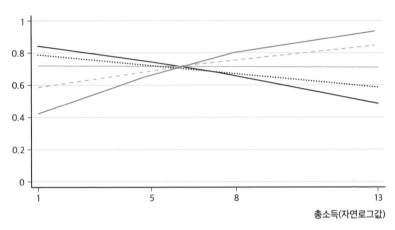

재분배 선호(binary=1)

총소득(자연로그값)

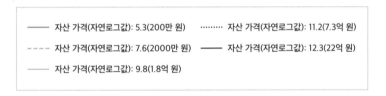

── 자산 가격(자연로그값): 5.3(200만 원)	········ 자산 가격(자연로그값): 11.2(7.3억 원)
─ ─ ─ 자산 가격(자연로그값): 7.6(2000만 원)	── 자산 가격(자연로그값): 12.3(22억 원)
── 자산 가격(자연로그값): 9.8(1.8억 원)	

총소득(자연로그값)은 최솟값에서 최댓값까지 총 네 단계로 나타냈고, 개인이 축적한 자산 보유량(자연로그값)의 경우에는 하위 1퍼센트, 하위 10퍼센트, 중앙치(50퍼센트), 상위 10퍼센트, 상위 1퍼센트의 총 다섯 단계로 나타냈다.

자료: 한국 복지 패널 2007~2016년 자료. 소득, 자산 외에 연령, 성별, 교육 수준, 혼인 상태, 자가 주택 보유, 종교, 고용 형태 및 노동시장 지위, 수도권 거주 여부를 통제한 결과.

그림 4-8 자산과 소득 분포에 따른 국가에 의한 재분배 선호도

한 보험 욕구가 정부의 재분배 정책에 대한 선호로 표출되는 것이다.

이들은 <그림4-9>에서 재분배에 대한 선호도를, 수혜의 대상이 장애인이나 저소득층에 집중되는 '선별복지'에 대한 선호도로 바꿔도 동일한 경향을 보인다. 자산이 없는 상층 소득 그룹(붉은색)일수록 선별복지에 대한 선호도가 낮아진다(즉 보편복지에 대한 선호도가 높아진다). 이 그룹의 경우 자산을 통한 개인 수준의 위험 회피 수단을 마련하지 못했기 때문에, 미래 위험에 대비하여 현재의 고소득을 사회적 안전망을 통해 유지하려는 욕구가 크다. 하지만 하층에 수혜가 집중되는 선별복지 체제에서는 자신들에게 수혜가 돌아오지 않기 때문에, 선별복지에 반대하고 보편복지를 선호하는 것이다.

자산이 많은 그룹의 경우, 재분배와 보편복지에 대한 태도는 어떻게 바뀔까? <그림4-8>의 자산이 낮은 그룹에서 확인되었던 소득과 재분배 사이의 정(+)의 관계는 중앙치에 이르면 사라진다. 그리고 자산 규모가 확연하게 높은 그룹, 즉 상위 10퍼센트(7.3억) 혹은 1퍼센트(22억 이상) 고자산 그룹에서는, 소득이 높을수록 재분배에 대한 선호도가 급격히 낮아짐을 확인할 수 있다. 이는 내 예측대로 사적 자산이 '보험' 역할을 함으로써, 국가에 의해 주도되는 복지에 대한 수요가 사라지는 것을 보여준다. 충분한 부동산 자산 축적으로 사적 보험의 효과를 누리고 있는 상층 소득 그룹은 높은 소득이 재분배 정책 선호도로 연결되

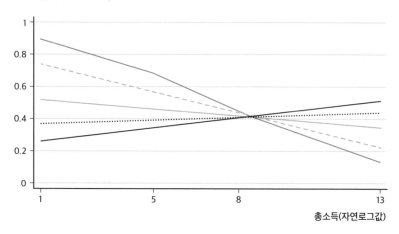

자료: 한국 복지 패널 2007~2016년 자료. 소득, 자산 외에 연령, 성별, 교육 수준, 혼인 상태, 자가 주택 보유, 종교, 고용 형태 및 노동시장 지위, 수도권 거주 여부를 통제한 결과.

그림 4-9 자산과 소득 분포에 따른 선별복지 선호도

지 않고, 오히려 그에 반대하는 경향을 보인다.

　이러한 '자산의 제약 효과'는 <그림4-9>의 선별주의 복지정책 선호도에서 마찬가지로 관찰된다. 자산이 더 많이 쌓일수록, 고소득층의 경우 미래 소득을 상실했을 때의 위험에 대비해 개인 수준의 사적 보험을 마련할 가능성이 높아짐을 의미하고, 따라서 선별주의 복지정책에 대해 '찬성' 입장을 견지할 가능성이 높아진다. 부동산 자산의 축적은, 고소득층으로 하여금 '사회보험'을 통한 위험관리의 필요성을 없애는 동시에 복지의 정의를 '보편적 시민권'이 아닌 '위험에 (이미) 심하게 노출된 저소득층'으로 한정하도록 유인하는 것이다. 바로, 재난에 노출된 피해자만 구휼해주면 된다는 발상에 다름 아니다. 부동산 자산 축적을 통해 '사회보험 욕구'가 거세된 고소득층은 자신들과 상관없는, 즉 자신들에게 수혜가 돌아오지 않는 '선별적 복지체제'를 최소한의 수준으로 유지하려 할 것이고, 궁극적으로는 자신들의 자산 축적(및 상속 욕구)을 저해하는 '높은 세금'에 반대할 것이다.

　이러한 결과는 부동산 가격의 폭등을 막지 못하면, 어느 정도의 (사회적) 보험 욕구를 갖고 있던 (소득 기준) 중산층과 중상층이 보편복지 동맹에서 이탈하여 선별복지 지지 세력으로 전환할 수 있음을 의미한다. 이는 더 나아가, 한국의 복지국가가 북유럽식의 보편적 사회안전망이 아닌, 영미권 복지 모델인 선별주의적 '사회사업' 모델로 귀결될 수(이미 귀결되고) 있음을 암시한다. 사적 자산의 축적이 진행될수록, 사회안전망의 수립 욕구

가 약화된다는—전 지구적으로 확인되는—자산 효과가 한국
에서도 견고하게 진행되고 있는 것이다. 자산 투자를 통한 사적
자산의 과도한 증식을 막고 공적 연금/보험 체계를 통한 노후 안
전망을 시급히 마련하지 않으면, 광범위한 중산층이 참여하는
'보편복지 국가의 수립'은 다시금 요원해질 가능성이 크다.

코로나 팬데믹과 함께 진행되고 있는 작금의 부동산 투자
팬데믹은 한국의, 적어도 서울의 중상층 이상의 자산계급을 보
편복지 프로젝트로부터 유리시키는 동시에 최소주의 선별복지
체제를 한층 강화시킬 것이다. 뿐만 아니라 벼농사 체제의 다른
정주민들의 '비교와 질시'의 관계망을 자극하여, 너도나도 자산
획득 경쟁에 몰입하는 '패닉 수요' 현상을 부추길 것이다. 그 결
과는 보편복지 안전망의 부실화 혹은 형해화이고, 재난 시기 간
신히 구휼만을 할 수 있는, 최소주의 재난 대비 국가의 존속이
다. 부동산 가격의 폭등과 보편복지 국가 프로젝트는 양립할 수
없는 것이다.

쌀, 재난, 국가

나가며 ― 국가를 통한 불평등의 생산

밀 문화권은 생산과정에서 발생하는 불평등을 용인한다. 영미권의 야경국가는 재산권과 결부된 시민권을 확보·유지하지 못할 만큼 가난과 무력에 노출된 개인들을 ― 노동 의욕을 감퇴시키지 않는 정도에서만 ― 단기적으로 구제하고, 재산권 보호의 역할로 스스로를 제한한다. 서유럽의 보험국가는 재산권 보호에 덧붙여 생애 주기의 위험을 관리하는 보험료 수급 및 분배/재분배의 역할을 수행하지만, 개인의 수확과 축적 과정에는 직접적으로 개입하지 않는다.

서구 시민사회의 발전은 어쩌면 개인과 가구 단위로 쉽게 뿌리고 쉽게 수확하는 밀 생산 문화에, 목축문화가 결부되어 만들어졌을 가능성이 크다. 군사력과 행정력을 장악한 국가가 생산의 하부구조까지 깊숙하게 침투infiltration(Klein & Lee 2019)하지 않았기 때문에 시민사회는 자발적으로, 자율적으로 생산의 하부구조를 스스로 일궈낼 수 있었다. 국가와 구별되는 시민사회의 자율적 공간이 이미 (생태적 환경과 결부된) 식량 경작 시스템으로부터 어느 정도 보장되어 있었던 것이다.*

---

* 서구 시민사회의 또 다른 자율적·독립적 공간은 교회다. 세속 군주와 분리된 교황청 및 교회는 군주 권력으로부터 자유로운 이념 및 경제활동을 보장받았다. 서구의 대학 시스템 또한 교회로부터 시작되었다.

하지만 쌀 문화권의 국가는 재난 대비가 생산 시스템의 성패와 직결되는 물 동원과 물 방비 국가였다. 동아시아 국가는 물과 관련된 하부구조를 튼실하게 운영하고 지원하는 역할을 소홀히 하면 홍수–가뭄–역병의 복합재난에 쉽게 노출되고, 결국에는 국가의 정당성이 흔들리는 상황에 이르렀다. 국가는 시민사회 생산의 하부구조와 긴밀하게 연결되어 있었고, 왕은 이 생산 시스템이 제대로 굴러가는지 수시로 확인하고 돌보고 위로하는 역할을 했다.

아이러니하게도, 이러한 재난 대비 협약으로 성장한 동아시아의 국가는 생산 시스템에 대한 인허가와 자원 동원권을 장악함으로써 시민사회의 지대 추구 행위에 노출되었으며, 국가를 통한 불평등의 창출을 용이하게 했다. 또한 생산에는 개입한 반면, 분배에 대한 역할은 재난 대비와 구휼에 한정함으로써 서구(유럽 대륙의 보험 수리 국가가 아닌) 영미권의 야경국가와 다를 바 없는 결과를 가져왔다. 국가는 생산에 대한 지원에 스스로의 역할을 한정하고 요역과 세금 부담을 덜어주어 농민의 생산 의욕을 돋우어야 한다는 동아시아 군주의 교시는, 벼농사 체제와 함께 오랫동안 발전해온 이념으로 20세기 후반을 풍미한 신자유주의의 시장 근본주의와 묘하게 맞아떨어졌다.

벼농사 체제에서 발흥한 동아시아의, 한국의 개발국가는 소농 출신 도시민들에게 부동산을 통한 '개인화된(사적) 안전 자산'을 확보하도록 부추김으로써, 복지국가 안전망의 의무를 '방기'

하고 생산의 조직국가로서의 전통적 의무에 충실했다. 시민사회의 개인들은 각자 일을 그만두는 시점까지 집 한 채 혹은 여러 채를 장만하는 것을 목표로 자산 취득 경쟁에 몰입했고, 이는 벼농사 체제하 소농들의 개간지 경쟁과 크게 다르지 않은 것이다.

그 경쟁의 산물은 세 개의 층으로 분할된 자산 계급의 출현이다. 자산을 기반으로 소득을 창출할 여력이 있는 상층 20퍼센트의 자산 소유 계급, 자산을 노후 소득으로 소비해야만 하는 자산 소비 계급(다수의 중산층), 그리고 노후 소비를 감당하기에 불충분한 자산으로 국가와 자식 외에는 의지할 곳이 없는 하층의 자산 빈곤 계급(이철승·정준호 2018)이 그들이다. 그리고 이 분할의 결과는 오늘날 우리가 목도하고 있는 세계 최고의 노인 빈곤율이다. 노인을 공경하고 위계를 강조하는 벼농사 체제가 21세기 후기산업사회에 만들어낸 아이러니가 아닐 수 없다. 보편적 복지국가 수립이 지연된 2020년, 2030년 그리고 그 이후에도 이러한 자산에 의한 사적 복지의 전통은 더욱 강화될 것이고, 일하는 자들 간의 불평등은 노년의 불평등으로 유지·확장될 것이다.

나는 내 동년배 한국인들에게 묻는다. 급속한 자본주의 발전의 와중에 ─벼농사 체제의 유산에도 불구하고─ 민주화 열망과 더불어 2000년대에 잠시 싹텄던 보편적 복지국가에의 대중적 욕구를 자산의 급격한 팽창과 함께 이대로 사그라들도록 내버려 둘 것인가. 우리 또한 부모 세대와 마찬가지로 각자도생

프로젝트로 갈 수밖에 없는가. 쌀 문화권의 보험 욕구와 평등화의 욕구는 자산 취득 경쟁을 통한 해소 이외에는 다른 출구가 없는가.

다음 장에서 나는 공동생산과 협력의 유산이 남아 있는, '1차 분배'의 생산 현장*으로 돌아간다. 나에게 벼농사 체제가 남긴, 우리 삶의 패턴을 규정하는 단 하나의 원리와 구조를 이야기하라면 그것은 나이에 따라, 연차에 따라 일에 대한 보상―임금구조―을 결정짓는 연공 시스템이다. 벼농사 체제를 현대로 이어주는 이 연공제가 어떻게 동아시아의, 특히 한국 사회의 고용과 분배의 규준이 되었는지, 어떻게 2000년대 이후 한국 사회의 불평등 구조를 만들었는지, 그리고 그 불평등 구조를 어떻게 바꿀지에 대해 이야기해보자. 이 장에서 지금껏 이야기해온 '벼농사 체제'는 나의 전작『불평등의 세대』와 만나게 된다.

---

* 학계에서는 생산 현장, 즉 시장 참여를 통한 소득의 분배를 '1차 분배'라고 하고, 국가가 세금을 걷어 시장 참여자 및 미참여자들에게 '재분배'할 경우 '2차 분배'라고 칭한다.

쌀, 재난, 국가

5장

연공제와
공정성의 위기 *

* 이 장은 내 다음 논문의 일부를 이 책의 목적에 맞게 편집하되 새로운 글들을 덧붙인 것이다. 이철승·정준호·전병유 2020, 「세대·계급·위계 II──기업 내 베이비붐/386세대의 높은 점유율은 비정규직 확대, 청년 고용 축소를 초래하는 가?」, 『한국사회학』 54(2): 1~58.

한반도의 고대국가에서부터 현대 지구촌 사회의 코로나 팬데믹과 복지국가의 역할까지, 벼농사 체제의 현존을 설명하기 위한 나의 노력은 이제 막바지에 이르렀다. 동아시아인들이, 한반도 정주민들이 삶의 준거로 삼는 여러 가지 원리가 있지만, 그 중 가장 특이한 점을 꼽으라면 그것은 '연공 문화'다. 동료 앤디에게 나는 "너희와 우리의 가장 큰 차이는, 너희는 빵을 먹는다는 거고 우리는 밥을 먹는다는 거야"라고 농담을 하곤 했지만, 그 먹거리의 차이가 사회제도로 변모한 것이 '나이'의 역할이다.

이 '연공 문화' 또한 벼농사에서 유래했다. 경험 많고 나이든 농부에게 중요한 의사 결정을 맡기는 벼농사 체제의 위계 구조가 현대 기업 조직의 연공 문화와 임금제도로 정착한 것이다(이철승 2019b). 연공 문화는 동아시아인들의 뿌리 깊은 삶의 준칙이고 사회의 뼈대다. 나는 전작『불평등의 세대』에 이어, 이 책에서도 연공서열의 위계에 대한 비판으로 책을 마무리할 것이다. 나는 전작에서 이 연공이라는 위계를 극복하지 못하면, 우리는 다시금 글로벌 경쟁에서 도태될 것이라고 예측한 바 있다. 하지만 전작에서는 이 연공제가 어떻게 사회구조의 변동 및 사회세력의 활동들과 맞물려 새로운 구조를 만들어내는지에 대해 논의하지 않았다.

이제 벼농사 체제 이야기를, 연공제를 매개로 하여 청년 실업 위기로 신음하고 있는 현 한국 사회의 노동시장으로 옮겨보자. 지금껏 이야기해온 벼농사 체제의 '위계하의 협업과 경쟁의 문화' '비교와 질시의 문화'는 연공제를 매개로 기업 현장에서 살아 움직이고 있다. 또한 이 장의 말미에서 연공제는, 노동시장의 이중화*와 신분화, 그리고 사적 자산 축적을 통한 복지의 대체 문제와 저출생까지, 21세기 초반 한국 사회의 다양한 불평등과 사회문제들을 악화시키는 핵심적인 구체제의 유산임을 밝힐 것이다. 오늘날 한국 사회 불평등 문제의 핵심에는 바로 연공제가 자리하고 있다.

---

* 고용보호제도와 노동조합에 의해 보호되며 연공제와 각종 수당, 복지 혜택을 향유하는 정규직과 이러한 고용과 임금, 복지제도의 혜택으로부터 소외된 비정규직으로 나뉜 노동시장을 일컫는다.

쌀, 재난, 국가

청년 실업과 노동시장 이중화의 원인은 무엇인가

21세기 초반, 한국 경제는 1인당 평균 국민소득 3만 달러 시대를 열며 선진국 대열에 진입한 듯 보인다. 무역수지 흑자 규모는 여타 선진국과 어깨를 나란히 할 정도로 성장했고, 국가 경쟁력 또한 10위권을 넘볼 정도다. 한국 경제의 고도화와 함께 상층 임금 소득자의 수입도 선진국 노동자들에게 뒤지지 않을 만큼 꾸준히 상승해왔으며, 전체 가계의 10퍼센트는 1억 원 이상의 수입을 올리고 있다(통계청 2018). 하지만 눈부신 경제성장에도 불구하고, 청년 실업자의 줄은 점점 길어져만 가고 노동시장 이중화로 인한 비정규직의 한숨은 바닥을 치고 있다.

2010년대 들어 악화되고 있는 청년 실업의 원인은 무엇인가? 한국 경제가 구조적 장기 불황의 초엽에 진입하고 있기 때문인가? 같은 시기에 가속화되고 있는 기업 실적 악화의 근원은 무엇인가? 한국의 노동시장이 정규직과 비정규직으로 나뉘어 신분화가 진행되는 원인은 무엇인가?

세계화와 탈산업사회론은 청년 실업의 증대와 비정규직의 고착화를, 세계화와 탈산업화 그리고 인공지능과 같은 자동화로 인한 세계적·구조적 불황 탓으로 돌린다. 또한 이러한 현상은 서유럽의 많은 나라들에서 관찰되는 것이기 때문에 한국만의 문제가 아니라고 강변한다. 결국, 어쩔 수 없는 세계화의 '숙명'이라는 것이다. 하지만 청년 실업과 비정규직 차별의 정도는 국가별로 상이하다. 청년 실업은 프랑스, 이탈리아, 스페인, 그리스와 같은 노동시장이 극도로 경직된(정규직의 해고가 쉽지 않은) 사회에서 더욱 심하다. 2017년 기준으로 프랑스의 청년 실업률은 21퍼센트, 이탈리아와 스페인, 그리스는 각각 33퍼센트, 37퍼센트, 43퍼센트를 기록했으나 같은 서유럽 국가인 독일과 네덜란드에서는 10퍼센트 이하였다. 동아시아의 경우 일본은 완전고용에 가까운 노동시장을 유지하며 4퍼센트 수준의 청년 실업률을 보이는 반면, 한국의 청년 실업률은 10퍼센트 이상이고(2017~18년) 갈수록 악화되고 있다.* 비정규직 차별의 정도 또한 국가별로 상이하다. 일본과 많은 서구 복지국가에서 비정규직 임금은 정규직에 근접한 데 반해, 한국의 기업들은 평균적으로 정규직의 3분의 2 수준(고용노동부 2018)에 불과한 임금을 지급하고 있다. 뿐만 아니라 연공과 사내 복지, 여타 사회보험 수급에서도 비정규직을 차별한다(전병유 외 2019).

2010년대 언론이 보도한 공기업과 대기업의 재무구조 악화 실태를 살펴보자. 최근 언론은 공기업 KBS가 2018년 6천억 원의 적자를 기록했음에도, 직원의 70퍼센트가 간부급 상위직이어서 전체 노동자의 52퍼센트가 1억 원 이상의 연봉을 받는 고

---

* OECD labor market statistics. https://data.oecd.org/unemp/youth-unemployment-rate.htm.

　　　　　　　　　　　　　　　　　　　　쌀, 재난, 국가

임금 구조를 유지하고 있음을 보도했다.* 2018년 36개 공기업의 평균 연봉은 7,800만 원이고, 성과급을 합치면 8,000만 원 이상으로 추정된다. 5년 전에 비해 624만 원 오른 수치다. 반면 이들 공기업의 당기순이익 규모는 동일 기간 동안 절반으로 줄었다(『한겨레』 2019b).

왜 2020년 한국의 수많은 공기업과 대기업에서 유사한 일들이 벌어지고 있는 것일까? 왜 기업들은 비용 악화로 비명을 지르고, 청년 실업은 해결될 기미가 보이지 않는 것일까? 둘 다 엄살인가? 그렇게 이야기하는 사람들도 있지만, 내가 보기엔 심각한 구조적 위기 상황이다. 어디서부터 실타래가 꼬인 것일까?

---

* 『연합뉴스』 2019년 9월 15일 보도는 60퍼센트, 52퍼센트는 KBS 자체 경정 보도 수치.

제도(연공)-주체(세대)-구조(인구)의 착종

착종이란 무엇인가? 두 가지 이상의 요인이 뒤섞여 엉클어지는 것이다. 불안정한 노동시장과 고학력·만혼 현상 그리고 장시간 노동 관행이 맞물리면, 그 결과는 무엇일까? 저출생이다. 앞 문장의 '맞물림'이 바로 착종의 다른 말이다. 서로 다른 두 가지 요인이 우연히 혹은 연쇄적으로 서로를 강화시키며 착종되면, 예기치 않은 결과를 만들어낸다. 사회현상은 두 가지 이상의 변인이 맞물려 발생하는 경우가 대부분이다. 자동차 사고는 음주 운전으로 혼자 갓길의 나무를 들이받아 일어나기도 하지만, 술에 취한 운전자가 빨간 신호등을 무시하고 달렸을 때 다른 길에서 달려오던 차와 충돌하며 발생하기도 한다. 후자가 대형 사고일 가능성이 크다. 착종 현상은 그렇지 않았을 경우에 비해 더 구조적이고 더 여러 요인이 얽혀 발생하기 때문에, 그 여파가 더 크고 수습과 해결도 쉽지 않다.

나는 이 장에서 벼농사 체제의 유산이자, 자본과 노동의 각기 다른 전략의 산물인 연공제가 다른 사회현상들과 맞물려 어떤 결과를 만들어내는지에 주목할 것이다. 연공제와 맞물리는 다른 두 요인은 '세대 네트워크의 강화'와 '인구구조의 변동'이다. 벼농사 체제는 이 착종 현상을 통해 '불평등의 세대'와 만난다. 연공제-세대 네트워크-인구구조의 세 요인이 착종되어 빚어내는 결과는, 청년 실업과 비정규직의 증대다.

<그림5-1>은 이 세 가지 요인이 착종되어 만들어내는 결과들 간의 인과 메커니즘을 설명한다. 그림 왼쪽 박스의 가운데 중심축(2층)은 연공급의 제도화다. 나는 한국과 일본에서 경제성장기에 자리 잡은 연공 기반 임금제도가 기업 구성원의 행위와 동기에 어떤 패턴을 만들어왔는지를 간략히 살펴볼 것이다. 박스의 맨 아래층(1층)은 베이비붐 세대의 장년 및 노령화로 인한 인구구조의 변동이다. 나는 거시적인 인구구조의 변동이 어떻게 기업 조직의 인구구성을 변화시켰는지 분석할 것이다. 박스의 맨 위층(3층)은 세대 네트워크의 강화(이철승 2019a, 2019b)다. 나는 기업의 공식 조직인 노동조합과 노사협의회들이 형성해온, 임금 교섭의 행위 패턴을 이야기할 것이다.

이 세 변동은 각기 다른 경로와 과정을 통해 한국 사회에서 구조화되었다. 이제 이 세 가지 다른 수준의 요인들이 2000년대 이후 맞물리며(착종되며) 어떻게 기업에 비용 위기를 초래했는지, 그리고 2010년대 들어 비용 위기에 노출된 기업들이 어떻게 비정규직을 늘리고 청년 세대의 고용은 줄임으로써 위기를 모면하려 했는지를 밝힐 것이다. 나는 이 미시적 기업 수준의 행위 패턴들의 총합이 오늘날 청년 고용 위기와 비정규직 고착화의 근원이라 본다. 이제 벼농사 체제의 유산인 연공제가 세대와 인구라는 요인과 맞물려 어떻게 오늘의 대한민국 노동시장을 만들어냈는지를 이야기해보자.

2000년대
노무현 정권

전투적
경제주의/
한국형
패턴 교섭

3층	세대 네트워크
2층	연공제(60~90%)
1층	인구구조

2010년대

기업의
비용 위기 기업의 생존 전략:
청년 고용 축소,
비정규직 및
외주 확대,
자본 이탈

기업 수준
인구구조 변동

그림 5-1　3층의 구조적 변동: 연공 – 세대 – 인구의 착종

연공 문화의 제도화―연공제

　　한국과 일본 기업의 임금구조의 기본 틀은 연공제다. 서구의 기업들과 달리 이 동아시아 사회―한국과 일본―에서는 근속연수에 따라 표준화된 임금 테이블을 기반으로, 같은 입사 세대는 동일한 수준의 초봉과 임금상승률을 공유하는 '연공제'가 일반화되어 있다. 연봉제와 직능급제가 계속 확산되고 있지만, 내가 사업체 패널(2017)로 분석하기로는 아직까지도 한국 기업 중 열에 아홉은 연공제적 요소가 임금 테이블에 깔려 있고, 열에 여섯은 연공제를 주요 임금제도로 운용하고 있다. 일본이 연공제를 꾸준히 개혁하여 과도한 연공성(연차에 따른 상승의 기울기)을 낮추고 직무급제와 중간쯤 되는 무언가(역할급)로 바꿔온 것을 고려하면, 한국은 세계 유일의 연공제 국가다.

　　나는 연공제가 작동하는 이유에 관한 사회과학적 설명들을 일일이 제시하지는 않을 것이다. 앞서 이야기했듯 연공제는 동아시아 마을 공동체의 노동조직 원리를 그대로 가져와 보상 원리로 탈바꿈시킨 것이다. 다만, 경제학자들은 이 연공제가 존재하는 이유에 대해 나름의 설명을 덧붙였다. 여러 버전이 있지만, 그중 가장 설득력이 높은 것은 '지연된 보상' 이론이다(Lazear 1979). 고용주가 노동자에게 초기에는 노동 생산성 이하의 임금을 지불하지만, 나중에는 생산성을 상회하는 고임금을 지불한다

(Lazear가 분석한 미국 노동시장에서는 이것이 연공제가 아닌, 근속 연수에 비례해서 액수가 늘어나는 기업연금 형태로 지불된다). 이 암묵적 계약은 열심히 일하고 장기간 충성하려는 인센티브 구조를 정착시킨다. 이러한 계약이 유지되기 위해서는 고용주와 노동자 모두 계약이 파기되지 않을 것이라는 신뢰가 전제되어야 한다.

그런데 노동시장에서 연공제 계약이 실제로 파기될 가능성이 있는가? 첫번째 파기 시나리오는, 노동 측이 주도하는 경우다. 노동(조합)이 집합행동 능력(투쟁력)을 통해, 생산성이 떨어지는 연공 계약 말기에 임금 상승을 요구함으로써 생산성과 임금의 격차를 더욱 벌리는 경우가 이에 해당된다. 또한 노조는 단체교섭에서 근속 기간을 가능한 한 연장시키려 한다. 근속 기간 연장은 생산성과 임금의 격차가 확대되는 것과 동일한 효과를 가진다. 더하여 노조는 근속연수가 긴 노동자에 의해 장악되어 있기 때문에, (근속 기간이 짧은 청년층보다는) 근속 기간이 긴 중·장년층 노동자들의 이해를 대변한다. 즉 파업과 같은 자본에 대한 비용 증대 위협으로 임금을 높이고, 퇴직 시점까지 고용을 보호함으로써(혹은 퇴직 시점을 늦춤으로써) 생산성 대비 고비용 임금의 지속 기간을 최대한 연장시키고자 노력한다. 대기업일수록 평판 관리에 주의를 기울이므로 이러한 노조의 요구에 더 적극적으로 응답할 가능성이 높다.

두번째 파기 시나리오는, 자본 측이 주도하는 경우다. 고용주는 임금과 복지 비용을 줄이기 위해 (노조에 의해 보호받지 못하는) 장기근속자에게 조기 퇴직을 권고 혹은 강제함으로써, 장기근속 계약을 종종 파기한다. 근속–임금 경사도가 급한 경우 고용주들은 생산성과 임금의 갭을 줄이기 위해 고령층의 조기 퇴직을 권유하거나, 시간제 비정규직으로 재계약/대체하려고 할 것이다. 강한 연공제는 강한 노조가 지탱해주지 않으면, 근속연수를 (오히려) 줄이는 역효과를 갖는다.

이러한 계약 파기의 압력에도 불구하고 왜 연공제는 이토록 강력하게 존속하는가? 가장 중요한 이유는, 연공제는 동아시아 벼농사 체제를 몸에 새기고 있는 농민공들의 '비교와 질시'의 문화를 적절히 통제하는 한편, 농민공들이 공동의 목표를 위해 장기간 매진하도록 북돋는 역할을 한다는 점이다. 직무급제를 도입하려 했던 1960년대 몇몇 대기업들은 노동자들의 불만에 직면한다. (직무가 서로 다름에도 불구하고) 같은 연차와 나이의 노동자들이 서로 다른 임금을 받는 것에 대한 불만이 위험수위에 이른 것이다 (김동배 외 2005). 결국, 이 선구적인 시도를 했던 기업들은 직무급제를 철회하고 연공제로 복귀한다. 이를 기점으로, 벼농사 체제의 생산과 소유 시스템 가운데 생산 시스템에서의 공정성이 우위를 점하게 된다. 누가 무슨 일을 얼마만큼 더 하건 덜 하건, 다 똑같이 받는 시스템이 정착된 것이다.

동아시아 자본주의가 연공제에 의지하는 또 다른 이유는, 뒤늦은 후발 자본주의이다 보니 노동의 숙련 정도를 판단할 내부 기준을 마련하지 못한 탓도 있다. 노동자 개개인의 직무와 숙련도를 판단할 기준이 없는 상황에서 공장 라인을 깔고 사무실을 먼저 만들었으니, 어찌하겠는가. 산업화 세대에게는 동아시아 마을 기업 모델이 유일한 판단 기준이었다. 정확히 이야기하면, 그들의 몸과 정신에 새겨져 있는 농촌 마을의 공동노동 조직에 따라 기업을 설계했다. 거의 모든 기업의 직급 체계는 나이를 먹을수록 조직의 윗자리를 차지하게끔 짜였으며, 보상 규정은 연차가 높을수록 임금이 상승하게끔 설계되었다. 오래 버틴 자가 더 일을 잘할 것이고 따라서 오래 버틴 자에게 더 많은 보상을 하는, 버틴 연수에 따라 임금 상승의 기울기를 공유하는 지극히 단순한 룰을 적용한 것이다.

경제성장기 동아시아에서 연공제의 위력은 대단한 것이었다. 기업은 벼농사 마을 공동체처럼 유기적으로 작동했으며, 맨 위의 좌상 영감, 아니 부장님이 내리는 오더를 따라 일사불란하게 업무를 처리했다. 연공제를 공유하며, 산업화와 민주화 세대의 일꾼들은 마침내 한국호를 세계경제의 중심에 진입시키는 데 성공했다.

그런데, 왜 연공제가 문제인가? 연공제 자체는—그 구성원들이 연공의 원리에 동의한다면, 구성원들의 생산성이 크게 차이가 나지 않는다면, 그리고 구성원들이 연공제의 동일 보상 원칙에 '해태'와 '무임승차'로 반응하지 않는다면—동아시아의 위계 조직들에 큰 문제를 일으키지 않는다. 문제는 두 차원, 즉 하

나는 연공제 내부에서, 다른 하나는 여러 요인들과의 착종으로
부터 불거졌다. 먼저 구성원들 간의 동질적인 '표준화와 평준화'
의 힘이 약화되었을뿐더러 이 시스템만으로는 글로벌 경쟁에서
우위를 점하기 힘들어졌다. 또 다른 문제는, (오늘날 청년 세대처
럼) 구성원들이 연공의 원리에 동의하지 않기 시작하면, 연공제
는 비교와 질시 문화를 억제하는 것이 아니라 공정성 시비를 일
으킬 수 있다. 왜 일한 만큼 보상하지 않고 일하지 않은 자에게
보상하느냐는 불만이 싹트면, 연공제에 기반한 보상과 분배 체
계는 기업 조직의 근간을 허물어뜨릴 수도 있는 것이다.

그다음으로, 연공제가 세대 네트워크와 착종되면 임금 테
이블의 기울기가 가팔라진다. 인구구조와 착종되면 기업에 비용
위기를 일으킨다. 나는 이 두번째 '착종'의 문제를 먼저 이야기하
고, 연공제와 새로운 시대/세대와의 불화 문제는 결론에서 다시
다룰 것이다.

세대 네트워크와 한국형 패턴 교섭

연공제와 착종 현상을 일으키는 첫번째 요소—세대 네트워크*—를 이야기해보자. 연공제의 구조화는 사회운동적 변동인 세대 네트워크의 성장과 맞물려 진행되었다. 나는 기업 내 자본과 노동 간 분배, 노동 내부의 분배 문제를 결정하는 고용주와 노동자 간 협상에서 특정 세대 네트워크—베이비붐 및 386세대 네트워크—가 중심적인 역할을 한다고 본다. 적어도 지난 30년간 한국 노동시장의 구조화 패턴은 이 세대 네트워크의 투쟁력을 빼고 이야기할 수 없다.

이 386세대 노동운동 조직가들은 사회의 '근본적·혁명적 변혁'을 추구했다는 점에서, 그 이전 혹은 이후 세대와 구별된다. 이 노선은 1990년대 이후 노동운동 내부에서 점진적으로 개량화 과정을 밟아오다가, 그 에너지를 자본으로부터 '노동의 몫'을 확보하는 격렬한 파업 투쟁에 쏟아부었다. 이른바 '전투적 경

---

* 전작 『불평등의 세대』에서 이야기했던 세대 네트워크를 간단히 두 차원에서 정의해보자. 첫째는 강한 세대 네트워크로, 특정 세대를 중심으로 노동조합(및 정당, 시민단체) 내부와 그 주변에 직간접적으로 연결되어 있는 공식·비공식적 동년배 세대 지식인 네트워크다. 둘째는 약한 세대 네트워크로, 공식 이익단체에 속해 있지 않은, 일상의 동문·동향·종교 및 문화 단체의, 동년배 중심의 소규모 네트워크들이다(이철승 2019b).

제주의'* 노선으로 탈바꿈한 한국의 대기업 정규직 노동운동은
이 '연공제하' 근속에 기반하여 임금을 올리고, 올린 임금을 지키
기 위한 이익단체 운동의 속성 또한 갖고 있었다.

그렇다면 세대 네트워크의 중핵으로 30여 년 동안 전투적
경제주의를 추진해온 노동조합 운동은 자본과 노동 간 분배 및
노동 내부의 분배에 어떤 영향을 끼쳤는가? 전투적 경제주의는
노동조합을 갖고 있는 세대 네트워크의 코어 그룹에만 수혜를
가져오는 것이 아니다. 세대 네트워크의 역할은 '선도 기업의 임
금 협상 결과'를, 임금 투쟁을 벌이는 다른 기업별 노조에까지
'확산'시키는 데 있다. "현대자동차의 임금 협상이 끝나기를 다들
기다리고 있다가 그 임금상승률만큼 자기들도 올리는,"** 즉 선
도 기업의 '임금상승률'을 카피하는 패턴 교섭이 이루어지는 것
이다. 이러한 선도 기업의 임금상승률을 적용하여 경쟁적으로
임금을 상승시키는 경향을 '한국형 패턴 교섭'이라 부를 수 있다.

나아가 "한국의 선도 교섭의 경우, 임금 인상 자제와 노동

---

* '전투적 경제주의'(노중기 2008; 조효래 2010; 박태주 2014)는 한국 노동운동의
찬란한 전반기와 굴욕적인 후반기를 한 표현 안에 응집시킨 조어다. 1987년과
1997년 세계사적으로 드문 강력한 투쟁력과 연대의 정신으로 정권과 자본을 굴
복시켰던 '전투적 노동조합 운동'이 2000년대 이후 그 에너지를 공장 내 '임금 상
승,' 즉 경제적 실리에 집중시켜 임금 테이블의 기울기를 올려놓는 데 소진하고
끝나버렸기 때문이다.

** 내가 수행한 현대자동차 노조 간부와의 인터뷰 중 발췌(2014년 7월 현대자동
차 울산 공장 인근 찻집, Lee 2016).

조건의 향상과 같은 '연대의 확산' 효과가 아닌, '각자도생의 확산 효과'와 '하방 압력 효과'를 갖는다." 하방 압력 효과란 무엇인가? 선도 기업들의 노조 혹은 노동의 대표자들이 경쟁적 임금 인상을 요구할 경우, 고용주들은 해외 투자 확대 혹은 비용을 아래로 전가하는 방식으로 이 압박에 대처한다. "우선 사내 정규직 고용을 동결·축소하고, 사내 하청 및 비정규직을 확대하며, 기존 비정규직의 임금을 하향 조정하는 것이다." 하청 업체들은 원청 업체의 노조가 높은 임금 인상을 쟁취했을 경우, 원청 사용자가 그 부담의 전부 혹은 일부를 "자신에게 (단가 후려치기를 통해) 전가할 것을 예상, 노조에 임금 인상 자제를 요구할 가능성이 높고 하청 업체의 노조는 이 구조적 압박에 굴복할 가능성이 높다."(이철승 2016)

이러한 '한국형 패턴 교섭'은 같은 그룹의 계열사 간에, 같은 지역의 유사 업종 공장 간, 심지어는 같은 지역 다른 산업의 비경쟁 기업들 간에도 이루어졌다. 노조가 조직된 대기업 제조업 사업장을 중심으로 시작된 "기업별 임금 극대화" 전략(유형근 2014)은 지역과 업종, 그룹에 기반을 둔 기업 간 임금 상승 경쟁 또한 유발시킨 것이다. 임금 상승의 경쟁적 확산은 지역별·업종별 노조 지도자들과 그 동년배 인사 관리자들의 세대 네트워크를 통해 퍼졌다. 따라서 지역과 업종별로 비공식적으로 엮여 있는 동문 및 선후배 네트워크를 따라 확산된 현대자동차의 임금 상승률은 무노조 기업의 노사협의회에까지 영향을 미치게 되었

다. 결과적으로 노동조합 없이 '노사협의회'만 존재하는 다수 대
공장 및 공기업의 대규모 화이트칼라와 블루칼라 사업장들이 한
국형 패턴 교섭의 최대 수혜자였다. "현대자동차가 10퍼센트 올
리면 태화강 건너 SK가스(에너지)도 그만큼 올리는" 관행이 정
착된 것이다.*

<그림5-2>는 2000년대 중반 노무현 정권하에서 노동조합
들이 벌인 격렬한 파업의 정도를 보여준다. 이 시기, 현대자동차
로 대표되는 선도 기업의 임금 상승은 수평적으로는 주변의 다
른 대공장 사업장의 임금 상승 '추격전'을 유발시켰으며, 여타 재
벌 대기업과 공기업 임금을 상승시키는 기준점 역할을 했다. 이
당시 임금 상승은 어느 정도였는가? 이 무렵 노조가 존재하는 사
업장의 임금 프리미엄은 금융위기 이전(1.7퍼센트) 대비 3배(5.1
퍼센트)에 달했고(김장호 2008), 연공제 임금 테이블의 기울기의
경우 최초 입직 노동자 대비 30년 후 임금배율이 3.3배로 일본
(2.4배)과 서유럽(1.7배)을 능가하는 세계 최고 수준이다(한국노
동연구원 2015).

<그림5-3>의 ③은 소득에 대한 시기 효과가 1990년대와
2000년대 초·중반에 정점을 찍었음을 보여준다. 그리고 ⑥은 근
속연수에 대한 시기 효과 또한 2000년대 중반까지 가파르게 정

---

* 내가 2014년 울산 현대중공업 인근 찻집에서 수행한 전현대 계열사 노조 간
부이자 전민주노총 간부와의 인터뷰에서 발췌(Lee 2016).

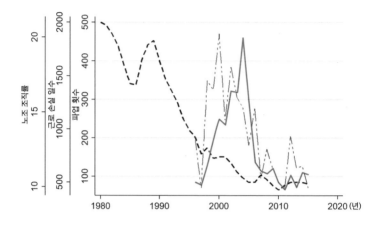

자료: 국제노동기구 데이터베이스(International Labour Organization,
https://ilostat.ilo.org/).

그림 5-2 파업 횟수, 근로 손실 일수, 노조 조직률 추이(1980~2015)

점에 이른 후 다시 급히 하강함을 나타낸다. 중간에 IMF 금융위기가 있었지만, 1990년대부터 2000년대 중·후반에 이르는 기간은 한국 경제의 임금 상승이 가장 가파르게 이루어진 시기였다.*
결론적으로, 서구 코포라티즘corporatism의 선도적 노동조합(예컨대 독일의 IG Metall)이 진보정권하에서 임금 자제와 임금 평준화를 확산시키는 기준점이었다면(배규식 외 2008), 한국의 선도적 노동조합(예컨대 현대자동차)은 공기업과 대기업들 간에 경쟁적으로 임금 상승을 확산시키는 기준점이었다(이철승 2016). 한국의 임금 노동자들, 특히 상층 임금 노동자들은 '한국형 패턴 교섭'을 통해, 사실상 현대자동차의 임금 테이블을 다 함께 공유해 온 셈이다.

이러한 상층 대기업 위주 임금 상승 투쟁을 통한 급격한 임금 인상은 하청업체와 비정규직의 임금을 억제하는 효과를 가져올 수밖에 없었다. 특히 임시직이나 무기 계약직과 같이 연공급 계약 의무가 없는 (사실상의) 비정규직을 증대시키고, 자회사 설립과 사내 하청을 통해 연공급 임금 테이블의 초봉과 기울기를

---

* 이 책이 아닌 전작의 주제이기에 자세히 다루지는 않지만, 이 시기 공기업과 대기업에서 30대와 40대를 보낸 베이비붐 및 386세대는 그 황금기를 그대로 전유한 세대이기도 했다. 교육, 성, 노동시장 통제 변수들을 고려하지 않았을 때 베이비붐 및 1960년대 출생 세대는 임금과 근속연수에서 모두 가장 높은 출생(세대) 효과를 갖는다(<그림5-3>의 ①과 ④ 참조). 교육, 성, 노동시장과 같은 통제 변수를 고려한 후에도 광의의 386세대(1957, 58년~1973, 74년 출생 세대, 이철승 2019b)는 가장 높은 세대 효과를 갖는다(그림 생략).

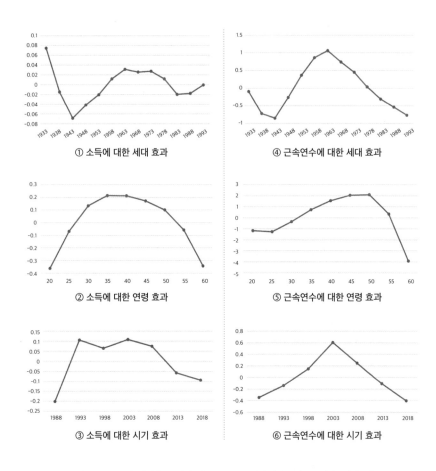

① 소득에 대한 세대 효과

④ 근속연수에 대한 세대 효과

② 소득에 대한 연령 효과

⑤ 근속연수에 대한 연령 효과

③ 소득에 대한 시기 효과

⑥ 근속연수에 대한 시기 효과

자료: 노동부 고용 형태별 근로실태조사 1988~2018. 연령-시기-세대 탈추세 다중회귀분석 모델APC-detrended model을 이용하여 세대 효과(회귀계수 값)를 연령 및 시기 효과(회귀계수 값)로부터 분리시킨 결과. 세대 효과의 경우 1930년대 출생 세대는 사례 수가 많지 않으므로 해석의 주의 요함. 소득 분석은 정준호·전병유·장지연 2020의 분석을 복제한 것이며, 근속연수 분석은 내 것임. 그림은 통제 변수를 고려하지 않고 연령, 세대, 시기 효과만을 추정한 것이다. 세 변수는 (연령=시기-세대)의 관계로 수학적으로는 서로 선형적으로 얽혀 있지만, 이론적으로는 구분된다. 연령 효과는 나이를 먹음에 따라 얻는 효과(예: 정치 성향의 보수화)라면 시기 효과는 정치경제적 격변에 동시대 대다수의 사람들이 공통적으로 노출되며 얻는 효과(예: IMF 금융위기로 인한 경제 불황)다. 세대 효과는 격변이나 제도 변화에 특정 출생 세대(혹은 그 내부 그룹)가 집단적으로 노출되어 얻게 되는 효과(예: 졸업정원제나 민주화 효과)다. 시기 효과와 세대 효과는 종종 동시에 발생한다(예: 코로나 팬데믹으로 인한 청년 실업의 악화).

그림 5-3 소득과 근속연수에 대한 세대, 연령, 시기 효과

차별화했다. 이와 함께 원청 정규직 노조원들은 단체협상을 벌여 핵심적이고 상대적으로 안전한 업무를 도맡았고, 사내 하청과 외주를 써서 위험 업무는 비노조 비정규직에게 전가시켰다(정승국 2017; 조성재 외 2004). 또한 하청 업체 단가 후려치기로 납품가를 억제함으로써(김상조 2012) 정규직 연공급의 임금상승분에 따른 비용 상승을 상쇄시켰다.

결국, 상층 대기업 정규직을 중심으로 조직된 노조의 전투적 경제주의와 연공제의 맞물림이, 노동시장 상위 20퍼센트와 하위 80퍼센트 노동자들 간의 임금 불평등을 확대하는 주요 메커니즘이다. 상층 대기업 노조들의 전투적 경제주의가 세대 네트워크를 타고 확산되며 업종과 지역, (재벌 계열) 그룹 차원에서 임금의 상향 평준화를 야기했다면, 세대 네트워크와 연공제의 착종은 이 수혜를 연차가 높은 50대 장년층 노동자들에게 집중시켰다. 이런 점에서 한국의 상층 임금 노동자 그룹은, 서로 다른 직장에 다니고 있지만 '연공제 담합 연대'라고 불릴 만하다.

인구구조의 변동에 따른
기업의 인구 구성 변화

연공-세대-인구 착종의 마지막 요인인 인구구조 변동(<그림5-1>의 가장 아래 층위)은 개별 기업이 속해 있는 한국 사회라는 생태계 전체의 연령별 분포를 결정지은, 깊은 수준의 변동이다. 한국전쟁에 직접 참여하지 않은(따라서 세대의 다수가 생존한), 1930~40년대에 출생한 산업화 세대의 높은 출산율은 베이비붐 세대로 이어진다. 한국 사회의 베이비붐은 1955년부터 1974년까지 지속되었다. <그림5-4>의 붉은 선 오른편 봉우리에 해당되는 1958~63년생들은 매년 90만 명에서 100만 명을 넘는 출생아 수로 '코어(1차) 베이비붐' 세대로 자리매김한다. 이들은 2010년대에 50대, 2015년에는 50대 중·후반에 진입했으며, 오늘날 한국 기업의 최상층을 구성한다. 1960년대 중반 감소했던 출생아 수는 반등하여 (<그림5-4>의 회색 선 마지막 부분에서 보이듯) 1971년 104만 명으로 다시 정점을 찍었고, 1960년대 후반에서 1970년대 중반 출생의 '후기(2차) 베이비붐' 세대는 현재 40대 중·후반에서 50대 초반에 이르러 한국 기업의 중상층을 구성하고 있다.

베이비붐 및 386세대의 상당수는 1997~98년 1차 금융위기 당시 조직의 중간 허리를 구성하고 있었기 때문에 윗세대인 산

쌀, 재난, 국가

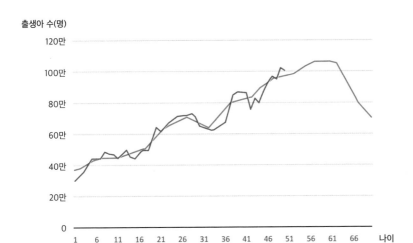

출생아 수(명)

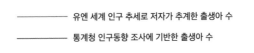

유엔 세계 인구 추세로 저자가 추계한 출생아 수

통계청 인구동향 조사에 기반한 출생아 수

통계청 인구동향 조사(Survey of Population Trends of Korean Statistical Office, KSO, 1981~2019) 및 유엔 세계 인구 추세(United Nations—World Population Prospects, 1950~2020)를 참조하여 작성.
통계청 자료: http://kosis.kr/statHtml/statHtml.do?orgId=10 1&tblId=DT_1B8000G&conn_path=I3.

그림 5-4   연령별 출생 세대 크기

업화 세대와 달리 구조 조정을 비껴갈 수 있었다. 이후 그들의 아랫세대는 고용이 한동안 동결되었을 뿐 아니라, 경기가 호전된 후에도 유연화된 노동시장에 정규직과 비정규직으로 나뉘어 입사한다. 따라서 이들의 절대다수는 정규직으로 입사하여 가장 오래 연공제의 수혜를 입은 세대다(이철승 2019a). 인구학적 크기가 큰 세대가 '시대의 운'까지 향유한 것이다.

　이러한 인구구조의 변동을 노동시장 구조 변동의 결과로 직결시키는 논의가 '세대 간 일자리 대체설'이다. 특히 핵심 화두는 베이비붐 세대의 정년 연장이 청년층 일자리를 줄인다는 세대 간 일자리 전쟁설이었다(안주엽 2011). 한국의 경우, 2005~10년 50대 고용률이 1퍼센트 증가할 때 20대 고용률은 0.5퍼센트 감소한다는, 세대 간 일자리 대체 경향이 보고되기도 했다. 2005년 이후 50대 고용률은 상승한 반면(68.1퍼센트→70.9퍼센트) 20대 고용률은 하락세로 전환되었으며(61.2퍼센트→58.2퍼센트), 특히 2007~2009년 글로벌 경제 위기 동안 50대 고용률이 1퍼센트 증가하면 20대 고용률은 0.8퍼센트 감소한 것으로 보고되었다(이찬영 외 2011).

　실제로 <그림5-5>는 2005년에서 2013년에 이르는 기간 동안, 각 기업의 50세 이상 노동자 구성이 불과 10년 만에 11.8퍼센트에서 20퍼센트까지 폭증했음을 보여준다(가중치를 사용할 경우 21.5퍼센트, 한국노동연구원 기초 분석 보고서 추정치는 24.7퍼센트). 2015년, 기존의 50세 이상에서 55세 이상으로 변경된 노동자 구성비의 평균도 16.2퍼센트다. (한국노동연구원이) 이전과 같이 50세 이상으로 데이터를 수집했을 경우, 20퍼센트가 훨씬 넘을 것이다. 이렇듯 기업마다 50세 이상 비중이 폭발적으로 증가했음은 명확한 추세다. 전체 노동인구에서 이러한 50대의 비중 증가는 사업체 패널뿐 아니라 노동부의 근로 형태별 고용실태조사에서도 확인된다. 1958~1962년생, 1963~1967년생 세대가 기업 조직 내에서 50대에 진입할 때의 비중은 각각 10.6퍼센트, 11.2퍼센트로, 이전 세대(1953~1957년생 8.4퍼센트, 1943~1947년생 6.5퍼센트)에 비해 크게 높아졌다.

<그림5-5>는 각 기업에서 50세 이상 노동자 비율이 폭증하면서 30세 이하 청년 노동자 비율은 그만큼 낮아졌음을 보여준다. 청년 노동자 비율은 2005년 27.4퍼센트에서 2013년 16퍼센트(샘플 모집 가중치 사용)로 급격히 낮아졌다. 2015년부터 35세 이하로 변경된 데이터에서는 2015년 28.4퍼센트, 2017년 29퍼센트다. 청년층 기준을 5년 더 높여 잡았음에도 불구하고 2005년과 큰 차이가 없음을 알 수 있다. 그만큼 청년 노동자 비율이 줄어들었다는 것을 의미한다.

<그림5-6>의 경제활동 인구조사 또한 1950년대 출생 세대에 비해 1960년대 출생 세대의 고용률이 상대적으로 높으며, 50대에 진입해서도 앞 세대에 비해 고용률이 크게 줄어들지 않고 있음을 보여준다. 1950년대 출생 세대가 70퍼센트 초반(1950~54년생)에서 중반의 고용률을 보이며 차츰 감소하는 데 반

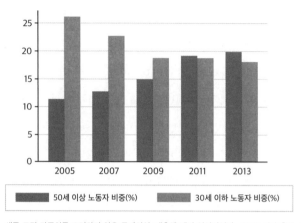

50세 이상 노동자 비중(%)   30세 이하 노동자 비중(%)

샘플 모집 가중치를 고려하지 않은 통계치임. 매출액 대비 영업이익이 -100% 이하 혹은 +100% 초과하는 기업들은 극단치로 가정 제외함. 이후 사업체 패널 데이터에 기반한 그림에 모두 해당됨.
자료: 사업체 패널(Workplace Panel Survey), 한국노동연구원.

그림 5-5   기업 수준 50대 이상 노동자 비중과 30세 이하 노동자 비중의 추이
(평균치, 2005~2013)

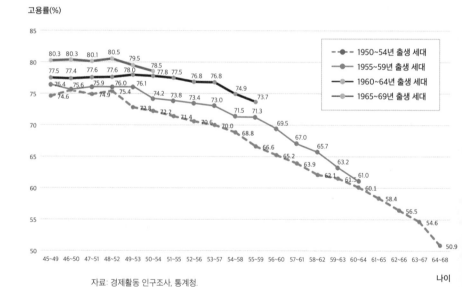

자료: 경제활동 인구조사, 통계청.

그림 5-6   출생 세대와 연령별 고용률(2004~2016)

해, 1960~64년생은 70퍼센트 후반대, 1965~69년생은 80퍼센트 초반대의 고용률을 보여주고 있다. 세대별로는 역대 최고의 고용률이다. 다음으로 50대에 진입하고 있는 1970~74년생들은 1958~63년생들에 이어 해마다 100만 명 이상이 태어난 2차 베이비붐 세대다. 청년 고용 위기는 단기간에 끝날 문제가 아닌 것이다.

연공-세대-인구 착종과 기업의 비용 위기

노동시장의 세대 네트워크는 노동조합 및 각종 노동–시민 단체에 직간접적으로 소속되거나 연계된 지식인 네트워크의 총체다. 그렇다면, 여전히 세대의 '전부'가 아닌 '일부'만 참여한 이 세대 네트워크가 어떻게 세대 간에, 그리고 이 세대 내부에 불평등을 초래하였나? 그 변화의 구조적 틀이 인구구조라면, 제도적 틀은 바로 나이와 연차에 따라 상승하도록 짜여 있는 연공제 임금 테이블이다. 앞서 이야기했듯이 노동조합으로 대표되는 이들 세대 네트워크의 전위 조직들은 2000년대 노무현 정권하에서 벌인 파업 투쟁과 한국형 패턴 교섭으로 연공제 임금 테이블의 기울기를 급격히 상승시켰고(이승렬 2011), 그 기울기는 '세대 네트워크'를 타고 광범위하게 확산되었다.

하지만 이는 당시(2000년대) 기업 조직에 별다른 문제를 일으키지 않았다. 세계시장 호경기와 중국 시장의 부상은 세계로 사업을 확장하던 한국 대기업들에 비용 상승 압박을 감당할 여지를 제공했기 때문이다. 더구나 기업 조직 내 최대 규모를 구성하던 1958~63년생 세대는 2000년대 초·중반까지도 다수가 40대, 즉 연공제 사다리의 중간에 머물러 있었다. 나는 인건비 과대 상승으로 인한 기업의 비용 위기는 2000년대 후반 들어 불거졌다고 본다. 인구의 최대 다수를 차지하는 베이비부머와 1960년

대 출생 세대가 조직의 최상층, 연공제의 최상층에 다수로 살아
남으면서 한국 경제의 구조적 위기가 도래했다고 보는 것이다.

실제로 <그림5-7>은 동일 기간에 기업의 인건비 비중 또한
가파르게 증가했음을 보여준다. 이는 500인 이상 대기업(오른쪽
그래프)에서 더 급격히 증가했다. 500인 이하 중소기업에서 인건
비 비중은 전체 매출액 대비 2005년 8.5퍼센트에서 2015년 12.8
퍼센트(가중치 사용)로 4.3퍼센트 증가했다(왼쪽 그래프). 동일
기간 500인 이상 대기업에서 인건비 비중은 6.6퍼센트에서 13.0
퍼센트로 두 배 가까이 폭증했다. 기업 규모에 따라 노동에 대한
자본의 지불 능력의 차이가 점점 벌어졌을 것을 고려하더라도,
10년 만에 인건비가 두 배 이상 증가했다는 것은 한국 기업들이
인구의 구조적 변화에 제대로 대처하지 못하고 있음을 반증한
다. 이러한 경향은 평균임금 수준이 높고 고령 노동자가 많은 기
업에서 더욱 심각하다.

그렇다면 기업에서 연령별 비정규직의 비중은 어떠한가? <그
림5-8>은 (개인 수준 데이터인) 2016년 경제활동 인구조사에 기
반한 연령별 비정규직의 비중을 보여준다. 그 비중은 20대와
50대에서 높다. 전체 분포를 보면 20대에서 높은 비중이 30대에
이르면 20퍼센트 이하로 안정화되었다가, 50대 중반까지 천천히
상승하여 50대 중반부터 급격히 증가한다. 이러한 경향은 300인
이상 대기업에서 보다 급격하게 진행되었다. 평균적으로 비정규
직 비율은 더 낮지만, 50대 중반에 이르면 이들 대기업에서 비정

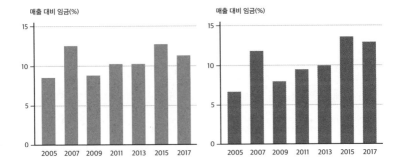

1) 좌: 중소기업(500인 이하) / 우: 대기업(500인 이상)
2) 샘플 모집 가중치 고려하지 않은 통계치로, 가중치 고려할 경우(본문) 약간의 차이가 발생한다.
자료: 사업체 패널, 한국노동연구원.

그림 5-7 기업 수준 임금 비용 추이(평균치, 전체 매출액 대비 임금 비중)
(2005~2017)

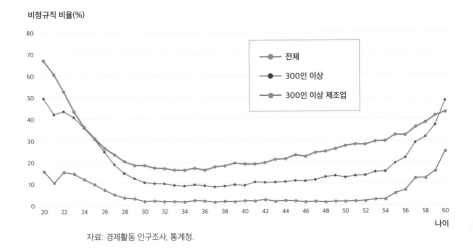

자료: 경제활동 인구조사, 통계청.

그림 5-8 기업 규모와 연령별 비정규직 비율(2016)

규직 규모가 급격히 증대함을 알 수 있다. 이는 노동조합이 존재하지 않는 대기업에서 이 연령대의 노동자들을 퇴직시킨 후 계약직으로 재고용했거나, 이들이 다른 기업으로 전직하며 계약직으로 고용되었을 가능성을 시사한다. 30세 이하 청년층에서 비정규직 비율이 높은 경향 또한 중요하다. 이 세대는 다수가 비정규직으로 노동시장에 진입하여, 그중 일부는 정규직 취업문을 통과하고 나머지는 비정규직으로 남을 가능성이 크다.

연공-세대-인구 착종과 청년 고용 위기

　과연 이러한 '평균'의 변화 경향은, 기업 내 노동자의 연령 변화(노령화)에 따른 인구구조 변동이 인건비 증가를 초래했고, 더 나아가 비용 위기에 직면한 기업이 비정규직 사용을 늘리고 청년 고용은 줄였다는 내 주장을 뒷받침하는가? 그렇다면, [세대 네트워크＋연공제 → 임금 테이블 기울기 변화 → (인구구조 변동으로 인한) 기업의 비용 상승 압력 → 비정규직 증대 및 청년 고용 축소]라는 연쇄적인 인과 고리의 가설이 개별 기업 단위에서 하나의 '메커니즘'으로 실제로 작동하였을까?

　<그림5-9>는 앞의 인과 가설의 전반부[세대 네트워크+연공제 → 임금 테이블 기울기 변화 → (인구구조 변동으로 인한) 기업의 비용 상승 압력]를 회귀분석한 후, 그로부터 얻어진 추정치를 그림으로 나타낸 것이다. 50대 비중이 높아질수록, 높은 평균임금이 인건비를 상승시키는 정도(기울기)는 극적으로 가팔라짐을 보여준다. 그 정도는 <그림5-9> 상단의 선형 그래프들을 통해 나타난다. 낮은 50대 비중에서 0에 가까웠던 평균임금과 인건비 비율의 관계(기울기)가 높은 50대 비중에서는 강한 정(+)의 관계로 바뀌었다. 50대 비중이 높은 기업에서 높은 평균임금에 의해 추동되는 인건비 상승은 기울기가 더 가팔라지는 것이다.[*]

　<그림5-10>은 앞의 인과 가설에서 비용 증대 과정을 뺀 맨

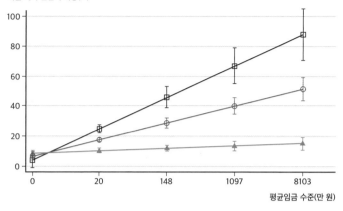

자료: 사업체 패널, 한국노동연구원 2007~2013.

그림 5-9 50(55)세 이상 노동자 비율에 따른 평균임금의 인건비 비중(매출액 대비)에 대한 영향(고정 효과 회귀모델에서 산출)

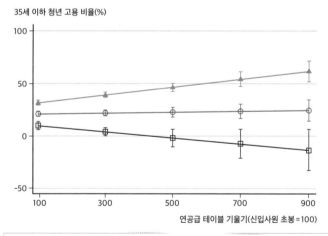

자료: 사업체 패널, 한국노동연구원 2015.

그림 5-10 50(55)세 이상 노동자 비율에 따른 임금 테이블 기울기의 청년 고용에 대한 영향(고정 효과 회귀모델에서 산출)

앞부분과 맨 뒷부분(세대 네트워크+연공제 → 청년 고용 축소)만을 회귀분석한 후, 그 추정치를 그림으로 나타낸 것이다. 이 그림은 연공급 기울기가 청년 고용에 끼치는 영향이 55세 이상의 비중에 따라 정(+)의 관계로부터 부(-)의 관계로 뒤집어지는 과정을 보여준다. 55세 이상 고령층 노동 비중이 0에 가까울수록 높은 연공급 기울기는 청년 고용으로 연결되지만(판교의 IT 기업들이 좋은 예다), 고령층 노동 비중이 높아짐에 따라(60퍼센트에 근접할수록) 높은 연공급 기울기는 청년 고용을 줄이는 효과를 가져왔다(단, 연공급 배율이 400이 넘는 경우 청년 고용 비율은 0 밑으로 떨어져 해당 그래프 영역에는 존재하지 않는다. 이러한 상황은 대규모 제조업과 공기업에서 쉽게 찾아볼 수 있다).

<그림5-11>은, 연공제가 청년 고용에 끼치는 영향을 노사협의회 대표(보통은 노조위원장)의 세대에 따라 나누어본 것이다. 코어 베이비붐 세대가 아닌 노동 측 대표가 협상 대표로 들어갈 때, 기업은 연공제 임금 테이블 기울기가 높은 직장일수록 청년 고용을 늘렸다. 노동 측 대표가 아직 연공제의 최상층까지 올라오지 않은, 평균연령이 젊은 직장일 가능성이 높다. 반면 코

---

* 그 통계적 유의도 또한 0.001에서 의미가 있을 정도로 높다(t 통계치=10.51). 이는 통상적인 고정 효과 모델에서는 관측하기 힘든 수준의 유의도다. 또한, 500인 이상 대기업군에서 상호 작용항의 계수의 크기가 중소기업군에 비해 두 배가량 컸다(0.086 대 0.161). 즉, 연공제와 세대의 착종 현상으로 인한 인건비 상승의 정도가 대기업군에서 훨씬 강력한 것이다.

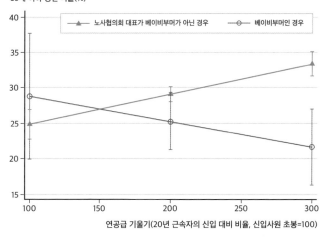

35세 이하 청년 비율(%)

▲ 노사협의회 대표가 베이비부머가 아닌 경우   ─○─ 베이비부머인 경우

연공급 기울기(20년 근속자의 신입 대비 비율, 신입사원 초봉=100)

화이트칼라의 경우

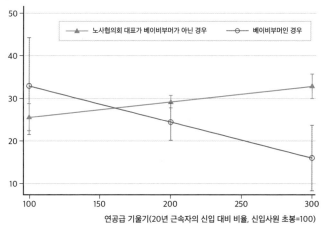

35세 이하 청년 비율(%)

▲ 노사협의회 대표가 베이비부머가 아닌 경우   ─○─ 베이비부머인 경우

연공급 기울기(20년 근속자의 신입 대비 비율, 신입사원 초봉=100)

블루칼라의 경우

자료: 사업체 패널, 한국노동연구원 2015.

그림 5-11 노사협의회 대표가 베이비부머(1958~63년생)일 때 연공급이
청년 고용에 미치는 영향

어 베이비붐 세대가 노동 측 대표로 협상 테이블에 앉으면, —
놀랍게도—연공제 임금 테이블의 기울기가 높을수록 청년 고용
을 줄였다. 이러한 노사협의회의 경향은 화이트칼라와 블루칼라
모두에서 확인되었다. 짐작건대, 코어 베이비붐 세대는 2015년
연공제 임금 테이블의 꼭대기에 근접했을 것이고, 자신들의 동
년배 혹은 바로 윗세대 지도자를 노동 측 대표로 앉혔을 것이다.
이들은 동년배의 높은 연공급을 지키기 위해 청년 고용을 줄이
는 방향으로, 비용을 줄이려는 사측 시책에 협조했을 것이라 추
정된다.

연공제를 틀어쥔 중·장년층과 청년층이 기업의 제한된 예
산과 일자리를 두고 제로섬 게임을 벌이고 있고, 이 게임의 희생
자는 청년 세대의 신규 진입자, 그중 일자리를 구하지 못한 자들
이다.

연공제와 노동운동

하나의 제도에는 여러 다른 결의 시간이 흐른다. 연공제 자체에도 세 가지 다른 층위가 존재한다. 첫째는 이 책에서 지금껏 이야기한 벼농사 체제의 시간이다. 벼농사를 짓는 마을에서 나이 많은 자에게 권한과 혜택을 집중시켜 협업 시스템을 작동시키는 연공 문화는 종주국인 중국과 대만, 심지어는 일본에서도 약화되었건만, 한반도 남부에서 여전히 강력한 제도로 살아남았다. 연공문화라는 아주 오래된 벼농사 체제의 유산이 임금 제도의 형태로 생산 현장에 드리워져 있는 것이 바로 연공제다.

둘째는 자본의 시간이다. 한반도에서 자본주의 기업이 성장하면서 자본가들은 노동자들에게 보상할 임금 모델을 필요로 했다. 기업이 연차에 따라 등급을 나누고 나이와 함께 자동적으로 임금이 상승하도록 설계한 연공제는, 확실치는 않지만 1950~60년대 기업들에 이미 일반화되어 있었고(김동배 외 2005; 안춘식 1992), 더 거슬러 올라가면 한반도에 진주한 일본 기업들에 의해 도입되었다고 추정된다(경제사회발전노사정위원회 2015).

일제강점기가 없었다면? 그렇더라도 한국의 기업인들은 가장 가까운 일본 기업의 임금 모델을 수입했을 가능성이 크다. 일본은 동아시아에서 가장 앞선 자본주의 모델인 데다 지리적으로나 문화적으로 가장 위험이 낮고 저항은 적은, 편한 길이었기 때문이다. 실제로 한국전쟁 이후에 창업한 많은 기업이 일본 기업의 임금구조를 직수입했다. 일본이라는 먼저 시작한 모델이 주변에 없었다면? (대단히 낮은 가능성이지만, 15~16세기 포르투갈과 네덜란드 상인들이 조선에 먼저 닿아——역사에는 존재하지 않는——조선의 어느 '계몽 군주'에게 교역을 허락받았다면?) 일본보다 먼저 자본주의를 발전시켰을 조선의 기업인들도 여전히 연공제를 택했을 가능성이 크다. 바로 이 책에서 분석한 벼농사 체제의 위계 및 협업 시스템과 가장 잘 조응하는 임금 체계이기 때문이다. 동일한 벼농사 체제 아래서, 한국 또한 동일한 길을 택했을 가능성이 높다.

세번째 층위는 20세기 후반 한국 사회를 관통한 민주화와 노동조합 운동의 시간이다. 연공제의 채택은 자본의 시간으로 시작되었지만, 연공제가 강화되고 지금껏 온존되고 있는 것은 노동의 시간에서 비롯되었다(정승국 2013; 정승국 외 2014). 절차적 민주주의의 재귀와 함께 열린 노동의 시간에, 한국의 노동운동은 '전투적 경제주의'를 통한 임금 상승 투쟁에 몰입한다. 노동운동 지도자들에게 연공제 임금 테이블의 기울기를 높이는 것은 자본으로부터 노동의 몫을 더 가져오는, 가장 정의로운 투쟁이었다. 1987년부터 20년을, 노동운동은 연공제 임금 투쟁에 '몰빵'한다. 그 결과가 세계 최고의 연차에 따른 임금상승도(30년 동안 3.3배, 한국노동연구원 2015)다. 연공제는 자본이 소개했지만, 1987년 이후 노동이 움켜쥔 제도로 바뀌었다. 오늘날 연공제와 근속연수의 방어 및 연장은 전투적 노동운동을 주도한 대기업 정규직 노동조합에게 가장 중요한 목표다. 한국의 상층 정규직 노동운동은, 따라서 '연공제 연대'라 불러도 무방하다.

오늘날 한국의 세대 내 불평등과 세대 간 불평등은 모두 이 연공제에 응축되어 있다. 연공제로 인해 세대 간, 연령 간 불평 등이 만들어지고, 이것을 향유할 수 있는 정규직과 그렇지 못한 비정규직 사이의 임금격차가 발생하기 때문이다. 비정규직 노동 운동의 정규직화를 위한 핵심 요구 사항은 연공제의 적용이다. 젊은 청년들은 연공제 혜택으로 안정적인 임금상승을 60세 혹은 65세까지 누릴 수 있는 직장에 들어가기 위한 경쟁에 20대를 소 비한다. 이쯤 되면 연공제 공화국이라 부를 만하다.

연공제와 여성

벼농사 체제는 여성의 노동 위에 건설된 구조다. 평수리 여성들은 동이 트면 온 가족 밥을 지어 먹이고 남편과 함께 논밭일을 하다가, 집에 돌아와서는 다시 온 가족 끼니를 챙기고 살림을 돌보느라 쉴 틈이 없었다(이순구 1993; 이효재 1985). 두레와 같은 공동노동 조직은 주로 남성들 사이에서 만들어진 협업 시스템이라고 알려졌지만(주강현 2006), 1년에 수차례 행해지는 공동노동 이외의 노동은 가구별 책임이어서 여성들은 농사일과 집안 살림 모두를 떠맡아야 했다. 평수리 남성들은 농사일을 마치고 쉴 수 있었지만, 여성들은 일과 가정 모두를 책임져야 했으므로 쉴 틈이 없었다. 하지만 평수리 마을 공동체의 주요 조직책은 모두 남성이었다. 마을의 대사大事는 남성들이 결정하고, 나머지 잔일들에 대한 결정만 여성들의 몫이었다. 여성들은 노동은 배로 하면서 의사 결정 구조에서 철저히 배제되었던 것이다.

벼농사 체제의 여성 착취, 여성 배제 구조는 현대 동아시아, 특히 한국(과 일본) 사회에서 강력하게 현존한다── 특히, 여성을 배제하고 차별하는 제도적 기제는 앞서 분석한 연공─세대─인구의 중심축인 '연공제'다. 연공제를 강하게 고수하는 기업일수록 남성과 여성 간 임금 차별이 심하다. 앞서 분석한 바와 같이, 연공제로 인해 비용 부담이 커질수록 비정규직을 더 고용하

쌀, 재난, 국가

고 이 비정규직에 여성들이 과대 대표되기 때문이다(권현지·함선유 2017). 곧, 임금의 연공성이 강한 상위 10퍼센트 기업의 경우 비정규직 비중이 약 32퍼센트이고 정규직과의 임금격차도 약 2.4배에 이르지만, 하위 10퍼센트 기업의 경우 비정규직 비중이 약 15퍼센트이고 정규직과의 임금격차가 약 1.3배로 상위 10퍼센트 기업과 대조적인 결과를 보인다. 성별 임금 차별 기제는 비정규직 임금 차별 기제와 겹쳐져 있고, 이를 악화시키는 제도가 바로 연공제인 것이다.

연공제가 여성을 차별하는 두번째 기제는 (연공제가 결여한 '능력 평가'를 보완하는 시스템인) 승진에서의 차별이다. 비정규직 여성의 경우 아예 연공제를 향유할 수 없지만, 정규직 여성의 경우도 승진에서의 차별로 인해 직급 상향 조정에 따른 임금 곡선 갈아타기의 혜택을 누릴 가능성이 낮다. <그림5-12>는 기업에서 여성들이 이사진과 과장급 이상 간부진에 얼마나 진출해 있는지에 대한 평균값이다. 2005년 여성들은 각종 기업 이사진의 5.4퍼센트를 차지했고, 2017년에는 7.4퍼센트로 그 비중이 늘었다. 500인 이상 대기업의 경우 이 수치는 1.9퍼센트에서 6.5퍼센트로, 비중은 더 낮지만 증가율은 더 가팔랐다. 둘 다 유의미한 변화지만, 아직 턱없이 부족한 수치다.

젊은 세대가 좀더 포함되어 있는, 임원을 제외한 과장급 이상 간부진 비중은 어떨까. 여성 과장, 차장, 부장은 2005년 12.2퍼센트에서 2017년 19.7퍼센트로 늘었다.[*] 의미 있는 성장이지

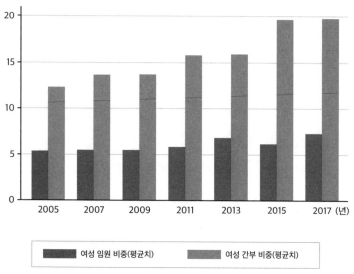

여성 임원 및 간부의 비중(%)

자료: 사업체 패널, 한국노동연구원 2005~2017. 통계적 가중치 사용한 값.

그림 5-12 연도별 여성 임원 및 과장급 이상 간부 비중 추세

만, 남성이 나머지 80퍼센트(2017년)를 차지하고 있음을 고려하면 기업 수뇌부와 간부층에 여성의 존재감은 아직도 충분하지 못하다. 이는 기업의 전체 노동력 구성에서 여성 정규직이 차지하는 비중이 20퍼센트에 못 미치는 데서부터 비롯된다. 여성 노동자들의 다수는 기업에 비정규직으로 고용되어 있고, 따라서 연공제로부터 소외되어 있다.

연공제가 여성을 차별하는 세번째 기제는, 연공제 수혜의 기본 틀인 근속연수에서의 차별이다. 여성들은 각종 차별과 출산 및 육아 부담 등의 이유로 노동시장에서 조기에 빠져나온 후, 연공제를 누릴 수 없는 파트타임이나 임시직, 즉 비정규직으로 노동시장에 돌아온다. 따라서 조직에서 마지막까지 살아남는 자들은 남성일 확률이 높다. <그림5-13>은 앞의 <그림5-5>에서 보여준 기업 내 노동자 비중에서 30세 이하 청년 비중 감소와 50세 이상 장년층의 증대 경향을, 남성과 여성으로 각각 나눠 회귀분석을 통해 연도별 증감률을 추정한 결과다. 2005년에서 2013년까지, 청년 여성의 비중은 매년 0.41퍼센트만큼, 그리고 청년 남성의 비중은 매년 0.45퍼센트만큼 줄었다. 10년이면 각각 4.1퍼

---

*　전국사무금융서비스노동조합이 산하 노조를 대상으로 시행한 '2020년 유리천장 실태 조사'에 따르면 차장직급과 부장직급 부서장 중 여성 비율은 각각 10.2퍼센트와 7.2퍼센트였다. 조혜원·함인희(2016)는 이러한 차이가 상위직으로 승진하면서 강화되는 것이 아니라, 경력 초기 단계부터 존재하고 있음을 확인했다.

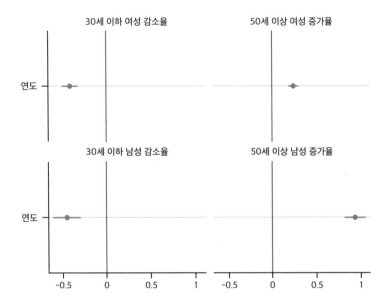

각 변수마다 점은 계수의 크기, 선은 신뢰 구간을 의미한다. 신뢰 구간이 그래프의 회색 0선을 건드리면(교차하면) 그 변수는 통계적으로 무의미한 변수다. 신뢰 구간이 좁을수록(선이 짧을수록) 그 변수의 통계적 유의도가 높음을 의미한다. 왼쪽 상단 청년 여성과 왼쪽 하단 청년 남성의 감소율은 -0.41과 -0.45로 남녀 간 큰 차이가 없지만, 오른쪽 상단 장년 여성과 오른쪽 하단 장년 남성은 각각 0.25와 0.95로 증가율이 4배 가까이 차이가 난다.

자료: 사업체 패널, 한국노동연구원 2005~2013. 고정 효과 모델 회귀분석에서 통제한 변수는 사업체 규모(자연로그값), 외국인 지분 비중, 노조 조직률, 평균임금(자연로그값)이다.

그림 5-13 기업 내 노동자 비중의 연령별 증감률 성별 비교

센트, 4.5퍼센트의 비중이 줄어든 셈이다. 청년 비중이 큰 폭으로 줄었지만, 남녀 차이는 크지 않다.

하지만 장년층의 경우, 동일 기간 동안 50대 여성은 매년 0.25퍼센트, 50대 남성은 0.95퍼센트 증가했다. 10년이면 각각 2.5퍼센트, 9.5퍼센트가 늘어난 셈이다. 다시 말해, 지난 10여 년간 기업 내 노동자의 연령별 비중에서 남성 장년층이 폭발적으로 증가한 것이다. 이러한 현상은 두 가지 가능성을 내포한다. 먼저, 장기근속으로 인한 평균 3.3배(30년 근속 기준, 한국노동연구원 2015)의 연공제 수혜자는 다수가 50대 남성일 가능성이 높다. 또한 남성 장년층의 폭발적인 비중 증가에는 남성 임시 계약직과 파트타임 노동이 상당수 포함되어 있을 수 있다. 50대 내부에서 노조의 보호를 받으며 최대치로 오른 연공제의 수혜를 누리는 정규직과, 이 수혜를 누리지 못하는 남성 및 여성 비정규직으로 분화가 가속화되는 것이다.

<그림5-14>는 이 정규직과 비정규직의 성별 규모를 테스트한다. 첫번째 패널은 50대 남성의 비중을 늘렸을 때 남성 비정규직 규모가 얼마나 늘어나는지를, 두번째 패널은 50대 여성의 비중 증가 시 여성 비정규직 규모가 얼마나 증가하는지를 테스트한다. 첫번째 회귀분석의 계수치 0.04에 비해 두번째는 0.13으로, 3.3배나 더 큰 비율로 비정규직이 늘어남을 보여준다. 50대 남성의 폭발적 증가가 비정규직을 포함할 가능성은, 50대 여성의 증가가 비정규직을 포함할 가능성의 3분의 1도 안 되는 것이다. 따

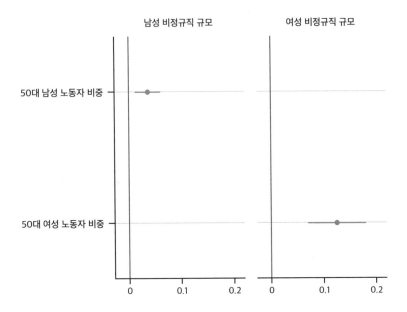

고정 효과 모델 회귀분석에서 통제한 변수는 사업체 규모(자연로그값), 외국인 지분 비중, 노조 조직률, 평균임금(자연로그값)이다. 원형 점은 회귀계수 추정치(기울기의 예측치)이고 점의 양쪽 실선은 이 예측치가 포함될 것으로 기대되는 범위를 의미한다. 이 범위를 나타내는 실선이 회색 0 선과 교차하면 계수는 통계적으로 무의미해진다. 노동 패널 분류 기준을 따라 비정규직은 기간제와 파트타임 노동자만을 의미한다(무기 계약직은 정규직으로 간주).

자료: 사업체 패널, 한국노동연구원 2007~2013.

그림 5-14 50대 성별 비중 증가에 따른 비정규직 성별 증대 규모 추정치 비교

라서 비정규직으로 고용되지 않고 정규직 연공제하에서 살아남는 절대다수는 50대 남성일 수밖에 없다. 연공급은 여성을 배제하고 차별하는, 즉 젠더에 따른 불평등을 영속화하는 제도다.

나가며―불평등, 현세대에서 다음 세대로

벼농사 체제의 유산인 연공제는 오늘날 한국 경제를 지탱하는 뼈대다. 하지만 그 뼈대는 이제 혜택에 비해 유지비가 훨씬 많이 드는, 구조적 위기의 국면을 초래하고 있다. 나이 많은 자가 세상을 리드하고 지배하는 룰, 그리고 나이와 연차에 따라 동일한 임금을 공유하는 룰이 더 이상 효율적이지 않은 세상이 도래한 것이다.

이제까지의 내 주장을 요약해보자. 2010년대 한국 경제에는 (1) 인구구조 변동, (2) 연공제(기울기)의 심화, (3) (노동조합으로 대표되는) 세대 네트워크의 부상이 맞물리며 네 가지 현상이 나타났다.

첫째, 두 차례의 금융위기를 거치며 기업 조직의 최대 다수로 살아남은 베이비붐 세대는 기업 내·외부에 걸쳐 강력한 권력 자원을 조직화하고 행사함으로써(이철승 2019a), 이 세대가 다른 세대에 비해 기업 조직 및 연공제 상층에 더 과대 대표되고 장기 생존하는 결과를 낳았다. 이 세대 네트워크는 2000년대 후반부터 정년 연장을 기업별, 산업별 단체협상의 주요 의제로 밀어붙여서 2013년 1차 정년 연장(55세 → 60세)의 제도화를 이뤄냈고, 현재 2차 정년 연장(60세 → 65세, 나아가 68세나 70세)을 통해 연공임금의 최상층 수혜 기간을 더 늘리려 시도하고 있다(『한겨레』2019a).

둘째, 이 세대의 노조는 강한 권력 자원을 이용한 전투적 임금 상승 투쟁을 통해 임금 테이블의 기울기를 가파르게 만들었고, 이 기울기는 세대 네트워크를 타고 (한국형 패턴 교섭을 통해) 비노조 기업들로 급속히 확산되었다. 연공제 임금 테이블의 가팔라진 기울기는 2000년대 이후 급격히 상승한, 상위 20퍼센트 대 하위 80퍼센트 간 불평등(이철승 2017, 2019b)의 가장 중요한 배경이다.

셋째, 이들의 조직 상층 장기 점유가 2000년대 들어 더욱 가팔라진 임금 테이블과 맞물리며, 2010년대 기업의 비용 위기를 가중시켰다. 기업 조직 내에서 수적으로 과대 대표된 이 세대가 향유한 고임금은 기업으로 하여금 청년 고용을 줄이거나 동결하고, 비정규직을 늘리는 결과를 가져왔다.

넷째, 연공-세대-인구의 착종으로 인한 50대의 조직 상층 장기 점유는 남성에 의해 주도되었다. 여성들은 최근 10여 년간 기업의 고위 및 중위 관리직에 더 높은 비율로 진출하고 있지만, 그 수준은 여전히 미미하다(대기업 이사진에는 7.4퍼센트, 간부진에는 19.7퍼센트). 기업 조직 연공제의 최상층은 아직까지도 50대 남성의 세상인 것이다. 이 시스템에서 불이익을 받는 계층은 청년과 비정규직, 특히 비정규직 여성들이다.

혹자는 청년 고용률 감소는 교육 수준 향상에 따라 희망하는 임금수준이 높아져서 생기는, 구직 임금수준과 현실 임금수준의 불일치(유보임금의 상승) 때문이라고 보기도 한다. 청년들 눈높이가 너무 높아져서, 일자리는 있는데 가지 않기 때문에 발생하는 실업이라는 이야기다. 청년 유보임금 상승이 구직 기간을 늘려 청년 고용에 부정적인 영향을 미치는 측면(최기성 2016)이 존재하는 것은 사실이다. 하지만 청년의 "직업 경력에 부정적인 영향을 미치는 것은, 첫 일자리를 획득하기까지의 소요 기간이 아니라 첫 일자리의 질과 불안정한 취업 경험"이라는 실증 결과 또한 존재한다(이병희 2011). 청년 실업 문제는, 청년층이 좋은 일자리만 선호해서라기보다 괜찮은 일자리 수가 감소하고 저임금 비정규직 일자리는 증가하는 것과 같은, 노동시장의 이중화라는 구조적인 문제가 도사리고 있음을 간과해서는 안 된다.

실제로 노동시장 상층 20퍼센트에서 20대와 30대 비중은 2004년 59퍼센트에서 2015년 44.6퍼센트로 감소했고(이철승 2019a), 괜찮은 일자리라고 여겨지는 500대 대기업 연령별 일자리 분포에서도 20대 비중은 1999년 31.2퍼센트에서 2019년 19퍼센트로 감소했다(서울연구원 2020). 같은 기간 노동시장 상층 20퍼센트에서 40대 이상은 39.8퍼센트에서 50.9퍼센트로 증가했으며, 500대 대기업에서는 40대와 50대가 1999년 27퍼센트에서 2019년 44퍼센트로 증가했다. 그것도 더 가팔라진 임금 테이블의 기울기와 함께. 장년층이 더 많은 일자리와 소득을 가져감에 따라 젊은 세대에게 돌아가는 양질의 일자리가 줄고, 그 결과 청년층 내부의 불평등 또한 증가하는 것이다. 이것이 내가 전작에서 주장한, 세대 간 불평등의 증가가 세대 내 불평등의 증가로 전이되는 양상이다.

혹자는 연공–세대–인구의 착종 현상으로 인한 청년 고용 위기와 비정규직 문제가 (일본의 예를 들며) 베이비붐 세대의 은퇴와 함께 자연스럽게 해결될 것이라고 예측한다. 노조와 세대 네트워크로 강력하게 조직화되어 있는 현 베이비붐 세대 또한 세월의 힘을 버텨내지는 못할 것이며, 다음 세대의 차례가 되면 인구 압력으로 인한 문제들은 자연스럽게 해소되리라고 보는 것이다. 이 예측은 연공–세대–인구의 착종이 남기는, 한 가지 중요한 구조적·제도적 유산을 간과한다. 그것은 상층 베이비붐 세대 네트워크가 (2000년대에) 제도화시킨, 극도로 가팔라진 연공제 임금 테이블의 기울기와 그로 인한 불평등의 영속화다. 연공제의 사다리를 타고 올라가 살아남은 공기업과 대기업, 공무원, 전문직 상층과 이 사다리에서 탈락한 혹은 애초에 끼지 못한 나머지 중하층 간의 소득 불평등과 그 구조, 즉 상층 20퍼센트와 하층 80퍼센트 사이의 격차는 연공제 사다리와 임금구조에 내재된 불평등으로 인해 세대가 교체되어도 그대로 온존하는 것이다.

1차 베이비붐 세대 네트워크의 작동과 그 효과(청년 고용 축소, 비정규직 증대)는 2020년대 초반으로 진입하는 오늘, 2차 베이비붐 세대 네트워크(1960년대 후반~1970년대 초반 출생)로 그 주체를 교체하며 2010년대 못지않은 세대 간 그리고 세대 내 불평등을 양산할 것으로 예측된다. 베이비붐 세대의 상층 정규직

엘리트는 1990년대부터 시작된 연공제 임금 테이블의 수혜를 30년에 걸쳐 전유했고, 이 고임금의 마지막 순간을 향유하며 앞으로 10여 년에 걸쳐 노동시장에서 서서히 물러날 것이다(혹은 정년 연장 시도를 통해 물러나기를 거부할 것이다). 이들은 노동시장에서 물러나도, 이들이 구축한 정규직 위주의 연공 시스템과 노동시장의 이중화는 그대로 남는다. 다음 세대들은 수적으로는 더 적지만, 한국 근대사에서 가장 높은 대학진학률과 스펙 경쟁을 거쳐온 과잉 자격 세대다. 이들 또한 정규직에 수혜가 집중된, 가파른 연공제가 부여하는 이 특권을 향유하기 위해 경쟁적으로 사다리를 기어오를 것이고, 무수한 자들이 그 사다리에서 미끄러져 떨어질 것이다.

중하층의 사회안전망 구축을 도외시한 채 연공제를 토대로 노동시장 상층에 성장의 혜택을 집중시켜온 한국형 위계 구조하에서 이 경쟁은 더욱 치열하게 진행될 것이고, 이 구조와 제도를 따라 이미 확대된 불평등은 다음 세대에도 재생산될 것이다. 따라서 베이비붐 세대가 물러나면 이 모든 노동시장의 문제들이 해소될 것이라는 예측은 섣부르다. 금융위기 이후 20여 년 동안 구조화된 연공-세대-인구의 착종 현상은, 앞으로도 오랫동안 노동시장의 승자와 패자 사이에 파놓은 깊은 '제도의 골'을 따라 (동아시아적) 착취의 기제를 작동시킬 것이기 때문이다. 승자와 패자 사이의 보상 구조가 너무도 불평등한 이 시스템은, 한국 자본주의 모델의 공정성과 효율성 모두에 깊은 회의를 자아낼 것이다.

6장

벼농사 체제의 극복

재난 대비 구휼국가에서
보편적 사회안전망 국가로

　고대와 전근대 동아시아 마을의 시간은 모두에게 동일한 것이었다. 농번기인 6월부터 9월에는 마을 구성원 전체가 다 함께 긴박하게 움직였다. 태풍과 장마, 가뭄, 농번기가 이 시기에 집중되어 있었기 때문이다. 추수부터 늦가을, 겨울은 모두가 쉬는 시간이었다. 인구의 90퍼센트 이상이 농업에 종사하는 사회에서 이 절기의 순환은 모두의 시계였다. 6월 뙤약볕 아래 공동노동을 하며 논두렁에 앉아 함께 새참 먹던 기억, 기다리던 장마 폭우에 제언 문을 열고 논에 바삐 물을 채우며 기뻐하던 기억, 노랗게 익어가는 벼이삭들이 물결처럼 흔들리는 가을 들녘을 바라보며 포만감에 젖던 기억은 모두가 공유하는 벼농사 체제의 풍경이자, 동일한 시간대가 몸에 새겨지는 경험이었다.

　이러한 파종과 수확의 시계는 현대자본주의 체제의 수없이 분화되고 분절된 직업과 산업군 속에서 직종, 직급, 고용 형태별로 개인화되고, 위험 또한 개별화되었다. 기술 발전과 세계화의 압력, 인구구조의 변동 속에서 급변하는 노동시장은 '불안정 노동/프리케리아트precariat'라는 새로운 집단의 카테고리를 만들어 개인들을 새로운 위험에 노출시킨다. 벼농사 체제의 일시적이고 한시적인 구휼국가 시스템으로는 세계화 시대의 복합위험에 대처할 수 없는 것이다. 일사불란하게 움직이는 사회의 협업과 국가의 재난 대비 구휼 시스템은 1년 내내, 전방위적으로, 개인의 생애 전체를 대상으로, 모든 계층으로 확대되어야 사회안전망으로서 의미가 있다.

벼농사 체제하의 복지는 선별적 구제 시스템이었다. 국가는 위험에 노출된 지역과 마을을 구제하면 그것으로 충분했다. 벼농사 체제의 마을 기업은—자연재해로 인한 충격이 없다면—자기 완결적이었기 때문이다. 마을 공동체 내부에서 생산과 소비의 균형이 이루어졌으며, 국가에 세금으로 내어주고 남은 여유 생산분은 장에 내다 팔면 그만이었다. 노인은 자식들이, 아프고 다친 자는 가족이, 가까운 가족이 없으면 씨족이 책임졌다. 농민에게 농땡이는 있어도 실업이라는 개념은 없었다. 따라서 국가의 일은 이들이 계속 생산을 할 수 있도록 보조해주면 그만이었다. 심지어 마을의 협업 시스템은 과부와 독거노인의 논밭까지 관리해줬다. 재난이나 전쟁 없는 마을에서 국가가 할 일은 사실상 없었던 것이다. 심하게 단순화하면, 평시의 벼농사 체제에서 국가는 물 막기–물 빼기–물 대기만 잘하면 그만이었다.

우리는 21세기에 벼농사 국가체제의 유산의 덕과 폐해를 톡톡히 보고 있다. 재난 시기에는 너무도 효율적으로 일하는 국가 덕에 금세 일상으로 돌아가 하던 일을 할 수 있다. 하지만 오늘날의 후기 산업/정보화 사회는 더 이상 벼농사 체제의 마을 공동체가 아니다. 시도 때도 없이 질병, 사고, 실업, 육아, 빈곤과 같은 개별화된 재난과 복지 수요가 시민 개개인을, 자본주의가 초래한 수많은 위험에 노출시킨다. 벼농사 체제의 국가는 이러한 현대사회의 개개인의 위험에는 너무나 굼뜨고 무관심하다. 씨족의 일원을, 마을의 구성원으로서의 일원을 챙겨주던 벼농사 체제의 공동체 또한 더 이상 존재하지 않는다. 동아시아 정주민들은 거대한 재난이 닥칠 때만 국가의 덕을 보고, 평온한 일상에서는 각자의 욕망과 착취가 횡행하는 세계화된 시장을 헤쳐 나가야 하는 것이다.

무엇을 해야 할까? 벼농사 마을에서 최후의 보험은 '자식'이었다(Fei 2006〔1939〕). 하지만 21세기 동아시아의 자식들은 더 이상 늙은 부모 수발을 자신의 의무라고 인식하지 않을 것이다. 이제 막 은퇴를 눈앞에 두고 있는 한국의 베이비붐 세대 또한 자식에게 의지하지 않을 것이다. 그렇다면, 남는 주체는 국가밖에 없다. 벼농사 체제의 유산인 재난 대비 구휼국가를, 보편적인 위험 대비 안전망 국가로 전환시켜야 한다. 시민은 21세기 산업사회에서 온갖 개인화된 재난에 시달리고 있는데, 국가만 재난 대비 시스템으로 남아 있어서는 안 된다. 복지국가의 구휼의 범위를 '보편화'하여 누구든 다치고 병들고 늙고, 직장을 그만두거나 더 이상 일할 수 없을 때, 공적 구제 시스템의 도움을 받을 수 있어야 한다.

서구 보험국가의 맹점은, 이러한 도움을 받을 수 있는 수혜의 권리가 보험금을 불입한 자들에게 불균등하게 설정되어 있다는 것이다. 좋은 직장을 가진 내부자들은 현직에 있을 때의 특권을 은퇴 이후에도—불비례적으로—즐길 수 있는 것이다. 비정규직과 프리케리아트는 현직에 있을 때의 불이익을 은퇴 이후에도 영속화하게 된다. 복지국가가 은퇴 이후 삶의 불평등을 '좁히는' 것이 아니라 '조장'하는 것이다. 한국에서도 이러한 복지 수혜자와 비수혜자의 골이 깊어지는 이중화가 가속화되고 있다. 소득이 있는 가구를 10퍼센트씩 열 개의 구간으로 나누었을 경우, 최저 소득층인 1분위와 2분위의 공적 연금(직역 연금 및 국민연금) 가입률은 2017년 기준 각각 33.6퍼센트와 48.7퍼센트로 절반에 못 미쳤다. 하지만 상위 50퍼센트인 6분위부터 10분위까지 공적 연금 가입률은 각각 92, 94, 95, 95, 93퍼센트에 이르렀다(성재민 2020). 노동시장에서의 불평등이 은퇴 이후에도 지속되는 것이다. 노동시장에서 연금 가입 기간이 충분하지 않은 비정규직의 연금 수혜액은 정규직의 절반에도 못 미칠 것으로 추정된다(이승윤 외 2019).

어떻게 이 불평등을 해결할 것인가? 재난 대비 국가로 성장한 동아시아의 국가가 어떻게 이 일상적이고 생애 주기 전체에 걸쳐 있는 불평등에 대처할 수 있을까? 2000년 전 국민 건강보험(통합), 2011년 무상급식 그리고 2020년 재난기본소득을 통해 보편복지 혜택을 경험한 우리는 실업과 고용, 산업재해, 주거, 육아, 노후 보장으로 이 틀을 확장할 수 있을까?

쌀, 재난, 국가

표준화를 위한 조율에서 다양성의 조율로

동아시아 정주민들은 벼농사 체제의 공동노동 조직으로 긴밀하게 연결된 사회적 관계망과 분업 시스템을, 산업사회의 요구에 적절하게 적용한 덕분에 이만큼 먹고살게 되었다. 동아시아 벼농사 체제의 국제경쟁력의 근간은 바로 이 협업과 조율 시스템에 있다.

우리는 긴밀한 집단주의적 협업을 통해 세계시장을 뚫고 국제 분업 시스템의 꼭대기 근방까지 다다를 수 있었다. 삼성전자와 BTS, 현대자동차와 블랙핑크 모두 그 경쟁력의 근간은 '군무'다. 심지어 그 내용과 목소리를 창의적인 스토리로 메우는 작업 또한 우리는 기획사라는 일사불란하게 분업화한 협업 시스템을 통해 이루어냈다. 나는 이 책의 대부분을 이 군무의 기원이 벼농사 체제에서 서로의 논에 손발을 담그고, 같은 그릇에 담긴 음식과 술을 나누는, 협업과 '함밥함술'의 문화로부터 비롯되었음을 주장했다. 물론, 이러한 협업 시스템에 극심한 경쟁이 내재되어 있음을 함께 밝혔다. 동아시아 벼농사 체제 내부의 협업과 경쟁은 긴밀하게 엮여서, 하나가 다른 하나를 끝없이 촉진시키는 관계인 것이다.

나는 이 협업과 경쟁의 이중주를 없애거나 약화시키는 것이 가능하지 않다고 본다. "난 좀 쉬고 싶어요" "쉬어도 괜찮아"라고 서로를 위로하는 젊은 세대 또한 이 시스템에서 자유롭지 않다. 체제의 유산은 그만큼 가혹한 것이다. 그것은, 동아시아 정주민들이 서로 무엇을 하고 있는지 낱낱이 감시하고 있기 때문이다. 감시가 통제로만 끝나는 것이 아니라, 그 정보는 내면화되어 경쟁의 수위를 다시금 높이는 쳇바퀴 역할을 한다. 점점 빨라지는 쳇바퀴. 우리는 서로로부터 관심과 질시의 쳇바퀴를 멈출 수 있을까. 시중에 범람하는 위로의 심리학들은 아마 그렇게 처방할 것이다. "타인에 대한 관심을 거두세요." "타인의 관심으로부터 자유로워지세요." "자기 내면의 목소리에만 귀 기울여도 괜찮아요." 사회학자인 나는 이러한 처방을 내릴 수 없다. 그 구조 안에 우리는 그대로 머물러 있기 때문이다. 그 구조를 탈출할 수 없다면, 구조 자체를 바꿔야 한다.

집단주의의 내용은 '표준화'를 위한 조율이다. 개인은, 개별성은 기민하게 움직이는 집단이라는 동질화된 주체의 의도와 동작에 자신을 정확하게 일치시키며, 궁극적으로는 그 집단을 위해 자신을 녹여내는 와중에 집단에 흡수된다. 동아시아 벼농사 체제의 집단주의 협업의 전통이 긴밀한 조율을 통해 만들어낸 '표준화의 기예,' 즉 '기술 튜닝'은 세계시장에서 최저의 불량률과 재고율을 가진, 표준화된 작업 시스템을 만들어냈다. 하지만 이 표준화를 강제한 윤리와 규범은 다름 아닌 유교적 위계 구조였다. 집단 내부의 연공에 따른 서열을 강조하는 위계와 지도자의 명령에 일사불란하게 움직이는, 동일한 신체적·정신적 반응을

쌀, 재난, 국가

요구하는 집단주의는 다양성과 창의적·비판적 사고를 억압함으로써 얻어지는 것이다.

하지만 극도로 표준화된 제조업 공정조차도 다양한 표준화의 가능성이 열려 있는 경우가 많고, 특정 표준화에 대한 집착이 오히려 더 높은 비용과 비효율을 야기하는 경우도 많다. 솔루션을 구현하는 길은 외길만 있는 것이 아니다. 다른 경로의 솔루션을 찾아내려고 다양한 실험을 하는 과정에서 새로운 발견, 새로운 아이디어, 새로운 상품과 시장이 열린다. 주어진 시스템 안에서 불량률과 재고율을 극단의 수준으로 줄이려는 노력을 기울이는 것도 중요하지만, 완전히 새로운 시스템을 깔아 다른 실험을 해볼 수도 있는 것이다.

따라서 생산공정 및 판매와 물류, 재무와 전략 그리고 작업장과 사무실의 환경을 일사불란하게 집단주의의 동질성을 체현하는 컨베이어 벨트 시스템으로 세팅할 수도 있지만, 새로운 아이디어와 사업을 끊임없이 실험하는 인큐베이터로 세팅할 수도 있다. 두 가지를 동시에 구현할 수 없다면, 조직 내 어디에선가는 끊임없는 실험이 가능하도록, 조직의 일부만 수평 구조로 유연화할 수도 있다. 마을의 누군가는 다른 방식의 파종법을 시험할 수 있도록 공동노동의 표준화 과정에서 제외시켜줄 수 있어야 한다. 그렇지 않았으면, 한반도에서 이앙법 실험은 실패했을 것이다.

벼농사 체제와 청년 세대의 충돌

연공 문화는 새로운 세대와 충돌하기 마련이다. 이들은 단기적으로는 연공서열 문화가 강제하는 위계에 침묵하는 법을 배우지만, 개인주의와 자유주의, 민주적 대인 관계의 가치로 무장한 새로운 세대에게 연공제는 받아들이기 힘든 사회계약이다. 청년들은 한 조직에 뼈를 묻으리라 가정하지 않으며, 입사와 함께 짜인 인간관계를 '출구 없는 전근대 마을 공동체'라고 인식하지도 않는다. 평생고용 모델을 기반으로 구축된 연공제의 '지연된 보상' 원리는, 따라서 이들에게 '오래된 미래'가 아니라 '도래하지 않을 미래'다. 가족, 씨족, 또래 세대 네트워크를 상하로 가로지르며 '연령의 위계 구조'를 구축한 동아시아 자본주의는 이제 그 기민성과 일사불란함, 표준화된 정밀성으로만 승부를 볼 수 없는 글로벌 경쟁체제에 돌입하고 있다.

아래에서 위로 정보와 자원을 끌어 올리고 위에서 아래로 의사 결정과 명령을 내려보내는 동아시아 위계 구조는, 새로운 세대의 자유분방한 다양성과 창의성의 잠재력을 극대화할 수 있을까? 벼농사 체제에서 유래한 한국 기업의 집단주의와 가족주의 문화는 다양한 개인들의 열린 토론과 아이디어 교환, 상호 비판과 더 좋은 대안의 숙의deliberation를 보장하는가? 벼농사 체제의 연공 모델은 긍정적인 야망을 품은, 일 잘하는 젊은 직원들에게 적절히 보상하고 있는가?

청년 세대는 이전 세대와 달리 경쟁적 분위기, 성과 달성의 강조, 수직적이고 위계적인 소통 구조에서 장년 세대에 비해 오히려 낮은 일 만족도를 보인다. 청년 세대는 가부장적 위계와 집단주의가 결합된 조직 문화에는 반발하지만, 조직 내 개인의 가치가 존중받는 환경에서는 오히려 조직의 대의에 더 깊게 몰입한다. 이는 내가 앞서 이야기한 벼농사 체제의 협업 시스템이 '수평적 협업과 연대'라는 긍정적인 습속으로 청년 세대에서 꽃피울 가능성을 시사하는 것이다.

이들은 개인의 능력과 사적 영역을 존중하는 수평적이고 민주적인 환경을 선호하며, 직장을 선택할 때 "내가 보람을 느끼는가" "내가 나로서 일할 수 있는가"를 우선적으로 고려한다. 또한 이들은 자신들의 능력이 제대로 평가받지 못하는 시스템을 불공정한 것으로 여기며, "능력 있는 분들이 인정받고 그런 동료와 선배로부터 배울 수 있는 회사"와 "개인적으로 성장할 수 있는 회사"가 이상적인 회사라고 생각한다. 청년 직장인들은 이러한 능력주의 원칙이 철저하게 지켜지는 신뢰 속에서 배우고 성장하길 원했으며, 자신의 가치와 기여를 정당하게 보상받고 싶어 했다.

젊은 세대로만 이루어진 벤처 조직일수록, 이전 세대의 집단주의적이고 위계적인 구조를 벗어나 보다 수평적이고 유연한 조직으로의 전환을 이미 시도하고 있었다. 이들 조직들은 '가족 같은 직장'이라는 확대된 가족주의 안에서 강제되는 권위주의와 집단주의, 가부장주의 문화를 배격했으며, 나이의 위계 서열 속에서 눈치를 살펴야 하는 수직적이고 경직된 직장 문화를 지양했다. 이들은 수평적인 소통 구조를 일상화하여 호칭을 단순화하고 상호 존대를 시행하고 있었으며, 직원들이 직급을 가리지 않고 사내 의사 결정에 자유롭게 참여할 수 있는 통로들을 제도화하고 있었다. 나와 동료들이 인터뷰한 청년 직장인들의 목소리는 한 방향이었다. 기업들이 벼농사 문화의 위계 구조를 약화시키고 민주적이고 수평적인 조직 문화를 과감히 도입할 때, 젊은 세대의 다양성과 창의력이 극대화되어 결국에는 기업의 효율성과 경쟁력 또한 향상될 수 있는 것이다.

벼농사 체제의 기업 구조에서, 연공에 기반한 위계 문화는 임금 체계와 얽혀 있다. 따라서 임금 체계를 개혁하지 않고 위계 구조를 약화시키는 것은, 불평등 구조의 물질적 토대는 내버려 둔 채 발언 기회만 민주적으로 배분하겠다는 것과 마찬가지 이야기다. 아직도 한국의 기업과 관료제, 학교 조직들은 숙련과 성과에 보상하기보다, 힘든 일은 아래로 내려보내고 연공서열에 보상하는 관행이 깊숙이 남아 있다. 벼농사 체제의 모든 긍정적인 유산—기민하고 효율적인 협업 시스템— 은 보존하되, 이 위계 구조의 핵인 연공제—서열 구조와 임금 체계 모두—는 조용히 은퇴시킬 때가 되었다. 일상에서 연장자를 존중하고 배려할 기제는 연공제가 아니어도 널려 있다. 조직에서는 더 일 잘하는 자, 더 힘든 일을 하는 자, 더 좋은 아이디어를 내는 자에게 더 많은 책임과 보상이 돌아가야 공정한 시스템이 깔릴 수 있으며, 공정한 시스템 없이 동아시아의 협업 조직이 글로벌 경쟁에서 생존하기란 난망한 일이다.

새로운 세대들은 가까운 미래에 연공제를 버릴 준비가 되어 있다. 그렇다면, 어떻게 동아시아 관료제와 기업 조직을 다시 디자인할 것인가? 어떻게 하면 청년 세대의 민주적·수평적 조직 문화에 대한 욕구, 개인의 능력과 노력에 대한 공정한 보상에의 욕구를 모두 만족시키면서, 벼농사 체제의 긍정적 유산인 '협업의 기예'를 동시에 보존할 수 있을까?

동료로서의 여성

여성을 배제하고 차별하는 벼농사 체제의 유산을 어떻게 바꿀 것인가? 남성들의 의식 개혁? 문화와 습속을 바꾸자는 도덕 캠페인은 내게는 아무것도 하지 말자는 말과 같게 들린다. 문화와 습속은 단기간에 캠페인을 통해 바꿀 수 없는 것이기 때문이다.

구체제의 구조적 유산의 영향을 줄이려면 혁명적 수준의 제도 개혁 외에는 답이 없다. 가장 좋은, 가장 빠르고 확실한 대안은 모든 조직의 의사결정기구에서 여성의 대표성을 높이는 것이다. 그런데 제도를 바꾸면, 제도와 구조가 충돌한다. 여성을 평등하게 대우하면, 초기에는 기존의 남성 지배 구조에서 혜택을 받던 남성들 중 일부 혹은 다수가 제도에 저항할 수 있다. 이 제도 개혁에 대한 저항은 남성 위주 지배 구조에 진입하지 못한 채 긴 실업과 구직의 대열에 서 있는 청년 남성들에게서 가장 높을 것이다. 그들은 아버지와 삼촌과 형들이 누렸던 혜택을 맛도 못 본 채 구직 대열에 오랫동안 서 있었기 때문이다. 기존 조직 내에서 점점 늘어나는 여성들의 숫자와 새로운 성 평등의 규준에 적응해야 하는 불편함 때문에 조직의 윗자리를 점유한 남성들의 불평 또한 높아질 것이다.

제도 개혁에 대한 저항을 설득하고 잠재울 수 있는 전술은 두 가지 차원에서 추진되어야 한다. 여성이 더 많이 대표되는 만큼 자신들의 기회가 줄어든다고, 역차별이 더 문제라고 인식하는 청년 남성들과 노동시장에서 여성이 구조적으로 계속 차별받고 있다고 인식하는 청년 여성들을 모두 만족시킬 수 있는 공정한 선발과 보상의 기준을 마련하면 가장 좋겠지만, 현실적으로 쉽지 않은 일이다. 청년 남성의 좌절은 좋은 일자리 수는 절대적으로 부족한데, 예전보다 더 공격적으로, 더 높은 스펙으로 취업 시장에서 경쟁자로 등장한 여성들로 인해 구직에서 탈락하는 비율이 높아짐에 따라 비롯되는 '구조적'인 것이다(이철승 2019b). 또한 2010년대 이후 악화된 청년 세대의 젠더 간 혐오 문화의 기저에는, 줄어든 정규직 일자리를 둘러싸고 극심한 경쟁을 조장하는 연공 – 세대 – 인구의 착종 문제가 도사리고 있다. 이 문제의 중심에 있는 연공제를 개혁함으로써 청년 노동시장에 숨통을 터줘야 이러한 '구조적 좌절'이 완화될 수 있다.

청년 여성의 좌절은 남성 못지않은, 심지어는 더 뛰어난 스펙을 갖추었음에도, 남성들이 과대 대표된 인사 시스템을 거치며 번번이 선발과 승진 경쟁에서 탈락하는 구조적 차별의 경험에서 비롯된다. 따라서 기업의 신입사원 선발 및 인사 평가 부서에 여성을 일정 비율 이상 대표시킴으로써, 선발과 업무 평가 과정에서 성차별이 작동하는지 감시하는 시스템을 갖출 필요가 있다. 젠더 다양성이 더 잘 제도화된 서구에서도 "여성은 (오늘의) 수행성으로 평가받지만, 남성은 (미래의) 잠재력으로 평가받는다"(McCracken 2000)라는 비판이 존재한다. 다시 말해서 선발과 승진 과정 자체는 공정한 경쟁에 의해 작동되도록 하되, 그 과정에 눈에 보이지 않는 성차별 기제가 개입하는 일이 없도록 제도적 감시 기제를 마련해야 한다. 그 첫 출발점이 업무 평가를 관리하는 부서에 여성을 충분히 배치하는 것이다.

두번째 전술은 구조 개혁의 혜택을 즉각적으로 가시화하는 것이다. 여성이 편안하게 일할 수 있는 조직 문화에서(따라서 그로 인해 여성이 더 많이 대표되는 조직에서) 여성과 남성 모두 더 높은 생산성을 발휘한다. 특히 높은 생산성을 요구하는 하이테크 선도 산업일수록(Dwyer et al. 2003), 혹은 시장 지배력이 어느 정도 확보된 기업일수록(신동균 2006), 여성의 높은 진출률은 더 우수한 기업 성과로 이어진다. 한국에 진출한 다국적 기업들이 기존 노동시장에서 차별받던 여성을 관리자 지위에 중용함으로써 더 높은 기업 성과를 이뤄냈다는 연구도 존재한다(Siegel et al. 2019).

<그림6-1>은 이러한 기존의 연구 결과들을 한국의 100대 기업 이사진 및 자본수익률 데이터에 적용한 결과다. 2000년대 중반(2003~2007년)에서 2010년대 중반(2013~2017년)에 이르는 10년 남짓한 시기, 기업 임원 구성에서 여성의 점유량 변화가 증가한 기업일수록 자본수익률 변화량 또한 증가했음을 보여준다. 그래프의 우측 상단에 위치한 네이버, LG 생활건강, 코웨이, 카카오 같은 기업들이 이에 해당된다. 반면, 좌측 하단에 위치한

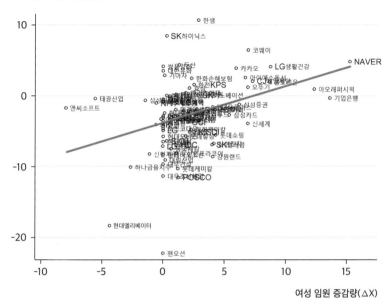

이 그림은 통상적인 횡단면 분석의 '수준값level value'이 아닌, '변화값 change value'을 비교한 것으로, X와 Y의 값은 경제 위기를 포함하지 않은 (상대적) 호황기인 2000년대 중반과 2010년대 중반 값의 '변화량'을 측정했다. 여성 임원 증감량(△X)은 2013~2017년 평균값(X2)에서 2003~2007년 평균값(X1)을 차감한 값이며, 자본수익률 증감량(△Y) 또한 2013~2017년 평균값(Y2)에서 2003~2007년 평균값(Y1)을 차감한 값이다. 그림의 패턴은 해당 기간(2003~2017년) 전체 패널을 모두 이용해 고정 효과 모델fixed effects model을 적용하여 총자본량, 매출액, R&D 비중, 현금 자산, 종업원 수, 가족 소유 지분, 시기와 산업 및 기업 더미 변수들을 통제한 후에도 통계적으로 유의미하다(p-value<0.05).

그림 6-1   여성 임원 증감량과 자본수익률 증감량

하나금융지주, 현대엘리베이터와 같은 기업들은 해당 기간 동안 여성 임원 구성을 오히려 줄였고, 자본수익률 또한 감소했다. 중간에는, 여성 임원 구성 변화가 0에 가까우며 자본수익률 변화량은 그와 상관없이—다른 요인들로 인해—요동친 기업들이 자리한다.

이 분포는 여러 가지 해석이 가능하다. 능력과 성과를 명확하게 인사고과에 반영해 능력주의를 잘 제도화한 기업에서 뛰어난 여성들이 리더십 위치까지 뚫고 올라온 결과일 수 있다. 혹은 여성들을 의식적으로 더 많이 대표시킨 조직의 경우, 남성 중심 위계 조직이 약화되고 그로 인해 다양한 아이디어와 관점이 자유롭게 유통되어 창조적 혁신이 일어났을 수도 있다. 어느 경우건, 젠더 다양성을 더 많이 확보한 기업들의 실적이 보다 우수하다는 결과에는 변함이 없다.

결국, 동아시아 벼농사 체제의 협업 시스템을 업그레이드하기 위해서는 생산의 중요한 축을 담당했으면서도 그에 합당한 대우를 받지 못했던 여성들에게 더 많은 책임과 의사결정권을 부여해야 한다. 남성 위주 위계 구조를 수평적으로 완화시키고 여성에게 더 많은 목소리가 보장될 때, 긴밀하게 직조된 협업 시스템에 새로운 아이디어가 순환하게 되고, 그로부터 혁신의 싹이 움틀 것이다. 성 평등한 직장 문화와 제도의 도입으로 한국의 기업과 국가, 정치의 글로벌 경쟁력은 더욱 높아질 것이다.

직무평가 시스템의 도입
—시험에서 숙련으로

21세기 한국 사회는 여전히 시험으로 중요한 자리와 자원의 점유 자격을 결정한다. 시험은 차별을 영속화하는 기제다. 바로 그 영속화 때문에 탈이 난다. 시험 점수 1점 차이로 발생하는 이 영속화가 숙련의 형성과 평가 시스템의 발전을 가로막는다. 시험을 통과한 자들은 그 점수가 자신의 숙련을 입증한다고 '착각'한다. 시험 시스템에 의지하지 않는다는 것은, 시험 점수가 영속화 기제로 작동하지 않도록 다른 숙련 형성 및 평가 제도를 구비하는 것에 다름 아니다.

누가 일 잘하는지를 어떻게 평가할 것인가? 일 해본 사람들은 다 안다—그 사람과 함께 일 해보면 된다. 누가 성실하고 믿을 만한지를 어떻게 평가할 것인가? 똑같다. 같이 일 해보면 안다. 서로 평가하고, 그 기록을 쌓고, 그 쌓인 기록으로 잘하는 사람에게 좀더 보상해주고, 일하지 않는 사람은 적절히 질책하면 된다. 그런데 왜 직무평가 시스템의 구축이 더디기만 할까?

앞서 이야기한 두 가지 때문이다. 연공제와 시험. 연공제가 있으니 다 같이 연차를 숙련으로 인정받고 해마다 인상분을 정규직 내부자끼리 나눠 가지면 된다. 왜 골치 아프게 서로 인정하기도 힘들고, 얼굴 붉힐 일 늘어나며, 내부의 단합을 저해할지도 모를 직무평가를 해서 서로 다른 보상을 받는가?—라고 암묵적으로 공모하는 것이다. 시험을 통해 정규직을 꿰찬 내부자들은 직무평가에 더욱 저항한다. 시험으로 이미 평가는 끝났으니, 시험을 보지 않은 자들에 대한 기존의 특권을 지키고 싶어 한다. 연공제로 연봉 따박따박 올라가는 시스템을 포기할 이유가 없다. 공기업과 대기업 직원 그리고 공무원들이 공유하는 이해관계다. 대학 교수들이 연공제를 제한하는 업적 평가 시스템 도입에 온갖 이유를 대며 저항하는 이유다. 이 권리는 합격과 입직의 순간 새겨놓았으니, 누구도 흔들어서는 안 되는, 흔들 수 없는 것이다.

시험 성적은 최소 자격 입증 요건 정도라면 몰라도, 특정 직업과 업무의 '숙련'을 측정하기에 좋은 지표가 아니다. 학계를 예로 들면 시험 성적 좋다고 좋은 논문 쓰지 않고, 커트라인 높은 학교 나왔다고 일 잘하는 동료가 되지 않으며, 명문대 나왔다고 과와 연구소를 잘 운영하는 좋은 리더가 되지 않는다. 왜 그럴까? 대답은 단순하다. 시험 성적이 인간의 능력/잠재력을 충분히 측정하지 못하기 때문이다. 어느 학교 출신이라는 이유로 그 학교 수능 평균을 졸업자 모두에게 뒤집어씌우는 것이 한국 기업 조직의 인사 관리 시스템의 근간이다. 평균 안에 숨겨진 엄청난 '차이'를 보지 못하고, 시험 성적으로 분별되지 않는 인간의 다양한 측면을 발견하지 못하면 인재를 놓칠 수밖에 없다.

지금 한국의 의사결정기구 상층부를 장악하고 있는 리더들의 절반을 수능 점수 10점, 20점 낮은 바로 아래, 혹은 그 아래 아래 대학 출신의, 나름 평판이 쌓인 동종 분야의 전문가로 바꿔치기 한다고 가정해보자. 그 조직의, 한국 사회의 생산성이 평균 수능 점수의 저하와 함께 낮아질까? 그렇지 않을 것이다. 나는 심지어 더 좋아질 수도 있다고 생각한다. 수능 점수로 평가받지 못한 다양한 재능이 리더십에 더 대표될 수 있기 때문이다. 명문대 출신 독자들은 펄쩍 뛸 발상이겠지만.

뒤집어서 이야기해보자. 대한민국의 대통령 및 각 부처 장관, 재벌 총수 및 이사진을 지금보다 더 좋은 대학 출신으로 바꾸면, 대한민국 정부와 기업들이 더 좋은 실적을 보일까?(이 방안은 이미 명문대 출신이 다수인 리더십을 명문대 출신으로만 채우자는 이야기다.) 아마 더 좋아지지 않을 것이다. 오히려 더 나빠질 가능성이 크다. 그나마 시험 점수가 아닌 다른 실질적인 능력과 성과 판단 기준으로 위로 뚫고 올라온 리더들이 탈락되고, 시험 점수 이외에는 별다른 능력이 없는 자들이 네트워크를 타고 올라와 리더십에 진입할 것이기 때문이다. 동경법대 출신으로 최고경영진을 채웠다가 사세가 기울었다는 어느 일본 기업 꼴이 날 가능성이 크다. 이런 조직은 같은 학교의 비슷한 이념과 스타일의, 선후배 네트워크로 묶여 있기에 이견을 낼 줄 모르고, 서로의 제한된 의견을 상호 강화할 가능성이 크다. 비슷한 배경과 지식을 가진 자들은 비슷한, 닫힌 사고를 하기 마련이고, 이 세계의 역동적이고 다양한 실재를 포착하고 대응하는 데 실패할 가능성이 커지는 것이다.

　나는 시험 성적이 낙제점을 간신히 넘는 점수로, 적극적 고용개선조치affirmative action로 입학했지만, 학계의 패러다임을 바꾸는 기념비적인 논문을 쓰고 여러 아이비리그 대학으로부터 오퍼를 받으며 저명한 교수로 성장하는 학생들을 수없이 보았다. 나는 명문대를 졸업하여 GRE와 SAT 만점에 가까운 점수로 대학원에 들어왔지만, 새로운 아이디어와 발견 하나를 만들어내지 못하고 남들이 이미 해놓은 연구를 성실하게 주워섬기다가 학계에서 사라지는 경우 또한 수없이 보았다.

　전자와 후자 모두 한국의 대학 시스템에서 나오기 힘든 사례들이다. 전자는 아예 좋은 직장에 들어가지 못할 것이고, 후자는 대학이나 대학원을 무사히 졸업하고 가장 좋은 직장에 자리를 잡을 것이다. 전자는 학위를 끝내고 학계에 데뷔해도 이름 없는 학자로 살아갈 가능성이 크지만, 후자는 선후배들의 네트워크 속에서 승승장구하며 명망 있는 기업이나 대학에 자리를 잡고 역시 높은 시험 점수로 무장한 선후배와 제자들에게 둘러싸여 동문 네트워크가 물어다 준 실적과 자리 덕에 승승장구할 것이다. 전자와 후자의 경우 역시 한국을 드나들며, 한국에 돌아온 후 수없이 보았다.

　물론, 미국 사회의 예가 우리의 표준이 될 필요는 없다. 하지만 시험으로 숙련을 대체하는 나라는, 우리와 (우리보다 덜하지만) 중국과 베트남 정도밖에 없다(민현구 2010). 시험이라는 평가 기제는 객관성과 공정성을 수호하는 최후의 보루인가, 아니면 인생의 한순간에 특정 유형의 지식 가공 능력(외운 지식으로 남이 만든 문제 답 골라내기)을 측정한 후 이를 영속화하는 동아시아 한자 문화권의 철 지난 유산인가? 당신의 조직은 일 잘하는 직원을 가려내 적절히 보상하는 숙련 평가 기제를 갖추고 있는가, 아니면 아직도 대학 졸업장, 시험 성적과 연공제로 퉁치고 있는가?

연공급 대 직무급[*]
—어느 불평등을 택할 것인가

동아시아 기업들의 조직 안정과 기술 튜닝을 동시에 달성 (가정)할 수 있도록 해준 윤리적·제도적 뼈대는 연공제였다. 동아시아 마을 공동체의 협력과 경쟁의 문화, 표준화의 기술을 기업 조직으로 이식할 수 있었던 것은 연공제를 통한 안정적인 인력 수급과 보상 및 교육 체계가 만들어졌기 때문이다.

하지만 연공제는 이 모든 장점에도 불구하고, 기업 수준에서는 숙련을 저하시키고 고비용 노동 구조를 만들어내며 무임승차를 부추기는 한편, 궁극적으로는 조직 전체의 생산성을 정체시키는 주범이다. 거시경제 수준에서는 정규직과 비정규직의 격차를 벌려 노동시장 이중화를 초래하는 원인이며, 세대 네트워크 및 인구구조와 결합될 경우 기업의 재무 구조를 악화시키고 청년 실업과 비정규직을 증대시킨다. 연공제는 동아시아 기업들의 오늘을 있게 해준 인사 전략의 핵심 중추였지만, 그들의 내일을 책임지기에는 너무 오래된 구닥다리 마차 같은 것이다.

젊은 세대에게 연공제는 이해할 수 없는 제도다. 왜 나보다 별로 뛰어나 보이지 않는 50대 부장님이 나이와 경험이 많다는

---

[*] 연공급과 직무급, 직능급에 대한 설명은 이 책 35쪽 각주를 참조하라.

이유로 나보다 세 배의 연봉을 받는가? 나는 이 회사에 부장님처럼 25년, 30년 넘게 남아 있을 수 있을까? 아마 아닐 것이다. 회사가 그때까지 있을지도 모르겠고, 내가 이 회사에 30년이나 충성할지도 모르겠다. 그렇다면 일은 내가 하고 돈은 왕부장님이 버는 이 연공제는 왜 존재하는 것일까? 젊은 세대에게는 연공제가 약속한 동일 연차·동일 임금 원칙도 이해할 수 없는 제도다. 하는 일이 다르면, 더 힘들고 어렵고 가치 있는 일을 하면 보상이 달라야지, 왜 연차가 같다고 연봉도 같은가?

비정규직 사원들에게도 연공제는 이해할 수 없는 제도다. 똑같은 라인에서 똑같은 바퀴 달고, 똑같은 박스 만들었는데(심지어 우리가 더 만들었는데), 왜 정규직은 해마다 연봉이 오르고 우리는 시급으로 계산된, 매년 똑같은 봉급을 받는가? 저들은 연공제로 오른 연봉만큼 연금도 불어나고 게다가 회사가 절반 내주는데, 왜 나는 연금도 내가 다 내야 하는가?(따라서 안 낸다.) 코로나 사태 같은 위기가 터지면 정규직 연공제 지켜주려고 우리를 해고하는데, 저들과 똑같은 숙련과 연차에 왜 나는 이런 대우를 받아야 하는가? 경제 위기가 오면 독일처럼 다 함께 노동시간을 줄여서 다 같이 덜 받는 것이 정의롭지 않은가? 왜 그들의 연봉은 경제 위기에도 끊임없이 올라가고, 나는 내 아이들의 빵(쌀)을 살 자유마저 박탈당하는가?

많은 조직에서 성과와 능력에 따른 직능 보상 체계를 연공제와 결합시키고 있고, 임금 피크제를 통해 50대에게 집중된 높은 보상을 완화하려는 노력도 하고 있다. 연공제는 결국에는 개인별 성과와 능력에 따라 보상하는, 보다 합리적인 임금제도로 대체될 것이다. 하지만 2020년대 한국 노동시장의 3분의 2는 아직도 연공제 틀을 고수하고 있다. 세상은 바뀌고 있지만, 바뀌지 않으면 살아남을 수 없는 조직들만 바꾸고 있는 것이다. 공무원, 공기업, 내수 독점기업들은 굳이 바꾸지 않아도 조직의 생존에 당장 문제가 없으니 연공제를 고수한다. 그 피해는 고스란히 국민과 소비자 그리고 연공제와 세대 네트워크, 인구의 결합으로 인건비 총액이 늘어나며 자리가 줄어 갈 곳이 없는 청년들과 비정규직에게 돌아갈 것이다.

해결책은 간단하다. (전작 『불평등의 세대』에서 이야기했듯이) 단기적으로 임금 피크제를 통해 고연차의 40대, 50대에게 돌아가는 보상을 줄여야 한다. 임금 테이블의 기울기를 평탄화하는 것도 한 방법이다. 장기적으로는 현재 입직자 대비 30년 차의 임금수준이 평균 3.3배인, 연공제 임금 테이블의 기울기를 낮춰 2배 이하로 제한해야 한다. 3천만 원 정규직 전원의 초임이 30년 후 1억에 이르는 구조를 6천만 원 정도에서 정지시키고, 고성과자는 직능급과 성과급으로 보상하면 된다. 남는 인건비는 비정규직의 정규직화에 일정 비율을, 나머지는 신입사원 충원에 쓸 수 있다. 고용주 입장에서는 더 많이 고용하고, 노동자 입장에서는 더 적게 일할 수 있다. 정부는 정규직의 특권을 축소해 청년 고용과 비정규직 정규직화 노력을 하는 기업에 세제 혜택을 줄

수 있다. 1억 원을 받던 50대 후반 정규직이 6천만 원만 받고 (더 받고 싶으면 성과를 더 내야 하며) 더 많은 젊은이를 정규직으로 고용하는 시스템 Ⓐ, 그리고 30년 근속의 50대 대다수가 8천만 원에서 1억 원을 받는 반면, 청년 고용은 동결되고 비정규직은 점점 늘며 정규직의 궂은일을 도맡아 하다 불경기에 해고당하는 시스템 Ⓑ. 어느 편이 더 정의롭고 효율적인가?

나는 이 질문을 조직 내부의 의사결정권자들이 아닌, 다른 모든 대한민국 국민들에게 묻는다. 그리고 그 답은 대다수가 전자 Ⓐ일 것이다. 그렇다면 왜 우리는 Ⓑ를 Ⓐ로 바꾸지 못하는가? 답은 이 시스템을 바꿔야 하는 의사결정기구에 자리를 차지하고 있는 자들이 모두 50대 정규직이기 때문이다. 이다음 세대(현 40대)도 그 자리에 가면 이 시스템을 바꿀 수 없다. 연공제 사다리의 덫이다. 너희도 기다리면 이 보상을 받을 수 있으니 불평 말고 기다려, 하고 자기들끼리 속삭인다. 물론 성안에 있는 자들끼리.

소비자와 경영자, 납세자, 비정규직과 청년 그리고 젊은 신입사원 입장에서는 연공제를 허물어야 조직이 살고 상품과 서비스의 질 또한 좋아질 것이다. 심지어 연공제 기울기가 완만해지면 비용 위기에 처한 기업이 50대를 내보낼 유인도 줄어든다. 내부자의 담합 기제인 연공제를 약화시킴으로써 기업 조직과 사회 전체는 '더 오래 구속하는 정규직'을 더 많이 만들 수 있다. 정규직 60퍼센트와 비정규직 40퍼센트의 사회를, 정규직 90퍼센트와 어쩔 수 없이 존재하는 비정규직 10퍼센트 사회로 만들 수 있는 것이다. 나는 이를 '세대–성별–계층(고용 형태) 간 일자리 공유제'라 부를 것이다.

이보다 더 정의롭고 효율적인 시스템도 있다. 앞의 예에서 연차와 함께 내부자들끼리만 공유되는 (예를 들어 3천만 원에서 6천만 원으로 가는) 상승분을 포기하고, 직무에 따라 그리고 숙련에 따라 보상하는 것이다. 더 높은 숙련과 성과를 달성하는 자는 10년 혹은 20년에 걸쳐 (3천만 원에서 6천만 원으로) 연봉이 상승할 수 있도록 설계하고(A'), 그렇지 않은 자는 비슷한 수준에 머물도록 하는 것이다(C'). 물론 적당히 평균 수준의 숙련을 달성하는 자는 10년 후 (4천만 원이나 5천만 원 정도의) 적당한 수준으로 연봉이 상승하도록 한다(B'). 직무에 따라 더 어려운 일을 하는 자들은(A') 상대적으로 가파른 곡선을 타게끔 하고, 상대적으로 쉬운 일을 하는 자들은 좀더 완만한(B') 곡선을 따르도록 할 수도 있다.

앞선 연공제의 정규직과 비정규직은 숙련과 상관없이 입직할 때의 신분으로 어느 곡선을 탈지가 결정되지만, 이 제도는 노동자가 하는 일의 성격과 종류, 숙련의 상승도에 따라 개별적으로 임금이 달라지므로 훨씬 더 합리적이다. 심지어는 일 잘하고 성과가 뛰어난 비정규직이 연공은 높으나 실적이 낮은 정규직보다 '더 받을 수도' 있어야 한다. 이것이, 바로 한국을 제외한 다른 대부분의 사회에서 채택하고 있는 임금 시스템인 직무급제, 혹

쌀, 재난, 국가

은 직무급제와 결합된 직능급제이다. 직무급제는 동아시아에서도 중국과 대만 같은 나라들은 이미 시행하고 있으며, 일본도 지난 수십 년간 (역할급이라는 이름으로) 도입 노력을 기울여 어느 정도 성과를 보고 있다. 우리는 왜 하지 않느냐고? 두 가지 이유가 있다.

첫째는, 거대 노조가 반대하기 때문이다. 신자유주의의 첨병이라고, 노동자들 사이에 경쟁과 분열을 촉진시키는 제도라고 도입에 맹렬히 반대한다. 손에 들고 있는 편하고 유리한 것(연공제)을 놓고 싶지 않은 것이다. 한국의 정규직 노조들은 '직무평가'를 꺼린다. 하지만 한국의 노동운동가들이 그토록 도입하고 싶어 했던(그래서 무늬만, 간판만 도입한) 독일의 산별노조 시스템을 보라. 그들은 직무급제를 운영하며, 직무 간 차이를 최소화하는 데 노조가 적극적으로 개입한다. 숙련공들에게 약간의 숙련 및 능력급을 지급하는 것에 노조가 반대하지 않는다. 그런데도 산업 간, 산업 내부의 임금 불평등은 독일이 한국보다 훨씬 낮다. 대학 나오지 않았다고 임금을 차별하지 않으며, 시험 안 봤다고 신분을 차별하지 않는다.

둘째는, 이렇게 발전한 한국 자본주의에 숙련을 측정하는 모델이 존재하지 않기 때문이다. 노조가 반대하지 않아도, 우리는 우리의 숙련을, 누가 맡은 일 잘하는지를 측정할 기준이 없다. 너무 오래 연공제 안에서 안주해온 탓이다. 우리는 쌀뿐만 아니라 연공제에 중독되었고, 연공제에 갇혀 있다. 연차에 따라 동일하고 표준화된 숙련의 상승을 기대하고 그에 따라 보상하는 연공제는, 벼농사 체제의 연령별 위계 구조만 이식한 결과다. 적어도 벼농사 체제는 (개별 소유를 통해) 개인별로 차등화된 노력에 대해 보상하는 기제를 내부적으로 갖고 있었다. 자연은 인간의 노력에 '차별적으로' 보상한다. 전 세계에서 한국만 집착하고 있는 연공제는 이러한 개인적 노력의 차이조차도 무시하는 불공정한 제도다. 당신은 손흥민의 빼어난 질주와 볼 트래핑, 골 결정력에 감탄하면서 그가 다른 선수들과 같은 연차라고 같은 연봉을 받는 것에 동의할 수 있는가? 무엇보다 손흥민 본인이 동의하고 팀에 남아 있을까?

물론, 직무별로 다른 임금 곡선이 개인별 연봉제 및 능력주의와 결합하면 불평등이 한없이 확대될 수도 있다. 이로 인한 불평등을 통제하는 방법은, 독일처럼 직무에 따른 임금 차별이 크게 벌어지지 않도록 노조가 통제하는 것이다(한국의 노조는 이 방법을 고민해본 적이 없다). 노조가 할 일은, 연공제 테이블의 끝없는 임금상승을 집합행동으로 강제하고 청년과 비정규직의 진입을 막는 것이 아니라, 직무 간에 어떻게 공정하고 합리적인 임금 상승의 룰을 정할지 고용주와 협상하는 것이다. 바로 '연대 임금제'라고 불리는, 더 많이 받을 수 있는 자들이 조금 덜 받고 하층의 못 버는 자들에게 더 많은 몫을 보장하는 방안을 만드는 것이 노조의 할 일이다.

연공제하에서 불평등은 연차가 높은 자(50대)와 연차가 낮은 자(20대) 사이에서 발생하거나, 연공제를 공유한 정규직과 연공제 적용을 받지 못하는 비정규직 사이에서 발생한다. 직무급(과 결합된 직능급)제하에서 불평등은 시장의 수요가 많은 업무와 수요가 적은 업무 사이에서, 일을 더 많이, 잘하는 자와 일을 적게, 잘 못하는 자 사이에서 발생한다. 연공제는 임금 테이블의 기울기가 커지면 앞서 이야기한 내부자들과 외부자들 간의 불평등이 증가하고, 직무급제는 특정 업무에 시장의 수요가 폭발할 때 불평등이 증가한다. 그 직무를 필요로 하는 고용주는 많은데 일할 사람이 부족하면, 임금을 올려 지급할 수밖에 없기 때문이다.

전자(연공제)의 불평등은 생산성과 출생률을 저하시키고 신분제를 강화하며 노동시장과 복지제도의 이중화(내부자와 외부자 간의 불평등)를 심화시킨다. 후자(직무급제)의 불평등은 직무 차이로 인해 개인 간 소득 불평등을 증가시키지만, 체계적인 직무 관리의 도입으로 조직의 생산성을 높이고 동일 노동·동일 임금 원칙으로 공정성이 증대된다. 또한 직무급제에서는 (직무 간 불평등과 능력급의 차이를 적당히 통제하면) 전체 소득 불평등을 오히려 (연공제보다) 줄일 수도 있다. 적어도 직무급제에서는 연차에 따라 자동적으로 올라가는 임금을 누리는 정규직과 그렇지 못한 비정규직 사이의 임금 차별이 존재하지 않기 때문이다.

가장 중요하게는, 직무급제하에서는 숙련된 장인이 만들어지고 그들이 보상받는다. 같은 직무를 하는 노동자들끼리 같은 보상을 받기 때문에 같은 라인에서 동일한 업무를 수행하는 팀원들 간 연대감도 높아진다. 높은 연차의 고숙련 노동자는 능력급으로 보상받기 때문에 조직 내 임금 불평등에 대한 정당성과 그에 대한 동의의 수준도 더 높아진다. 노동에 불리한 제도가 결코 아닌 것이다.

고용주 입장에서는 직무급제 도입을 통해 연차와 위계에 보상하기보다, 팀의 역할과 성과에 보상하는 시스템을 정착시킬 수 있다. 연공제에서 경쟁은 팀원 간 위계 사다리의 승진 기회를 두고 일어나지만, 직무급제에서 경쟁은 서로 다른 직무를 수행하는 팀 간 역할의 중요성을 두고 일어난다. 어떤 시스템에서 팀워크가 더 증진되겠는가? 거스 히딩크가 2002년 한국 월드컵팀에 도입한 첫번째 개혁이 선수들 간 나이의 위계를 없애는 것이었다. 벼농사 정주민들의 긴밀한 협업 시스템은 위계 구조가 약화될 때 오히려 물을 만날 수도 있는 것이다. 이제 나이 같다고 똑같이 받고, 나이 많다고 더 받는 이 벼농사 체제의 유산을 장롱 안으로 넣어둘 때가 되었다.

나는 한국 기업들에 묻는다. 어느 불평등이 더 효율적인가? 나는 또 한국 국민들에게 묻는다. 어느 불평등이 더 정의로운가? 마지막으로 노조에게 묻는다. 어느 불평등 구조에서 (당신과 당신 자식 말고) 총노동이 사는가?

한국형 위계 구조의 개혁 — 연공제를 넘어서

앞 장에서 이야기했듯이, 연공제가 세대 네트워크 및 인구 구조와 착종되면 청년 실업과 비정규직 문제만 악화시키는 것이 아니다. 연공–세대–인구구조의 착종은 저출산/저출생의 가장 직접적인 이유다. 지난 10여 년간 저출생률을 높이기 위해 수십조 원을 쏟아부었으나 출생률이 급전직하하고 있는 이유는, 청년들이 아이를 낳아서 키울 만한 현재와 미래의 안정적인 소득이 보장되는 직업을 갖고 있지 못해서이다. 세종시의 출산율이 전국 최고인 가장 중요한 이유는, (아이 키우기 좋은 인프라가 갖춰져 있기 때문이기도 하지만) 이곳 주민들이 평생 아이를 키울 만한 적절한 수준의 안정적인 소득이 보장되는 공무원들이기 때문이다. 다시 말해서 안정적인 직업과 소득이 보장되면, 인간들은 알아서 연애를 하고 집을 장만하고 아이를 낳을 계획을 세운다. 물론 아이 키우기 좋은 육아 환경과 직장과 가정을 함께 꾸려갈 수 있는 제도와 문화가 동반되면 더 좋을 것이다. 하지만 이 모든 것을 완비하더라도 맨 앞의 한 가지, 안정적인 직업이 갖춰지지 않으면 그 뒤의 요소들은 작동할 기회가 없다.

우리의 부모, 조부모 세대가 많은 아이를 낳아 키울 수 있었던 가장 중요한 배경은, 평생고용이 보장되었던 안정적인 직장이었다. 그 토대 위에서 둘, 셋, 넷을 낳아 키울 수 있었던 것이다. 오늘날 청년 세대가 가정을 꾸리기 위해서는 질 좋은 일자리가 먼저 보장되어야 한다. 연애를 하고 말고, 아이를 낳고 말고는 그다음 이야기다(그들이 선택할 문제다). 나를 건사해야 재생산에 대한 생각이 싹트고, 아이의 미래가 낙관적이어야 낳아 키울 생각이 드는 것이다. 오늘날 청년 세대의 상당수는 안정된 일자리를 갖지 못한 탓에, 이 선택의 권리조차 보장받지 못하고 있다.

연공-세대-인구구조의 착종은 청년 실업, 비정규직 증대, 저출생뿐 아니라, 2010년대 후반 서울과 그 인근 지역의 부동산 가격 폭등에도 책임이 있다. 과도한 연공제의 수혜가 30년에 걸쳐 이어지고 연금불입률이 너무 낮아 공적 연금에 의한 노후 보장이 부실한 한국의 연금 체계에서, 상층 정규직이 50대와 60대에 이르면 연금과 건강보험료를 비롯한 세금, 생활비, 교육비를 빼고도 매년 수천만 원의 여유 현금이 쌓이게 된다.

상층 20퍼센트의 고소득자들은 이 현금을 어디에 쌓아두겠는가? 금리가 1퍼센트를 넘나드는 은행에? 이 현금은 자산의 형태로 투자될 수밖에 없고, 땅과 건물이 귀한 한국 땅에서, 그 한국 땅에서 가장 자산 가치가 높은 강남과 2호선 역세권에 투자될 수밖에 없다. 지금 아니면 서울에 못 산다며 전전긍긍하는 20대와 30대 뒤에, 나는 높은 연공급을 오랫동안 향유해온 50~60대 상층 소득자(부모)들의 여유 소득과 그에 기반한 여유 자산이 있다고 본다. 부동산 망국론의 배경에는 연공제(와 복지국가의 저발전)가 있는 것이다.

연공제는 코로나 팬데믹에도 위력을 발휘한다. 어떻게 국가 경제는 마이너스 성장을 기록하고 있고, 하층 국민들은 역병으로 인한 경기 침체로 일자리를 잃고, 감염된 노인 네다섯 중 하나가 속절없이 죽어가고 있는 2020년에, 상층 임금 소득자들만 승승장구할 수 있을까? 코로나 직격탄이 세계경제를 침체의 늪에 빠뜨린 2/4분기에 5분위 기준 최하층 근로소득이 18퍼센트 떨어질 동안, 최상층은 겨우 4퍼센트밖에 줄지 않았다(2/4분기, 통계청 가계동향 조사 발표). 경제가, 기업 조직이 위기에 처하건 말건, 정규직의 임금은 끝없이 자동적으로 오르도록 설계된 연공제 탓이다. 코로나 팬데믹이라지만, 어느 노사 간 임금 협상에서도 이 문제를 논의했다는 이야기를 듣지 못했다. 노동조합은 오직 고용 보장만을 외친다. 비정규직들과 하청 업체 노동자들이 무수히 직장을 잃어가는 마당에, 오르기만 하는 연공제를 그대로 두고 고용 보장을 외친 결과가 코로나 시대에도 보호받는 상층 20퍼센트의 소득이다.

연공제라는 벼농사 위계 구조의 유산을 버리고, 어떤 새로운 보상과 분배 체계를 수립할지를 논의하는 작업은 21세기 한국 사회가 당면한 가장 중요한 의제다. 연공제 철폐를 통해 신분화된 정규직과 비정규직 간의, 직무에 근거하지 않은 차별과 위계를 없앨 수 있다. 우리 모두 사실상 무기 계약직이 되는 것이기 때문이다. 연공제 철폐는 특정 세대가 기업 상층에 과대 대표되어 장기 점유하며 일으키는 문제들을 완화시킬 것이다. 수적으로 거대한 세대가 연차가 높다고 집단적으로 연봉을 3배, 4배 받을 일이 없기 때문이다.

연공제 철폐는 여성들이 연공에 의해 차별받는 조직 문화를 개혁하는 기회가 될 것이다. 연공제를 역사 속에 묻고, 새로 도입될 직무평가와 보상 시스템은(그것을 무엇이라 부르건) 더 많이 일하고, 더 일 잘하고, 조직에 공헌도가 더 높은 사람, 즉 직무의 숙련도가 높은 자에게 더 높은 보상을 하되, 그 보상으로 인한 새로운 불평등이 협업 문화의 근간을 흔들지 않고 벼농사 협업 시스템의 '질시' 문화를 과도하게 자극하지 않는 수준에서 조정되어야 할 것이다. 21세기 한국형 임금 시스템은 직무와 숙련에 보상하되 직무와 숙련 간 차이가 과도하게 벌어지지 않도록 관리함으로써, 공정과 평등이라는 두 마리 토끼를 모두 잡을 수 있도록 설계되어야 한다.

나는 이 문제가 21세기 국가, 자본, 노동이 협의를 통해 개혁할 과제들 중 가장 우선순위에 놓여야 한다고 주장한다. 지금 바꾸지 않으면, 우리는 '벼농사 위계 구조'에 혹은 '쌀'에 앞으로도 갇혀 있을 것이기 때문이다.

나가며

　나는 이번 책에서 한국 사회의 불평등 구조를 파헤치기 위해 '쌀'과 '재난'이라는 앵글을 사용했다. 동아시아의 사회와 국가가 재난과 맞서 싸우기 위해, 벼농사 체제를 유지하고 발전시키기 위해 만든 사회제도와 습속—협업과 조율, 경쟁과 질시의 메커니즘—을 규명하지 않으면, 오늘날 현대 한국 사회 불평등의 '깊은 구조'를 이해할 수 없다고 본 것이다.

　많은 내 (사회과학계의) 동료들은, 적당한 연차(연공제 사다리의 꼭대기)에 이르면 서구의 인식과 분석의 틀로 우리의 정체성과 사회구조를 해석하는 작업에서 손을 뗀다. 그 작업이 도달하는 미망迷妄의 상태를 여러 번 겪어본 탓인 것이다. 하지만 나는 아직은 이 질문에 답하기 위해 내가 습득한 언어로 할 작업이 남아 있다고 보았다. 그것은 마르크스나 베버나 부르디외를 모셔오는 작업도, 공자나 맹자를 다시 읽는 작업도 아니다.

　내 전작에서 보여주었듯이, 나는 이 책에서도 데이터를 모으고 분석했다. 전작 『불평등의 세대』는 '세대'라는 앵글을 통해 동아시아의 '위계'라는 깊은 구조 위에서 어떻게 '계급'이 만들어지는지 분석했다. 이번에 내가 사용한 앵글은 '먹거리—쌀'이다. '우리는 누구인가'라는 질문은 '우리는 무엇을 먹는가'라는 질문으로 치환이 가능하다고 본 것이다. 전작이 기존의 세대론을 물질화시키는 작업이었듯이, 이 책에서 나는 '한민족은 누구인가'라는 질문 또한 이런 식으로 물질화시켰다. 이 세계를 이해한다는 것은, 삶과 죽음의 순환을 이해하는 것이다. 이것을 이해하려면, 삶과 죽음의 갖가지 형태 및 행태와 그 밑에 숨겨져 있는 구조를 파악해야 한다. 먹거리와 재난에 대한 이해는, 그 구조를 드러내는 가장 빠른 길이라 믿는다.

　나는 비록 이 책에서 고고학과 역사학의 엄격한 사료 분석에 많은 빚을 지고 있지만, 궁극적인 관심은 역사학자들이 드러내기를 꺼리는 '구조 분석'에 있었다. 역사학자들의 관심이 '무엇이' '언제' '어떻게' '누구에 의해' 일어났는지를 밝히고 그 의미를 기술하는 데 있다면, 사회과학자의 관심은 그것들이 '왜' '어떤 구조와 메커니즘에 의해' 발생했는지에 있다. 역사학자들이 동아시아와 한반도에서 언제, 누가 쌀을 경작하기 시작했고, 언제, 누가 저수지를 축조했고, 언제, 누가 모내기를 시작했는지, 그리고 그 당대의 배경과 맥락이 무엇인지를 밝히고자 한다면, 나는 동아시아와 한반도에서 왜, 어떻게 오늘날 우리가 영위하고 있는 문화와 제도, 국가가 만들어졌는지에 관심이 있었다. 바로 '한국형 위계 구조'의 기원을 '벼농사의 협업 시스템'으로부터 찾으려 한 것이었다. 따라서 나는 한반도 정주민들의 벼농사의 흔적과 기술에 대해 이미 축적되어 있는 역사학의 기존 연구들을 참조했지만, 결국 구조 분석의 결정적 증거들은 역사학자들의 사실 기술이 아니라, 사회과학자의 '메커니즘' 분석과 '메커니즘'을 드러내고 입증하기 위해 자체적으로 수집한 데이터 분석에 기반하였다. 어찌 보면—전작과 마찬가지로—이 책에 들인 노력의 대부분은 이 데이터의 수집과 분석에 있다.

이 작업을 위해 나는 2천 년 전 고대국가의 재난 관련 통계를 들여다보기도 하고, 2020년 지구촌을 팬데믹으로 몰아넣은 코로나 사태에 각 문명권이 어떻게 맞서고 있는지를 데이터로 분석하기도 했다. 그리고 쌀 문화권과 밀 문화권에서 어떻게 서로 다른 불평등 구조와 불평등에 대한 인식 체계가 만들어지는지도 분석하였다. 이 작업들의 말미에 나는 벼농사 체제의 가장 강력한 유산인 연공제에 초점을 맞춰, 기업의 임금제도를 해체하여 재구성하자고 제안했다.

무엇이 나로 하여금 이 책을 쓰게 만들었을까. 물리적으로는 코로나 팬데믹이 가져온 언택트 일상이 강제한 닫힌 시공간 때문이다. 하지만 사회가 그렇듯 인간도 외적 환경에 맞서는 내적 동기가 있어야 일을 한다. 그것들 중 하나는, 『불평등의 세대』 출간에 맞춰 했던 몇 번의 강연 중 만난 한 젊은이의 질문이었다. "선생님, 저는 앞으로 어떻게 살아가야 하나요." 울먹이며 묻는 그의 질문에 나와 좌중은 일순간 숙연해졌다. 그는 얼추 20대 후반에서 30대 초반으로 보이는, 벌써 여섯번째인가 일곱번째 직장을 옮긴 비정규직 노동자였다. 언제 잘릴지 모르고, 정규직의 상승하는 연봉을 쳐다보며 자신의 고정된 시급을 감내하고 있다고 했다. 그 촉촉한 푸념 끝에 나온, 어떻게 살아야 하느냐는 질문에 나는 끝내 답을 할 수 없었다.

이 젊은이의 질문에 답하기 위해 내가 할 수 있는 일은, 그가 왜 그 나이에 그 위치에 갇혀 있는지를 내가 가진 언어와 데이터로 해명·진단하는 것이다. 의사는 진단과 치료를 동시에 할수 있지만(그래야만 하지만), 불행히도 연구자는 동시에 정치가가 될 수 없다. 따라서 나는 좀더 잘 분석하고, 좀더 잘 진단하고, 좀더 잘 설명하는 일에 진력하기로 했다. 그것이 내가 좀더 잘할 수 있는 일이니까.

올해 나이 50이다. 벼농사 체제 위계 구조의 서열에 꽤 높이 올라와 있다. 예전 같으면 동네에서 이장 할 나이다. 나는 내 동년배들에게 묻는다. 내가 강연에서 만난 젊은이는 우리의 남이냐고. 그렇다고 답할 친구들에게 또 묻는다. 우리 자식들이 비정규직으로 살아갈 세상을 원하느냐고. 시험 잘 치게 해서 정규직 시키면 돼,라고 답할 친구에게 또 묻는다. 그렇게 해서 이 마을이 쌀밥에 고깃국 계속 먹을 수 있을까.

참고문헌

강봉원(2003).「한국 고대 국가 형성에 있어서 관개수리의 역할」.
　　『한국상고사학보』 39호. 51~79쪽.

──── (2009).「한국 고대 국가 형성에 있어서 관개수리 역할의 재고: 영천 청제를
　　중심으로」.『역사와담론』 52호. 1~42쪽.

강창희·박철성(2016),『한국 노동시장의 임금 연공성의 실태와 변화 양상:
　　1993~2015년』. 강창희 외.『임금체계 연공성과 임금체계 개편』.
　　경제사회발전 노사정위원회 보고서.

경제사회발전노사정위원회(2015).「임금보고서」.

구재선·김의철(2006).「한국인의 행복 경험에 대한 토착문화심리학적 접근」.
　　『한국심리학회지: 사회문제』 12권 2호. 77~100쪽.

──── ·서은국(2015).「왜 한국 대학생이 미국 대학생보다 불행한가? 상대적 외적
　　가치, 사회적 지원, 사회비교의 영향」.『한국심리학회지: 사회 및 성격』
　　29권 4호. 63~83쪽.

국사편찬위원회 편(2009).『쌀은 우리에게 무엇이었나』. 두산동아.

권혁태(2016).「일본의 시민사회와 시민사회론」.『지식의 지평』 20호. 1~14쪽.

국립민속박물관 편(1994).『한국의 두레』. 국립민속박물관.

권현지·함선유(2017),「연공성 임금을 매개로 한 조직 내 관계적 불평등:
　　내부자-외부자 격차에 대한 분석」.『산업노동연구』 23권 2호. 1~45쪽.

김경숙(2016).「을병대기근기 향촌사회의 경험적 실상과 대응」.『역사와실학』
　　61집. 5~39쪽.

김기헌(2011).「베이비붐 세대의 근로생애 분석」.『노동리뷰』 2월호(통권 71호).
　　22~37쪽. 한국노동연구원.

김덕진(2008).『대기근, 조선을 뒤덮다』. 푸른역사.

김도균(2019).「발전국가와 복지대체수단의 발달: 한국과 일본 비교연구」.
『경제와사회』124호. 357~83쪽.

김동배·박우성·박호환·이영면(2005).『임금체계와 결정방식』. 한국노동연구원.

김동춘(2020).『한국인의 에너지, 가족주의』. 피어나.

김상조(2012).「경제민주화의 의미와 과제: 재벌·중소기업·소상공인 문제를
중심으로」.『경제와사회』96호. 112~40쪽.

김용섭(1995).『조선후기 농업사 연구 I』(증보판). 지식산업사.

───(2007).『조선후기 농업사 연구 II』(신정 증보판). 지식산업사.

김인걸(1989).「조선후기 촌락조직의 변모와 1862년 농민항쟁의 조직기반」.
『진단학보』67권. 45~74쪽.

김장호(2008).「노동조합 임금효과의 변화: 1988~2007」.『노동경제논집』31권 3호.
75~105쪽.

김재호(2010).「조선후기 한국 농업의 특징과 기후생태학적 배경」.『비교민속학』
41집. 97~127쪽.

김철식·조형제·정준호(2011).「모듈 생산과 현대차 생산방식: 현대모비스를
중심으로」.『경제와사회』92호. 351~85쪽.

김필동(1986).「삼국~고려 시대의 향도香徒와 계契의 기원」.『사회와 역사』4권.
65~104쪽.

───(1992).『한국사회조직사연구: 계조직의 구조적 특성과 역사적 변동』.
일조각.

김하영(2019).『문재인 정부의 임금체계 개편. 직무급제는 임금 격차를 해소하는
공정한 임금체계인가?』. 노동자연대.

나카무라 사토루(2007).「동북아시아 경제의 근세와 근대, 1600~1900」. 나카무라
사토루·박섭 엮고지음.『근대 동아시아 경제의 역사적 구조』. 일조각.
19~57쪽.

남재량(2019),「고령시대 고용문제와 새로운 고용시스템」.『고령시대, 적합한
고용시스템의 모색』. 노동연구원 개원 30주년 기념 세미나 자료집.

노용진(2007).「비정규 고용 비율의 결정요인에 관한 연구: 편익과 비용의 균형적
관점」.『산업관계연구』17권 2호. 101~26쪽.

─────·원인성(2003).「내부노동시장의 성격과 비정규직 고용의 비율」.
『노동정책연구』3권 2호. 47~67쪽.

노중기(2008).『한국의 노동체제와 사회적 합의』. 후마니타스.

노태돈(2014).『한국고대사』. 경세원.

다카하시 노보루(2014〔1998〕).『조선반도의 농법과 농민: 영농실태조사』上, 中,
下권. 구자옥·강수정·한상찬·김장규·이도진 옮김. 민속원.

도선자(2019).「남해 지역 길쌈 두레 운영의 특징과 현재적 의미」.
『동아시아고대학』56호. 315~48쪽.

도히힐러, 마르티나(2018〔2015〕).『조상의 눈 아래에서: 한국의 친족, 신분 그리고
지역성』. 김우영·문옥표 옮김. 너머북스. (*Under the Ancestors' Eyes: Kinship,*
Status, and Locality in Premodern Korea, Havard Univ. Asia Center.)

문중양(2000).『조선후기 수리학과 수리담론』. 집문당.

미야자키 이치사다(2016〔1964〕).『과거: 중국의 시험지옥』. 전혜선 옮김.
역사비평사.

미야지마 히로시(2009).「분배와 제민: 유교의 제민사상과 소농사회론」.『국학연구』
14집. 289~317쪽.

─────(2013).『나의 한국사 공부: 한국사의 새로운 이해를 찾아서』. 너머북스.

─────(2014).『양반: 우리가 몰랐던 양반의 실체를 찾아서』. 노영구 옮김.
너머북스.

민현구(2010).「과거제는 한국사에 어떤 유산을 남겼나」.『한국사 시민강좌』46집.
169~88쪽.

박영규(2018).『조선 관청 기행』. 김영사.

박유미(2012).「고구려 음식의 추이와 식재료 연구」.『한국학논총』38권. 39~67쪽.

박종훈(2013).『지상 최대의 경제 사기극, 세대전쟁』. 21세기북스.

박지원(2017).『열하일기』1권(개정신판). 김혈조 옮김. 돌베개. 409쪽.

박태주(2014).『현대자동차에는 한국 노사관계가 있다』. 매일노동뉴스.

배규식·이승협·조용만·김종법·이주희(2008).『유럽의 산별 단체교섭과 단체협약
연구』. 한국노동연구원.

배영동(2004).「조선후기 두레로 본 농업생산의 주체」.『실천민속학연구』6호.
271~93쪽.

———(2018).「농군사명기農軍司命旗로 보는 답작형 두레의 한 측면: 호남지역 답작형 두레에 미친 군영의 영향에 대한 가설」.『비교민속학』66호. 71~95쪽.

백광렬(2017).「조선후기 지배엘리트 친족연결망Kinship Network의 개념과 분석방법」.『사회와역사』114호. 7~60쪽.

브로델, 페르낭(1995〔1967〕).『물질문명과 자본주의 I-1: 일상생활의 구조上』. 주경철 옮김. 까치글방. (*Civilisation Matérielle, Economie et Capitalisme* Tome 1. Les structures du quotidien. Armand Colin.)

서울연구원 도시사회연구실(2020).「장벽 사회, 청년 불평등의 특성과 과제」. 자문회의용 자료.

성재민(2020).「근로연령층의 사회보장정책 현황 및 효과」. 사회보장위원회 발표 자료.

성태규(1998).「촌락사회의 정치경제적 역동성에 관한 연구: 어느 지주집안에 관한 구술된 역사를 중심으로」.『고문화』52권. 275~95쪽.

송기태(2018).「농촌과 어촌의 전통적 노동공동체 비교: 농촌의 두레와 어촌의 갱번조직을 주목하여」.『비교민속학』65집. 105~34쪽.

송찬섭(1985).「17, 18세기 신전개간의 확대와 경영형태」.『한국사론』12권. 231~304쪽.

신동균(2006).「사업체 패널 자료를 이용한 성차별 분석」. 장지연 외.『노동시장 차별과 적극적 고용개선조치 I』. 한국노동연구원.

신용하(1984).「두레공동체와 농악의 사회사」.『한국사회연구』2집. 한길사.

안승택(2009).『식민지 조선의 근대농법과 재래농법: 환경과 기술의 역사인류학』. 신구문화사.

안주엽(2011).『세대간 고용대체 가능성 연구』. 한국노동연구원.

안춘식(1992).「한국기업 임금관리의 전개에 관한 연구」.『경제연구』13권 2호. 137~57쪽.

연합뉴스(2019).「KBS 경영난에도 1억 이상 고액연봉자 60% 넘어」(2019.9.15).

염정섭(2014).『18~19세기 농정책의 시행과 농업개혁론』. 태학사.

유형근(2014).「노동조합 임금정책의 점진적 변형」.『한국사회학』48집 4호. 23~56쪽.

윤수종(1993).「농업생산조직에 관한 사례연구(1): 강원도 춘천군 신동면 중2리 한들마을의 벼농사 작업을 중심으로」.『농촌사회』3권. 243~82쪽.

――(2011).「농촌조직의 다양한 양상」.『현대사회과학연구』15권. 67~93쪽.

윤순옥·황상일(2009).「삼국사기를 통해 본 한국 고대의 자연재해와 가뭄주기」. 『대한지리학회지』44권 4호. 497~509쪽.

――(2013).「자연재해와 인위적 환경변화가 통일신라 붕괴에 미친 영향」. 『한국지역지리학회지』19권 4호. 580~99쪽.

이기봉(2011).「新羅 聖德王代의 災異와 儒教政治」.『한국사연구』152호. 1~40쪽.

이남식(1983).「농촌 사회에 있어서 여성노동력의 교환관행: 안동지방 삼두레의 형태와 기능」.『여성문제연구』12집. 109~24쪽.

이남희(2008).「과거제도, 그 빛과 그늘」.『오늘의동양사상』18호. 117~36쪽.

이병희(2011).「노동시장 및 노사관계: 청년 고용 문제, 눈높이 때문인가?」.『산업노동연구』17권 1호. 71~95쪽.

이순구(1993).「조선초기 여성의 생산노동」.『국사관논총』49집. 77~103쪽.

이승렬(2011).「한·일 노동시장의 임금구조 변화」.『아태연구』18권 3호. 145~60쪽.

이승윤·백승호·김윤영(2019).「한국 이중노동시장과 노후소득보장제도의 이중화: 공적연금개혁안 시뮬레이션 분석」.『비판사회정책』63호. 193~232쪽.

이용기(2017).「19세기 동계의 마을자치조직으로 전환에 관한 시론」.『사학연구』 128호. 309~58쪽.

이재혁(2007).「인적자본과 관계자본 그리고 경제성장 측면의 함의」. 『한국사회학회 사회학대회 논문집』. 19~33쪽.

――(2011).「선물의 hau: 증답경제의 정치경제학과 관계자본」.『한국사회학』 45권 1호. 37~72쪽.

이정덕·김규남·문만용·안승택·양선아·이성호·김희숙 편(2012).『창평일기 1』. 지식과교양.

이정수·김희호(2010).「조선후기 양반층의 토지소유규모 변화」.『지방사와 지방문화』13권 1호. 199~251쪽.

이찬영·태원유·심성근·손민중(2011).『인구고령회의 경제적 파장: 성장잠재력, 생산성, 세대 간 일자리 대체를 중심으로』. 삼성경제연구소.

이철승(2016).「산별노조 운동의 성과와 한계」. 전병유·신진욱 엮음.『다중격차,
　　한국 사회 불평등 구조』. 페이퍼로드.

─── (2017).「결합노동시장지위와 임금불평등의 확대(2004~2015년)」.
　　『경제와사회』115호. 103~44쪽.

─── ·황인혜·임현지(2018).「한국 복지국가의 사회경제적 기초: 자산 불평등,
　　보험욕구, 복지 선호도, 2007~2016」.『한국정치학회보』52집 5호. 1~30쪽.

─── ·정준호(2018).「세대 간 자산 이전과 세대 내 불평등의 증대: 1990~2016」.
　　『동향과 전망』104호. 260~317쪽.

─── (2019a).「세대, 계급, 위계: 386세대의 집권과 불평등의 확대」.『한국사회학』
　　53집 1호. 1~48쪽.

─── (2019b).『불평등의 세대』. 문학과지성사.

이태진(1989).「17, 8세기 향도조직의 분화와 두레 발생」.『진단학보』67권 6호.
　　1~30쪽.

─── (2002).『의술과 인구 그리고 농업기술: 조선 유교국가의 경제발전 모델』.
　　태학사.

이해준(1991).「朝鮮時代 香徒와 村契類 村落組織」.『역사민속학』1호. 8~43쪽.

이호철(2002).「〔집중분석/이태진의 <의술과 인구 그리고 농업기술>〕 조선전기
　　농업기술론의 재검토」.『역사비평』61호. 232~50쪽.

이홍(2007).「현대자동차 성장과정의 추적과 의미해석」.『인사관리연구』31집 3권.
　　1~25쪽.

이효재(1985).「한국 여성 노동사 연구 서설—조선사회와 여성노동—」.
　　『여성학논집』2집. 147~67쪽.

이희진(2017).「삼국–통일신라시대 환경과 인간의 상호작용의 이해: 기후진동에
　　대응한 사회 지속성의 메커니즘」.『한국학연구』60집. 235~76쪽.

장근호(2018).『우리나라 고용구조의 특징과 과제』. 한국은행 경제연구원.

전덕재(2013).「삼국과 통일신라시대 가뭄 발생 현황과 정부의 대책」.
　　『한국사연구』160호. 1~46쪽.

전병유·황인도·박광용(2019).『노동시장의 이중구조와 정책대응: 해외사례 및
　　시사점』. 한국은행 경제연구원.

전장석(1957).「두레에 관하여」.『문화유산』2호.

전호태(2013).「고구려의 음식문화」.『역사와현실』89호. 185~219쪽.

정승국(2013).『임금 체계 변동과 노동조합: 독일·일본·한국의 국제비교 연구』.
한국노동연구원.

─── ·노광표·김혜진(2014).『직무급과 한국의 노동』. 한국노동연구원.

───(2017).「제조업 대기업의 작업장 체제와 개선방안」.
장홍근·박명준·정흥준·정승국·박준식·전병유·강성태.『1987년 이후
30년: 새로운 노동체제의 탐색』. 한국노동연구원. 3장 65~91쪽.

정승모(1991).「朝鮮時代 鄕村社會의 變動과 農民組織」.『역사민속학』1호. 44~57쪽.

정준호·전병유·장지연(2020).「임금과 일자리 기회의 코호트 간 차이에 관한
연구」. 미출간 논문.

정형지(1997).「숙종대 진휼정책의 성격」.『역사와현실』25호. 48~86쪽.

조경만(1987).「농업노동형태의 생태경제적 맥락에 관한 일고찰: 1940년 전·후
추양리 두레를 중심으로」.『한국문화인류학』19집. 113~66쪽.

조선민주주의인민공화국 인민경제발전통계집(1946~1960). Retrieved from https://
www.kinu.or.kr/brd/board/636/L/CATEGORY/688/menu/680?brdCodeFie
ld=CATEGORY&brdCodeValue=688.

조성재·이병훈·홍장표·임상훈·김용현(2004).『자동차산업의 도급구조와
고용관계의 계층성』. 한국노동연구원.

조성재(2009).「자동차산업의 노동유연성과 고용관계」.『산업관계연구』19권 3호.
57~89쪽.

조형제(2016).『현대자동차의 기민한 생산 방식: 한국적 생산방식의 탐구』.
한울아카데미.

조혜원·함인희(2016).「기업 관리직의 젠더 격차와 "유리천장" 분석」.
『한국사회정책』23집 2호. 49~81쪽.

조효래(2010).『노동조합 민주주의』. 후마니타스.

정승모(1991).「朝鮮時代 鄕村社會의 變動과 農民組織」.『역사민속학』1호. 44~57쪽.

주강현(1996).「두레의 組織的 性格과 運營方式」.『역사민속학』5호. 103~137쪽.

───(2006).『두레: 농민의 역사』. 들녘.

최기성(2016).「의중−시장임금 갭이 대졸사 첫 취업까지의 기간에 미치는
영향」.『노동정책연구』16권 2호. 33~63쪽.

최우영(2006). 「사회자본의 관점에서 본 전통사회의 농민조직: 향도, 두레, 계를 중심으로」. 『정신문화연구』 29권 1호. 239~74쪽.

통계청(2018). 「2018년 4/4분기 가계동향조사(소득부문) 결과」. http://kostat.go.kr/portal/korea/

통일연구원 편(2009). 『2009 북한 개요』.

한겨레(2019a). 「홍남기 "정년 연장 집중 논의중…정부 입장 이달 말 발표"」(2019. 6. 2).

――――(2019b). 「지난해 공기업 평균 연봉 7800만 원」(2019. 10. 1).

한국노동연구원(2015). 「임금 및 생산성 국제 비교연구」. 고용노동부.

Acemoglu, Daron & James A. Robinson(2006). *Economic origins of dictatorship and democracy*. Cambridge University Press.

―――― (2012). *Why nations fail: The origins of power, prosperity, and poverty*. Crown.

Adams, Glenn(2005). "The cultural grounding of personal relationship: enemyship in North American and West African worlds." *Journal of personality and social psychology* 88(6): 948~68.

Alesina, Alberto, Paola Giuliano & Nathan Nunn(2013). "On the origins of gender roles: Women and the plough." *The Quarterly Journal of Economics* 128(2): 469~530.

Anderson, Benedict(1983). *Imagined communities: Reflections on the origin and spread of nationalism*. Verso books.

Ansell, Ben W.(2014). "The political economy of ownership: Housing markets and the welfare state." *American Political Science Review* 108(2): 383~402.

―――― & David J. Samuels(2014). *Inequality and democratization*. Cambridge University Press.

Aoki, Masahiko(2001). *Toward a comparative institutional analysis*. The MIT press.

Arthur, W. Brian(1994). *Increasing returns and path dependence in the economy*. University of Michigan Press.

Banfield, Edward C.(1958). *The Moral Basis of a Backward Society*. Free Press.

Blundell, Richard, Monica Costa Dias, Robert Joyce & Xiaowei Xu(2020).
"COVID-19 and Inequalities." *Fiscal Studies* 41(2): 291~319.

Bourdieu, Pierre(1984[1971]). *Distinction: A social Critique of the Judgment of Taste.*
Harvard University Press.

────── (1986). "The forms of capital." J. C. Richardson(ed.). *Handbook of Theory and
Research for the Sociology of Education.* Greenwood. pp. 241~58.

Boserup, Ester(1965). *The Conditions of Agricultural Growth: The economics of
Agrarian Change under Population Pressure.* Aldine.

────── (1970). *Woman's Role in Economic Development.* George Allen and Unwin.

Bray, Francesca(1986). *The rice economies: technology and development in Asian
societies.* Blackwell.

Campbell, Kim(2002). "The Emancipated Organization." *Harvard Business Review*
80(9): 20~21.

Carneiro, Robert L.(1970). "A Theory of the Origin of the State." *Science* 169(3947):
733~38.

Coleman, James S.(1990). *Foundations of social theory.* Harvard University Press.

Cusack, Thomas, Torben Iversen & Philipp Rehm(2006). "Risks at work: The demand
and supply sides of government redistribution." *Oxford Review of Economic
Policy* 22(3): 365~89.

Diamond, Jared(2005). *Collapse: How societies choose to fail or succeed.* Penguin Books.

────── (2013). *Guns, germs and steel: a short history of everybody for the last 13,000
years.* Random House.

Dwyer, Sean, Orlando C. Richard & Ken Chadwick(2003). "Gender diversity in
management and firm performance: The influence of growth orientation and
organizational culture." *Journal of Business Research* 56(12): 1009~19.

Esping-Andersen, Gøsta(1990). *The three worlds of welfare capitalism.* Princeton
University Press.

Fei, Hsiao-Tung(2006[1939]). *Peasant life in China: A field study of country life in the
Yangtze Valley.* Hesperides Press.

Fei, Xiaotong(1983). *Chines village close-up.* New World Press.

Fukuyama, Francis(1995). *Trust: The social virtues and the creation of prosperity*. Free press.

Gernet, Jacques(1996). *A history of Chinese civilization*. Cambridge University Press.

Gramsci, Antonio(1971). *Selections from the prison notebooks*. International Publishers.

Granovetter, Mark(1985). "Economic action and social structure: The problem of embeddedness." *American journal of sociology* 91(3): 481~510.

Greif, Avner & Guido Tabellini(2017). "The clan and the corporation: Sustaining cooperation in China and Europe." *Journal of Comparative Economics* 45(1): 1~35.

Hardin, Garrett(1968). "The tragedy of the commons." *Science* 162(3859): 1243~48.

Holmes, Mary & Jordan McKenzie(2019). "Relational happiness through recognition and redistribution: Emotion and inequality." *European Journal of Social Theory* 22(4): 439~57.

Huan-Ping, Huang, Ma Shi-Ming, Lin Er-Da, Li Ying-Chun & Zhuang Heng-Yang(2013). "Benefits comparison analysis of different rice and wheat cropping patterns to adapt to climate change." *Advances in Climate Change Research* 4(3): 182~89.

Iversen, Torben & David Soskice(2009). "Distribution and redistribution: The shadow of the nineteenth century." *World Politics* 61(3): 438~86.

Katzenstein, Peter J.(1985). *Small states in world markets: Industrial policy in Europe*. Cornell University Press.

Kean, John(2009). *The Life and Death of Democracy*. Simon & Schuster. (『민주주의의 삶과 죽음』. 양현수 옮김. 교양인. 2017.)

Kim, Sung-woo(2015). "The Development of Rice Farming, Regional Development, and Changes in the Economic Views of Local Elites in Chosun Dynasty Korea (1392~1910)." *International Journal of Korean History* 20(1): 1~45.

Klein, Steven & Cheol-Sung Lee(2019). "Towards a dynamic theory of civil society: The politics of forward and backward infiltration." *Sociological Theory* 37(1): 62~88.

Knack, Stephen & Philip Keefer(1997). "Does social capital have an economic payoff?

A cross-country investigation." *The Quarterly journal of economics* 112(4): 1251~88.

Lazear, Edward P.(1979). "Why Is There Mandatory Retirement?" *Journal of Political Economy* 87(6): 1261~84.

Lee, Cheol-Sung(2016). *When Solidarity Works: Labor-Civic Networks and Welfare States in the Market Reform Era.* Cambridge University Press. (『노동-시민 연대는 언제 작동하는가』. 박광호 옮김. 후마니타스. 2019.)

———— (2019). "Inequality, Democracy, and the Welfare States in East Asia: Towards a new theoretical proposal to analyse the politics of redistribution." Chong-Min Park & Eric M. Uslaner(eds.). *Inequality and Democratic Politics in East Asia.* Routledge. pp. 15~33.

———— & Thomas Talhelm(2019). "Interdependent Rice Farming Paradoxically Stokes Mistrust and Unhappiness." Presented at Society of Experimental Social Psychology Annual Conference at Toronto in October, 2019.

———— & Thomas Talhelm(2020). "History of rice farming may explain lower happiness and more intense social comparison in East Asia than West." Presented at KIRL(한국불평등 연구 랩) Monthly Workshop.

———— , Tae-Kyung Goh, Jung-Ha Wang, Soorin Yoon(2020). "How Democracy and Inequality Shape the Corona Pandemic." Unpublished Manuscript.

Li, Keke & Zhifang Xu(2006). "Overview of Dujiangyan Irrigation Scheme of ancient China with current theory." *Irrigation and Drainage: The journal of the International Commission on Irrigation and Drainage* 55(3): 291~98.

Lin, Nan(2001). "Guanxi: A conceptual analysis." Alvin Y. So, Nan Lin, Dudley Poston(eds.). *The Chinese Triangle of Mainland China, Taiwan, and Hong Kong: Comparative Institutional Analyses.* Greenwood Press. pp. 153~66.

Liu, Shi S., Michael W. Morris, Thomas Talhelm & Qian Yang(2019). "Ingroup vigilance in collectivistic cultures." *Proceedings of the National Academy of Sciences* 116(29): 14538~46.

Locke, John(1980). *Second Treatise of Government* C. B. MacPherson(ed.). Hackett Publishing Company.

Lukes, Steven(2005〔1974〕). *Power: A radical view*. Second edition. Red Globe Press.

Mahoney, James & Kathleen Thelen(eds.)(2009). *Explaining institutional change: ambiguity, agency, and power*. Cambridge University Press.

McCracken, Douglas M.(2000). "Winning the talent war for women: Sometimes it takes a revolution." *Harvard business review* 78(6): 159~67.

Meltzer, Allan H. & Scott F. Richard(1981). "A rational theory of the size of government." *Journal of political Economy* 89(5): 914~27.

Miller, Toyah & María del Carmen Triana(2009). "Demographic diversity in the boardroom: Mediators of the board diversity–firm performance relationship." *Journal of Management studies* 46(5): 755~86.

Moene, Karl Ove & Michael Wallerstein(2001). "Inequality, social insurance, and redistribution." *American Political Science Review* 95(4): 859~74.

Mols, Roger(1972). *Population in Europe, 1500~1700*. Vol. 2. Collins.

Moore, Barrington(1966). *Social origins of dictatorship and democracy: Lord and peasant in the making of the modern world*. Beacon Press.

North, Douglass C.(1981). *Structure and change in economic history*. W.W. Norton & Co..

Olson, Mancur(1965). *The Logic of Collective Action: Public Goods and the Theory of Groups, Second Printing with a New Preface and Appendix*. Harvard University Press.

Ostrom, Elinor(1990). *Governing the commons: The evolution of institutions for collective action*. Cambridge University Press.

Pampel, Fred C. & John B. Williamson(1989). *Age, class, politics, and the welfare state*. Cambridge University Press.

Parkin, Frank(1979). *Marxism and Class Theory: A Bourgeois Critique*. Columbia University Press.

Putnam, Robert D.(1993). *Making democracy work: Civic traditions in modern Italy*. Princeton University Press.

───── (2000). *Bowling alone: The collapse and revival of American community*. Simon & Schuster.

Ragin, Charles C.(2000). *Fuzzy-set social science*. University of Chicago Press.

Rueschemeyer, Dietrich, Evelyne Huber Stephens & John D. Stephens(1992). *Capitalist development and democracy*. University of Chicago Press.

Service, Elman R.(1975). *Origins of the State and Civilization: The Process of Cultural Evolution*. W.W. Norton & Company.

Siegel, Jordan, Lynn Pyun & B. Y. Cheon(2019). "Multinational firms, labor market discrimination, and the capture of outsider's advantage by exploiting the social divide." *Administrative Science Quarterly* 64(2): 370~97.

Skocpol, Theda(1979). *States and social revolutions: A comparative analysis of France, Russia and China*. Cambridge University Press.

Smith, Robert J.(1961). "The Japanese Rural Community: Norms, Sanctions, and Ostracism." *American Anthropologist* 63(3): 522~33.

Solt, Frederick(2016). "The Standardized World Income Inequality Database." *Social science Quarterly* 97(5): 1267~81.

Swamy, Anand, Stephen Knack, Young Lee & Omar Azfar(2001). "Gender and corruption." *Journal of development economics* 64(1): 25~55.

Talhelm, Thomas, Xiao Zhang, Shige Oishi, Chen Shimin, Dechao Duan, Xiaoli Lan & Shinobu Kitayama(2014). "Large-scale psychological differences within China explained by rice versus wheat agriculture." *Science* 344(6184): 603~608.

───, Xuemin Zhang & Shigehiro Oishi(2018). "Moving chairs in Starbucks: Observational studies find rice-wheat cultural differences in daily life in China." *Science advances* 4(4): eaap8469.

Tilly, Charles(1990). *Coercion, capital and European states. A.D. 990~1992*. Basil Blackwell.

─── (2005). *Trust and rule*. Cambridge University Press.

Thomson, Robert, Masaki Yuki, Thomas Talhelm, Joanna Schug, Mie Kito, Arin H. Ayanian, Julia C. Becker et al.(2018). "Relational mobility predicts social behaviors in 39 countries and is tied to historical farming and threat." *Proceedings of the National Academy of Sciences* 115(29): 7521~26.

Turchin, Peter(2016). *Ultrasociety: How 10,000 years of war made humans the greatest cooperators on earth*. Beresta Books.

Vermeer, E. B.(1977). *Water Conservancy and Irrigation in China: Social, economic and agrotechnical aspects*. Leiden University Press.

Weber, Max(1992〔1930〕). *The Protestant Ethic and the Spirit of Capitalism*. Routledge.

───── (1947). *The theory of social and economic organization*. Free Press.

───── (1951). *The religion of China: Confucianism and Taoism*. Free Press.

Wittfogel, Karl A.(1957). *Oriental Despotism: A Comparative Study of Total Power*. Yale University Press.

World Economic Forum(2020). Global Gender Gap Report. Available at: http://www3.weforum.org/docs/WEF_GGGR_2020.pdf

Zhao, Dingxin(2015). *The Confucian-legalist state: A new theory of Chinese history*. Oxford University Press.